Juli 2007 von Denise

Franz Reich
Giuseppe Verdi
1813 – 1901

Herausgeber: **Bruno Franzen**, bruno@franzen.net. Autor: **Franz Reich**, reich@aruno.com. Graphologie: Dr. **Urs Imoberdorf**, imoberdorf.u@swissonline.ch. Vorlagen: **Dr. Fritz Grüninger**[†], Weinheim; 150 Briefe von Giuseppe Verdi aus Privatsammlung. Mitarbeiter und Interviewpartner: **Renata Tebaldi**, Mailand. **Roger Gross**, rogergross@earthlink.net. **Matthias von Orelli**, vonorelli@bluewin.ch. Lektorat: **Rahel Jent**, rahelinska@yahoo.com. **Maria Pia Parisi**, milano@aruno.com. Belichtung: Pronto Satz AG – **Erich Emch**, prontosatzag@access.ch. Redaktion: **Simona Marconi**, marconi@aruno.com. Redaktionsschluss: 31. Juli 2000. Grafik und Design: **Ernst Schadegg**, schadegg@access.ch. CD-Beilage: Arte Nova – **Dieter Oehms**, info@artenova.de. Druck: Carta AG – **Fritz Bärlocher**, baerlocher@carta.ch. Papier: Umschlag 300 g/m² hochweiss Invercote, laminiert. Inhalt 100 g/m² naturweiss Libris 322, 2.0-fach Volumen. 1. Auflage: 1500. Informatik und Technik: **Roger Haller**, haller@aruno.com. Verlag und Vertrieb: Carta AG, CH-8034 Zürich, www.carta.ch. ISBN 3-905587-07-6

Giuseppe Verdi

Inhalt

Le Roncole	11
Erste Zeichen	15
Antonio Barezzi	21
Aufnahmeprüfung nicht bestanden	31
Erster Aufstieg	34
Erfüllung	41
Oberto: Opera seria, in 2 Akten	50
Bewegte Jahre in Mailand	52
Giuseppina Strepponi	73
«Und doch: Das ist Genie!»	76
I lombardi alla prima crociata	79
Ernani	84
Auf dem Weg zu «Macbeth»	88
In London	121
In Paris	133
Giuseppe Verdi – der Mensch und Künstler in seiner Zeit	159
Rigoletto	170
Il trovatore	183
La traviata	194
Klippen	205
Simon Boccanegra	217

Aroldo	226
Un ballo in maschera	228
Wachsende Weltgeltung	243
La forza del destino	248
Don Carlo	260
Aïda	281
Sant' Agata	299
Requiem	306
Otello	314
Falstaff – eine moderne Oper	327
Andante – moderato	344
Quattro pezzi sacri	348
Verdis Handschrift	371
Werkverzeichnis	390

Lesen und hören Sie Giuseppe Verdi, der am 27. Januar 1901 starb.

Wer sein Lebenswerk darin sieht, alle Werke von Giuseppe Verdi mehrmals in den unterschiedlichsten Aufführungen und Inszenierungen gesehen und gehört zu haben, ist doch sicher prädestiniert, eine Biographie zum 100. Todestag eines der grössten Opernkomponisten zu schreiben. Darum beauftragten wir Franz Reich als profunden Kenner von Giuseppe Verdi, eine neue Biographie zu schreiben, nicht zuletzt weil ein so grosser Meister erst nach 100 Jahren richtig verstanden werden kann.

Wenn bei dieser Gelegenheit ein Graphologe den 170 cm grossen Mann Verdi aufgrund von 150 Briefen aus einem Zeitraum von 1841 bis 1900 als «Genie im Alltag» kritisch unter die Lupe nimmt, so wird dem Meister dadurch kein Abbruch getan, ist doch Urs Imoberdorf selbst ein sensibler Meister seines Fachs und Sammler von Autographen ausserordentlicher Menschen der letzten Jahrhunderte.

Giuseppe Verdi verehrte Sopranistinnen und positionierte sie meistens als Protagonistinnen. Renata Tebaldi sang zwischen 1944 und 1976 102mal Tra-

Renata Tebaldi in «Tosca» 1959

viata, 101 mal Otello, 44 mal Aïda und die meisten andern Opern von Verdi. Unter Verdi-Kennern gilt sie bis heute als beste Interpretin von Verdis Noten, und wir danken ihr, dass sie uns in einfachen Worten Verdi näher brachte. Keine starb in Traviata oder Giovanna d'Arco schöner als sie – und darum nimmt die 1922 geborene Verehrte noch heute grosse Anteinahme am Musikleben von Milano. Giuseppe Verdi hätte sie geschätzt und verehrt.

Allen, die mit Rat und Tat an diesem Werk über Giuseppe Verdi mitgewirkt haben, sei herzlich gedankt. Als 15-jähriger lernte ich diesen Komponisten durch den Nabucco-Chor kennen. Ich liess das Buch «erarbeiten», weil es vor allem jungen Leuten den Weg zu Verdi, zur Oper und zur klassischen Musikwelt öffnen soll. Es lohnt sich, auch wenn nicht alle Leser wie Autor und Herausgeber «verdikrank» werden.

Bruno Franzen.

Renata Tebaldi in Mailand 2000

Le Roncole.

Man schreibt den 9. (10.?) Oktober 1813. Die Stille der Oktobernacht hat in dem Dörfchen Le Roncole in der Tiefebene des Po ihren Einzug gehalten, und auch in der Osteria jenes bescheidenen Häuschens, das, von einigen hochragenden Bäumen überschattet, in der Nähe der Kirche liegt, ist längst Ruhe eingetreten. Nicht aber droben in der niedrigen Dachstube, denn dort ist ein bedeutender Tag zu Ende gegangen, der Tag, an dem der Erstgeborene des Carlo Verdi und seiner Gattin Luigia das Licht der Welt erblickt hat. Von den glücklichen Eltern wird das Knäblein sorgsam behütet und gepflegt. An der Freude des Ehepaares Verdi nehmen auch die Geschäftsfreunde und Nachbarn teil, da Verdi und seine Gattin die Achtung aller geniessen. Sein kleines Haus ist das einzige seiner Art in Le Roncole: In der Osteria werden Liköre und Weine ausgeschenkt, und in dem unscheinbaren Laden kaufen die Bewohner des Dörfchens Tabak, Gewürze, Salz und manche Kleinigkeiten für den Bedarf des täglichen Lebens. Der kleine «Beppe» wird zwei Tage nach seiner Geburt, am 11. Oktober, in Le Roncole getauft und er-

Giuseppe Verdis Geburtshaus

hält die Namen Giuseppe Fortunato Francesco. Mutter und Vater freuen sich an ihrem Liebling, wo sich still das Wunder birgt, das sich später als «Genie» offenbaren wird.

Ein Jahr ist über diesem Ereignis im Hause Carlo Verdis vorbeigezogen. Dem sonst so friedlichen, stillen Winkel naht drohend der Schrecken. Napoleon hat in den Koalitionskriegen den grössten Teil Italiens unter seine Herrschaft gebracht. Nach französischem Vorbild wurden die Provinzen in Departements unter französischer Verwaltung eingeteilt. So gehört das nahe liegende Busseto zum Departement du Taro. Aber 1814 muss die französische Herrschaft einer viel strengeren, der der Koalitionstruppen, Platz machen. Die Kosaken sind bereits bis in die Gegend von Busseto vorgedrungen und verbreiten dort die Schrecken des mörderischen Krieges. Um dem Tode oder der Gefangenschaft zu entgehen, fliehen die Männer ins Gebirge, die Frauen aber dorthin, wo sie vor den wütenden Banden sicher zu sein glauben, ins Gotteshaus. Sie ahnen nicht, dass selbst die Heiligkeit des Ortes die wilden Horden nicht abhält, einzudringen und wehrlose Frauen mit

Aus dem Kirchenregister von Le Roncole:
der Geburtsschein von Giuseppe Verdi.

ihren Kindern niederzumetzeln. In die Kirche flieht auch Luigia Verdi in höchster Not mit ihrem kleinen Giuseppe. Sie folgt nicht der grossen Menge ins Schiff der Kirche, nein, sie flieht in den Glockenturm – und bleibt von der blutgierigen Verfolgung verschont. Das Kind, dessen Zukunft noch kein Mensch ahnen kann, bleibt den Eltern, Italien, der Welt erhalten.

Es ist ein Glück, dass Giuseppe Verdi mit seiner Mutter nicht dem allgemeinen Morden zum Opfer gefallen ist. Es ist aber offenbar auch Bestimmung, dass der frühesten Jugend des Kindes mit diesem furchtbaren Ereignis der Stempel des Ernstes, der Tragik aufgedrückt wird, denn wie wäre Verdis Schaffen ohne den Grundzug des Tragischen zu denken? Er gehört zum Wesen seines Charakters, zum Wesen seiner Musik. Bald wird es auch in Verdis Heimat wieder ruhiger, aber die erlebten Greuel können die Menschen nicht vergessen. Sie bleiben zeitlebens in ihrer Erinnerung.

Vater Carlo Verdi hat schwer zu tun, um zu sorgen, sich zu behaupten, zumal das Schwesterchen Giuseppes, das zwei Jahre nach ihm geboren wird, fast immer krank und geistig schwach ist. Auch «Beppe» ist zart, aber immerhin gesund. Von Elternliebe umhegt, wachsen die Kinder heran, vom Glücke nicht verwöhnt, vielmehr früh zu Sparsamkeit und Entbehrung gezwungen, denn von Armut ist ihr Alltag geprägt.

Erste Zeichen.

Die Frühmesse ist zu Ende. Mit einem Kameraden zusammen kniet der siebenjährige Giuseppe als Messdiener am Altare. Aber diesmal sollte der Verlauf des Gottesdienstes für den kleinen Verdi gestört werden: Sein Ohr ist plötzlich so restlos vom Klang der Orgel gefesselt, dass er alles um sich herum vergisst und erst durch einen unsanften Stoss des Priesters wieder zu sich kommt. Er erschrickt darüber so sehr, dass er zu Boden fällt und eine Art Weinkrampf ihn heftig schüttelt. Aber noch weit mehr als körperlich leidet er unter dem Spott seiner schadenfrohen Kameraden, welche diesen Stoss dem «Träumer», der sich immer anders als ihresgleichen benimmt, von Herzen gönnen.

«Ja, ja, ein sonderbares Kind», sagt am Nachmittag desselben Tages Vater Verdi zu seiner Gattin, als beide hinter einem Tisch in der Osteria sitzen, «ich muss ihn seit diesem Morgen immer ganz besonders betrachten.» – «Wieso nennst du ihn 'sonderbar', Carlo?» fragte Luigia verwundert. «Ist es dir nicht auch lieber, er weiss sich mit sich selbst zu beschäftigen, als dass er immer nur laut herumtollen muss

Frontansicht der Ortskirche
von Le Roncole.

wie die Knaben, die sich über ihn lustig machen?» – «Gewiss, Luigia, du weisst, dass ich der letzte bin, der etwas über unseren Beppe kommen lässt. Wenn ich sein Gebaren, wie ich es oft bemerke, 'sonderbar' nenne, so habe ich meine Gründe. Ich bin der Ansicht, dass eine Begabung in ihm steckt, die zu pflegen wir die Pflicht haben.» – «Ach Carlo», unterbricht ihn seine Frau, «was vermögen wir armen Leute! Und dazu die dauernde Sorge um Giuseppa – was wird wohl aus dem Mädchen noch werden?!»
Die beiden haben nicht lange Zeit, sich ihren Gedanken hinzugeben. Es ist Sonntagnachmittag, die Osteria füllt sich mit Menschen. Kehren während der Woche Bauern, Fuhrleute, Hausierer ein, um ein Glas Wein oder Likör zu trinken, so geht es am Sonntag oft sehr lustig her, ja es wird sogar Musik gemacht.
Draussen im Freien, auf der Strasse vor dem Verdischen Hause, tummelt sich eine Kinderschar mit viel Lärm. Giuseppe Verdi steht wieder einmal abseits.
«Beppe, komm und sage mir 'guten Tag'!» ruft Verdis Nachbar Antonio, der mit seinen Freunden an einem

der Tische sitzt, durch die offene Tür der Osteria. Aber «Beppe» rührt sich nicht. «Ist nicht zu bewegen», fährt er kopfschüttelnd fort, indem er seinen Hut zurechtrückt und behaglich einen tiefen Zug aus seiner Pfeife tut. «Sag mal, Papa Verdi, was ist nur mit dem Kind? Der ist immer scheu, verschlossen und meist allein.» – «Aber ein Gutmütiger», unterbricht ihn Lorenzo, indem er die Spielkarten mischt. «Jawohl, gutmütig ist er», bestätigt Vater Verdi, «und doch, er kann manchmal sehr empfindlich sein und auch leicht in Zorn geraten.»
Plötzlich aber ändert sich das Bild: In der nahen Wegbiegung tauchen einige junge Leute auf. Sie tragen Musikinstrumente unter dem Arm, einer eine Trompete, der andere eine Klarinette, der dritte eine Flöte, der vierte ein Horn. Giuseppe erblickt sie und ist wie elektrisiert. Er kennt sie; es sind Mitglieder der Stadtkapelle von Busseto, die öfters an Sonntagnachmittagen nach Le Roncole kommen, um im Wirtshaus seines Vaters aufzuspielen. Er begrüsst sie stürmisch, geht mit ihnen ins Haus und bemerkt nichts mehr vom Hohngelächter der Kameraden. Er fiebert den Klängen entgegen, die nun schlecht und

recht den verheissungsvollen Blasinstrumenten entlockt werden.

Vater Verdi, der heute nach dem Vorgang in der Frühmesse seinen Liebling aufmerksamer beobachtet als sonst, entgeht auch diese Wandlung nicht, die in dessen junger Seele sich jetzt vollzieht, und wendet er sich zu Frau Verdi: «Ich werde nun doch ernst machen, Luigia!» – «Womit?» fragt sie verwundert. «Ich werde das Spinett kaufen, das ich neulich gesehen habe.» – «Wo?» fragt fast erschrocken Frau Verdi. «Bei einem Geistlichen der Nachbarschaft, ich weiss seinen Namen nicht mehr.» – «Ach, Carlo, werden wir dies vermögen?». Vater Verdi wiegt nachdenklich den Kopf. «Einen grossen Teil unserer bescheidenen Barschaft wird es kosten.» – «Der Barschaft, ach, die wir so mühsam erspart haben!» seufzt die Gattin. «Aber es gilt ja dem Kinde, und da wird die Madonna auch helfen!» – «Es gilt dem Beppe, ja», wiederholt der Vater mit Nachdruck, «und weil ich sehe, wie er auflebt, wenn er Musik hört, wie er jeden Tisch benützt, um darauf Fingerübungen zu machen; wie sein ganzer Körper im Takt mitschwingt, so weiss ich auch, dass ich es vor dem

Spinett, auf dem Giuseppe Verdi übte.
(Theatermuseum der Mailänder Scala)

lieben Gott verantworten muss, ob ich meinem Beppe weiterhelfe oder nicht.»

Während er noch spricht, hat bereits das Bläserquartett eingesetzt, und was er spricht, bestätigt Beppe unfreiwillig: Er ist völlig im Banne der Töne und schlägt mit Händen und Füssen den Marschtakt, dessen Melodie die vier Musiker blasen.

Was sich Vater Verdi an jenem Sonntag vorgenommen hat, wird bald ausgeführt: Er kauft das Instrument, aber in einem derart verbrauchten Zustand, dass es zunächst instandgesetzt werden muss. Natürlich ist Giuseppe überglücklich. Aber bald zeigt sich eine neue Schwierigkeit: Wie soll er, wenn auch noch so begabt, ohne Anleitung spielen? Auch hier weiss der Vater Rat. Er bittet den alten Schulmeister und Organisten des Dorfes, Luigi Baistrocchi, seinem Kinde die nötige Unterweisung zu erteilen. Dieser ist bereit, und nach kaum drei Jahren hat er seinen Schüler alles gelehrt, was der Dorforganist selbst weiss und kann, ja, schon beginnt jener, den Lehrer zu überflügeln. Baistrocchi ist alt geworden und kränkelt. Der Organistendienst wird ihm immer beschwerlicher. Wie froh ist er, in seinem begabten

Schüler zugleich seinen Vertreter zu haben! Für Giuseppes Eltern steht nun das Musiktalent ihres Sohnes ausser jedem Zweifel. Wie ist ein Weiterkommen in dem abgeschlossenen Dorfe möglich? Es muss ein gangbarer Weg gefunden werden!

Antonio Barezzi.

«Buon giorno, signor Verdi!» begrüsst mit freundlicher Stimme Antonio Barezzi den Kleinkaufmann Verdi, als dieser, wie allwöchentlich, sein Gewölbe betritt. Jede Woche fährt Verdi von Le Roncole nach Busseto, um beim Grosskaufmann Barezzi seinen Bedarf an Kolonialwaren einzukaufen. Bei diesem «Buon giorno» wird es ihm jedesmal warm ums Herz. Es ist mehr als nur ein Geschäftsverhältnis, das Verdi mit seinem Lieferanten verbindet. Schon seit längerer Zeit ist Barezzi auf das Talent Giuseppes aufmerksam geworden und lässt dessen Entwicklung nicht mehr aus den Augen. «Wie weit ist denn der Plan gediehen, signor Verdi? Den Plan, meine ich, Ihren Beppe auf unser Gymnasium zu schicken?» – «Ja, ja, signor Barezzi, das habe ich mir gründlich durch den Kopf gehen lassen. Giuseppe ist jetzt zehn Jahre alt und braucht eine solide Grundausbildung. Ich habe auch schon einen Weg gefunden. Hier in Busseto wohnt ein einstiger Nachbar aus unserem Dorfe. Er ist Schuster.» – «Wie heisst der Mann?» fällt ihm Barezzi ins Wort. «Pugnatta.» – «Ah, richtig, ich kenne ihn – und?» – «Der ist bereit,

Antonio Barezzi

Beppe in sein Haus aufzunehmen.» – «Was will er dafür?» – «Dreissig Centesimi täglich.» – «Ist nicht viel. Können Sie das bestreiten, signor Verdi?» – «Vielleicht wird es bisweilen schwer fallen, unsere Einkünfte sind öfters kaum ausreichend.» – «Macht Euch keine Gedanken, lieber Verdi!» sagt Barezzi mit einem wohlwollenden Lächeln. In diesen Worten liegt eine so grosse Beruhigung, so dass es Vater Verdi ganz leicht ums Herz ist, als er mit seinem Mauleselgefährt den Heimweg antritt.

Sein Vertrauen zu dem wohlhabenden Grosskaufmann ist nicht unbegründet. Denn in Barezzi hat er nicht nur den geschäftstüchtigen Likörfabrikanten und Kolonialwarenhändler vor sich, sondern zugleich einen begeisterten Kunstfreund, der die Musik über alles liebt und selbst mit Gewandtheit Klavier, Klarinette, Horn und Flöte spielt. Ja, die Bussetaner wissen wohl, dass dieser Mann prädestiniert ist, die «Philharmonische Gesellschaft» in Busseto zu leiten. Diese besteht aus musizierenden Liebhabern, die eine recht tüchtige Kapelle bilden. Sie spielt überall, wo es gewünscht wird, immer wieder durch die Schüler der städtischen Musikschule ergänzt, aus der ihr Nachwuchs hervorgeht. Barezzi ist eine Persönlichkeit. Wo er erscheint, verbreitet er eine Atmosphäre des Wohlwollens und der Güte, wird von allen geachtet und geehrt. Es wäre verwunderlich, wenn dieser weitblickende Mann nicht auch auf die ersten Regungen ungewöhnlicher Musikalität aufmerksam geworden wäre, wie sie sich immer stärker im jungen Verdi offenbaren.

Dessen Studien in Busseto haben begonnen. Bald kann er, so jung er auch ist, seinen Eltern sein Scherflein zur Bestreitung der Kosten beisteuern: Baistrocchi hat sich zur Ruhe gesetzt und als seinen Nachfolger keinen Tüchtigeren zu empfehlen gewusst als den nun elfjährigen Giuseppe. So wandert dieser an allen Sonn- und Festtagen den eineinhalb Stunden langen Weg von Busseto nach Le Roncole und zurück, bei sommerlicher Hitze und winterlicher Kälte, bei Tag wie an dunklen Winterabenden oder in frühen Morgenstunden. Im ersten Jahre beträgt sein Sold 36 Lire, im zweiten 40. Dazu kommen noch Nebeneinnahmen durch Hochzeiten und Beerdigungen. Wohl freuen sich die Eltern, und Barezzi fördert die Entwicklung des Knaben; unab-

lässig ist er darauf bedacht, ihm neben dem Unterricht in wissenschaftlichen Dingen auch den bestmöglichen Musikunterricht zu verschaffen. Durch seine Vermittlung kommt Giuseppe zum Domkapellmeister Ferdinando Provesi, der zugleich Maestro der Philharmoniker, Direktor der Musikschule und Komponist ist. Auch er steht in Busseto in hohem Ansehen und ist, wie Barezzi bestrebt, die Fähigkeiten des kleinen Verdi zu hegen und zu pflegen. Einen nicht minder hochstehenden Geistesmann findet er im Domherrn Pietro Seletti, der Philologe und Schriftsteller ist. Er unterrichtet den Jungen in lateinischer Sprache sowie Literatur und entdeckt in ihm bald so grosse Begabung und Neigung zu diesem Studium, dass er gar zu gern sähe, wenn aus Giuseppe ein Geistlicher würde.

Eines Tages ist grosse Aufregung. Seletti steht im priesterlichen Ornate in der Sakristei des Domes, bereit, das Messopfer zu zelebrieren. Aber der Organist ist nicht zur Stelle. In aller Eile werden Boten nach ihm ausgeschickt, umsonst – er ist nicht zu finden. Der Domherr wird immer unruhiger und ungeduldiger, die Menschen warten in der Kirche,

Pietro Seletti, Domherr von Busseto

der Gottesdienst kann nicht beginnen. Da raunt jemand dem Priester ins Ohr, er möge den jungen Verdi spielen lassen. Ja, das war ein Ausweg. Giuseppe tritt zur Orgel und beginnt, sich seiner Aufgabe bewusst, zu spielen. So schöne Melodien entströmen dem Instrument, dass der Priester am Altare wiederholt aufhorchen muss.

«Von wem ist denn die wunderbare Musik, die du da während des Gottesdienstes gespielt hast?» fragt ihn Seletti. «Ich bin meiner eigenen Eingebung gefolgt, Hochwürden.» Seletti fasst seine Hand und spricht zu ihm: «Folge ihr immer durch dein ganzes Leben, denn sie wird dich glücklich machen!» Von diesem Ereignis an ist der Domherr von der Berufung seines Schülers überzeugt. Er macht keinen Versuch mehr, ihn von diesem Wege abzubringen.

Vier Jahre des Lernens in Busseto sind verflossen. Verdi ist so weit, dass er Kompositionsversuche machen kann. Sein Gönner Barezzi nimmt ihn in sein Haus auf, und Verdi bearbeitet für die Philharmoniker Märsche und Tänze aus Opern. Barezzi sieht hochbefriedigt die Leistungen seines Günstlings. Ja, jetzt weiss er, dass er in dem Jungen einen

Mitarbeiter seines Philharmonischen Vereins haben wird. Welche Freude, wenn in den Proben, die unter seiner oder Provesis Leitung in Barezzis Hause stattfinden, die ersten Kompositionen Verdis erklingen! Wieder steht eine solche Probe bevor. Der Fünfzehnjährige hat eine ganz besondere Überraschung bereit. Man wird in Busseto Rossinis «Barbier von Sevilla» aufführen. Verdi weiss, dass Maestro Rossini dieser Oper keine eigene Ouvertüre gegeben hat, sondern ihr jene seiner Oper «Elisabeth, Königin von England» vorausschickte. Dies reizt ihn, heimlich eine Ouvertüre zu Rossinis «Barbier» zu schreiben. Sie ist vollendet, ist einstudiert und wird nun den überraschten Freunden unter seiner Leitung vorgespielt.

Ganz hinten lauscht jemand mit besonderer Teilnahme: Es ist Margherita, um die sieben Monate jüngere Tochter Barezzis, Verdis Schülerin im Klavierspiel. Das hübsche, kluge Mädchen hat die Neigung des jungen Künstlers gewonnen, und auch ihr Herz schlägt dem Freund entgegen.

Giuseppe, durch den Beifall angespornt, strebt unermüdlich weiter, erarbeitet Konzertstücke für Kla-

Margherita Barezzi

vier, für Flöte, Klarinette, Fagott und Horn; ja seine Komposition nach einer Dichtung Vittorio Alfieris, «Die Delirien Sauls», für Bariton und Orchester, zeigt, dass er schon nach musikalischer Gestaltung des Wortes strebt. Komponiert er nicht, so vertieft er sich in den Büchern aus der Stadtbibliothek.

Wieder einmal steht der allwöchentliche Besuch Carlo Verdis bei Barezzi bevor. Diesmal muss er, der väterliche Freund, Entscheidendes mit dem Vater besprechen, deshalb hat er zu dieser Stunde auch Ferdinando Provesi zu sich gebeten. Vater jedoch bereitet der Vorschlag der beiden mehr Kummer als Freude. Wie soll er, der arme Mann, denn dem Rate folgen, seinen Giuseppe der Obhut erster Meister zu übergeben? «Jawohl, signor Verdi, Mailand ist der richtige Platz, der für Ihren Sohn in Frage kommt», erklärt Provesi fest überzeugt mit der Zustimmung Barezzis. «Ach, meine Herren, so hoch gehen unsere Pläne ja gar nicht. Wir sind arme Leute und möchten nichts anderes, als dass unser Giuseppe bald einen sicheren Beruf hat und uns eine sichere Stütze im Alter sein kann.» – «Aber, lieber Herr Verdi», fällt ihm Barezzi ins Wort, «soll diese einzigartige

Musikbegabung Ihres Beppe ganz und gar verkümmern?» – «Nein, gewiss nicht, signore», wehrt sich Vater Verdi, «das nicht, aber ich meine, wir sollten uns mit der Ausbildung eines Organisten und Lehrers begnügen. Wie viel Geld bliebe uns erspart! Und bald könnte Giuseppe helfen, dass wir unsere Last leichter tragen können.» Barezzi ist in Gedanken versunken. Indessen ergreift Ferdinando Provesi wieder das Wort: «Eben in den letzten Tagen hat der junge Künstler aufs neue sein Streben und Können bewiesen. Wieder sind es biblische Gesänge für Bariton, 'Klagen des Jeremias'.» – «Es besteht kein Zweifel», ergänzt Barezzi mit Entschiedenheit, «der Junge darf nicht als Organist oder Lehrer verkümmern, er ist zu besserem berufen.» Verwundert schaut Carlo Verdi auf, und eine Spur von uneingestandenem Stolz liegt in seinen Zügen. Da beginnt Provesi: «Signor Verdi, glauben Sie mir, Mailand, nur Mailand ist für Giuseppe der Ort, wo er sich so entwickeln kann, wie wir es seiner Begabung schuldig sind. Wohl wäre Parma näher, gewiss, aber nein, Mailand soll es sein. Sehen Sie, Mailand ist der Mittelpunkt italienischen Musiklebens. Das 'Teatro

alla Scala', die hervorragendste Opernbühne Italiens! Was kann Beppe da alles sehen und hören! Rossini ist der Liebling der Theaterbesucher geworden. Bellini, Donizetti, welche Namen! Was werden ihre Werke unserem Giuseppe alles zu sagen haben! Dort ist das Konservatorium mit seinen auserlesenen Lehrern, das Verlagshaus Ricordi! – Signor Verdi, Mailand – und nur Mailand!». Der Angesprochene schaut auf, als ob er aus einer andern Welt kommen würde. Was soll er antworten? Er fühlt nur den Druck einer unmöglich zu bezwingenden Aufgabe. Barezzi mag dies erahnt haben, er legt ihm liebevoll seinen Arm um die Schulter und spricht: «Vater Verdi, ich weiss einen Ausweg: Hier in Busseto besteht eine Stiftung, durch die für die Zeitdauer von je vier Jahren jährlich dreihundert Lire für die wissenschaftliche oder künstlerische Ausbildung begabter junger Menschen bewilligt werden können. Machen Sie ein Gesuch um dieses Stipendium! Was an mir liegt, werde ich tun, es für Sie zu erlangen, und was sonst noch erforderlich ist, werde ich persönlich für Giuseppe bezahlen.». Carlo Verdi ist vom inneren Druck befreit. Jetzt kann er zuversichtlicher

Ferdinando Provesi

in die Zukunft seines Sohnes blicken. Das Gesuch wird bewilligt, Giuseppe scheint nichts mehr im Wege zu stehen.

Aufnahmeprüfung nicht bestanden.

Es ist ein verheissungsvoller Frühlingsmorgen des Jahres 1832, als Giuseppe Verdi mit seinen beiden Reisebegleitern in der lombardischen Hauptstadt Einzug hält. So wie die Sonne am Himmel ist auch das Feuer der Begeisterung und Hoffnung in Giuseppes Herzen, wie es eben nur dem instinktiven Streben des noch keimhaft verborgenen Genius entspricht. Wenn auch schlicht, ja vielleicht sogar – mit den Augen des Grossstädters gesehen – bäuerisch einfach gekleidet und wortkarg von Natur, zeigen aber doch seine grosse Gestalt, sein dichtes, kastanienbraunes Haar, die hohe Stirn, die gütig-feurigen, grauen Augen im blassen, mageren Gesicht mit der Adlernase auch schon etwas von dem, was uns den Meister auf den späteren Bildern so liebenswert und ehrfurchtgebietend erscheinen lässt.

Für seine Unterkunft hat Barezzi bereits gesorgt. Der Gymnasialprofessor Giuseppe Seletti, der Neffe des Domherrn von Busseto, nimmt ihn in sein Haus auf, und Provesi empfiehlt ihn seinem einstigen Studienfreund Alessandro Rolla, der jetzt Professor am Konservatorium ist.

Verdis erste Unterkunft
im Hause Seletti in Mailand.

Bald geht nun das Gesuch um Aufnahme ans Konservatorium. Man kennt dessen Satzungen: Im allgemeinen sollen nur Schüler vom neunten bis zum vierzehnten Lebensjahre Zutritt haben. Der Unterricht ist kostenlos, die jungen Menschen finden im Konservatorium Unterkunft. Leute aus dem lombardisch-venezianischen Königreich werden bei der Bewerbung bevorzugt. Ausnahmen von diesen Voraussetzungen sind nur üblich, wenn der Prüfling «in einem Hauptfach aussergewöhnliche Begabung zeigt», dann kann er als «zahlender Schüler» zugelassen werden. Nun, Giuseppe Verdi gehört nicht dem lombardisch-venezianischen Königreich an und ist bereits neunzehn Jahre alt. Er entspricht also keineswegs den Bestimmungen. Dennoch: Zeugnisse, Empfehlungen seiner Lehrer – es kann nicht fehlen, und in der Tat, er wird zur Prüfung zugelassen.

Nun, wie lautet das Ergebnis? Die Kommission, der auch Rolla angehört, hat allerlei auszusetzen: Unrichtige Haltung der Hände beim Klavierspiel; es werde schwerlich zu verbessern sein, da er dafür schon zu alt sei. Aber die Kompositionen, die er vorzulegen hat? Ja, man anerkennt sie wohl, was jedoch

nicht sehr ins Gewicht fällt, denn in seinem Gesuch ist das Klavierspiel als Hauptfach genannt, nicht die Komposition.

«Denken Sie nicht mehr ans Konservatorium! Suchen Sie sich einen Lehrer in der Stadt! Ich rate Ihnen, bei Vincenzo Lavigna in die Ausbildung zu gehen». So lautete der Bescheid, den ihm Rolla geben muss. Der Himmel ist über Giuseppe eingestürzt und droht all seine Hoffnungen zu begraben, sein Hoffen auf den so heissersehnten Aufstieg zur Höhe des Künstlers, sein Hoffen, die Eltern zu erfreuen und dem väterlichen Wohltäter Barezzi wiedergeben zu können, was er von seiner Güte empfangen hat, sein Hoffen auf die Verwirklichung seines Traumes von Liebe. – Wird nun Margherita noch an ihn glauben?

Alessandro Rolla

Erster Aufstieg.

Mit grosser Ungeduld erwartet heute Giuseppe Verdi seinen Unterricht. Er sieht wiederholt nach der Uhr und kann es kaum erwarten, bis er zu seinem Lehrer kommt. Er muss einem Menschen, der ihn versteht, sein Herz öffnen, seine überströmende Begeisterung mitteilen können, seitdem er gestern abend die Uraufführung der «Lucrezia Borgia» erlebt hat. Endlich ist es Zeit, er eilt von seiner Wohnung zu Lavigna, tritt ein, und sogleich weiss dieser, was seinen Schüler bewegt. «Ja, das war eine grosse Sache, lieber Verdi!» beginnt Lavigna, indem er ihn herzlich begrüsst. «Ach, Maestro, das ist Musik, die werde ich nie vergessen, ursprünglich, welch Melodien – Maestro, was soll ich sagen zum Lobe dieses Meisters!» Der junge Mann ist ganz in Bewegung, als er in abgerissenen Worten seine überquellenden Gefühle ausdrückt. Voll Verständnis lebt sein Lehrer diese Begeisterung mit. Ist er doch selbst Vollblutmusiker, Opernkomponist und als einstiger Kapellmeister der Scala mit der Bühne in engster Verbindung. «Ja, ja», bestätigt er, «Gaetano Donizetti ist ein Genie!» – «Vor dem ich mich voll Bewunde-

Gaetano Donizetti

rung beuge!» ergänzt Giuseppe mit einer ehrfurchtsvollen Verneigung. «Es muss herrlich sein, so etwas geschaffen zu haben und einen solchen Erfolg erleben zu dürfen!» Seine Augen senken sich wie traumverloren zu Boden.

Lavigna ist sich solche Gesprächigkeit von seinem Schüler gar nicht gewohnt. Wie wortkarg, ja verschlossen kann er sonst sein! «Wie schade», fährt der Lehrer nach einer Pause fort, «dass Sie die Uraufführung der 'Norma' nicht erlebt haben! Es muss kurz vor Ihrer Ankunft gewesen sein, als ich sie in der Scala leitete. Bellini, ja, der gehört auch zu den ganz Grossen. Aber ach», fügt Lavigna hinzu, «das Lebensschifflein ist schwankend, am allermeisten das der grössten Geister, und leider nur allzu oft und allzu stark von der Unbeständigkeit des Meeres abhängig, auf dessen Wellen es schaukelt.» – «Das kann ich nicht so recht verstehen», antwortet Verdi. «Nun, Meister Bellini erlitt mit seiner 'Beatrice di Tenda' einen Misserfolg, und darüber verstimmt schreibt er nur noch für Paris und London. Aber jetzt, mein lieber Freund», sagt der Lehrer und klopft dem Schüler ermunternd auf die Schulter,

Vincenzo Bellini

«lassen Sie uns das Werk betrachten, das ich Ihnen heute zeigen will.» Er schreitet zum Schreibtisch und öffnet die Partitur des «Don Giovanni».

«Da wir beide noch von dem gestrigen Theaterereignis gefangen sind, lassen wir jetzt unsere Übungen im strengen Tonsatz ruhen, ein andermal kommen wieder die Kanons und Fugen dran. – Hier sehen Sie den grossen Mozart vor sich! Maestro Rossini verehrt ihn grenzenlos. Spricht da nicht unverkennbar seine Musik? Seine 'Opera buffa'? Ja, er hat unendlich viel von Mozart gelernt! Nachdem wir also die komische Oper Rossinis und anderer unserer Landsleute eingehend behandelt haben, liegt es nahe, über die Grenzen unseres Vaterlandes hinauszuschauen. Ach, lieber Verdi, was für ein Erlebnis war für mich jene erste Aufführung des 'Don Giovanni' im Jahre 1825 in der Scala! Nie kann ich es vergessen.» – «Ist also dieser 'Don Giovanni' ebenfalls eine Opera buffa?» fragt Verdi. «Tja», meint Lavigna, «wenn ich sage, ja, so habe ich Ihnen so gut wie nichts gesagt. So etwas lässt sich nicht mit Worten umschreiben, da reichen Begriffe nimmer aus. – Gewiss, das Werk nennt sich 'Opera

buffa'. Aber was steckt alles hinter diesem Namen! Heiter ist der Verlauf des Stückes und dennoch tiefernst, ja, von einem schauerlichen Ernst, der uns kalt und warm werden lässt, der uns erschaudern macht, als wenn wir vor einem dräuenden Abgrund stünden.» Verdi kann es nicht mehr erwarten, bis Lavigna die Partitur öffnet. In demselben Augenblick hört man klopfen. «Herein!» Die Tür wird geöffnet, und Francesco Basily tritt ein, der Direktor des Konservatoriums, derselbe Mann, der Verdi damals abgewiesen hatte. Basily hat mit Lavigna zu sprechen.

Die beiden Musikgelehrten setzen sich an den Tisch, indessen Lavigna seinem Schüler bedeutet, sich solange am Schreibtisch zu beschäftigen. «Denken Sie sich, signor Lavigna», beginnt Basily, «bei der Bewerbung, die für die Kapellmeisterstelle in der Kirche von San Giovanni in Monza ausgeschrieben war, ist keiner der 28 Kandidaten fähig gewesen, das Thema, das ich gestellt hatte, kunstgerecht zu einer Fuge zu entwickeln.» – «Schreiben Sie mir, wenn ich bitten darf, dieses Thema auf!» Lavigna geht damit zum Schreibtisch und übergibt es Verdi: «Gestalten

Francesco Basily

Sie dieses Thema zu einer richtigen Fuge!». Das alles geht so schnell vonstatten, dass Basily gar keinen Einspruch mehr erheben kann.

Die Unterhaltung der beiden Gestrengen wird fortgesetzt, bis Verdi aufsteht und Basily die fertige Fuge überreicht. Aufmerksam sieht dieser Takt für Takt durch, sein Gesicht zeigt wachsende Überraschung und Befriedigung, indem er wiederholt murmelt: «Gut, sehr gut! Sehr schön!» Wie gross aber ist erst seine Verwunderung, als er zum Schluss einen Doppelkanon findet, der nicht weniger geistreich und vollkommen ausgeführt ist. Lange betrachtet er Verdi mit prüfendem Blick: «Warum haben Sie diesen Kanon noch dazugefügt?» fragt er endlich, der sich kaum von seinem Erstaunen erholen kann. «Ihr Thema erschien mir ein wenig trocken, ich habe es durch meine Beifügung eines Doppelkanons bereichern wollen.»

Basily kann sich noch immer nicht mit dieser Überraschung abfinden. Eine so feine Rache hätte er allerdings dem verschlossenen jungen Manne nicht zugetraut. Aber kann er ihm zürnen? Nein, dafür ist er doch ein zu grosser Kenner der Musik.

Unermüdlich arbeitet der junge Musiker an seiner Vervollkommnung weiter. Ja, seine Margherita soll an ihn glauben, sein Wohltäter Barezzi, seine Eltern sollen sich in ihm nicht getäuscht haben! Umso mehr noch gibt er sich seiner Arbeit hin in jenen Tagen der Trübsal, die wieder einmal über ihn hereinbricht. Er verliert seine erst siebzehn Jahre alte Schwester. Sein einstiger Lehrer, Ferdinando Provesi, dem er die erste Förderung zu seinem künstlerischen Aufstieg zu danken hat, stirbt. Das sind Trauernachrichten aus der Heimat, die ihn tief bewegen.

Um wieviel mehr erkennt er die Unwandelbarkeit des Wertes wahrer, echter Kunst! Längst hat sein Lehrer ihn auch in die grossen Oratorien Joseph Haydns eingeführt. Welche Fülle der Erkenntnisse geht ihm auf in der «Schöpfung», in den «Jahreszeiten»!

Die Mailänder «Philharmonische Gesellschaft» hat eine Aufführung der «Schöpfung» vorbereitet. Giuseppe Verdi erhält die Erlaubnis, den Proben beizuwohnen. Eines Tages, als Chor und Orchester wieder versammelt sind, bleibt der Kapellmeister aus. Wie einst während des Gottesdienstes in Busseto der junge Verdi den fehlenden Organisten in letzter Minute vertrat, so wird er auch jetzt ersucht, die Probe zu leiten. Und wie damals, so erweckt er auch jetzt durch die geniale Art, wie er seiner Aufgabe gerecht wird, die Bewunderung und das Vertrauen der Mitwirkenden in so hohem Masse, dass ihm nun sogar die Leitung der öffentlichen Aufführung übertragen wird. Ja, der Erfolg ist so gross, dass das Oratorium im Adelskasino wiederholt werden muss. Es ist Verdis erstes öffentliches Auftreten in Mailand, ein Erfolg von umso grösserer Tragweite, als daraufhin der Präsident der Gesellschaft, Pietro Masini, der zugleich auch Direktor des «Teatro Filodrammatico» ist, den jungen Künstler in seinem Operntheater Rossinis «La Cenerentola» leiten lässt. Noch mehr: Masini gibt ihm den Auftrag, für sein Theater eine Oper zu komponieren.

Erfüllung.

Ein strahlend blauer Himmel wölbt sich am 4. Mai 1836 über die Po-Landschaft. Es ist der Tag, an dem sich Giuseppe Verdi und Margherita Barezzi das Jawort zum Bund des Lebens geben.

Das Bewusstsein Verdis, dass die ihm am nächsten Stehenden den Glauben an ihn, an seine Kunst nicht verloren haben, ist bestimmt die kräftigste Triebfeder, seinem künstlerischen Wirken noch mehr Aufschwung zu geben. Was kann fortan doch den jungen Verdi verunsichern? Neben ihm ist die Braut, die ihn, den Menschen und Künstler, versteht. Sie müsste ja nicht Barezzis Tochter sein. Die ernsten, klaren Züge ihres schmalen, feinen Gesichts spiegeln die Schönheit ihrer Seele. Hinter dem Paare stehen Barezzi und Verdis Eltern, welche die Zukunft ihrer Kinder segnen.

Verdi steht am Anfang seiner Karriere. In Mailand hat er sich schon einen, wenn auch kleinen, doch nicht unbedeutenden Kreis geschaffen. Seit der Aufführung der «Schöpfung», der Leitung der «Cenerentola» ist er kein ganz Unbekannter mehr. Ja, er hat ernste Männer wie Lavigna, Seletti,

Masini durch sein Können und auch durch seine Eigenschaften als Mensch gewonnen. Provesi, sein erster Lehrer und Freund, hatte ihn nie vergessen, er hätte wohl keinen geeigneteren Nachfolger nennen können. Was Wunder also, dass Verdi nach dessen Tode in seine Fussstapfen tritt! Aber kleinliche Missstimmigkeiten zwischen zwei einander feindlichen Lagern, den Liberalen und den Klerikern, verzögern die Entscheidung und tragen unnötige Unruhe in das sonst so friedliche Busseto. Nun hat sich ihm in Monza eine Stelle als Kapellmeister an der Basilika eröffnet. In Busseto jedoch ist nun der Kampf zugunsten Verdis entschieden, und nachdem er aus dem Probespiel in Klavier, Partitur und in der Komposition von Parma als Sieger zurückgekehrt ist, wird er «Maestro di musica» in Busseto. Diese Stellung mit einem bescheidenen jährlichen Einkommen schafft das Fundament zur Gründung seines neuen Hausstandes. Seine Aufgabe ist der Unterricht der musikalischen jungen Leute Bussetos im Spiel des Klaviers, des Cembalos, der Orgel, im Gesang, in den Elementen der Komposition. Dazu kommt die Leitung der Philharmoniker.

Erfüllt hat sich Verdis Hoffen, aus dem Nichts des Unbekannten aufzusteigen und ein Feld der Arbeit zu finden, die seinen Talenten entspricht. Es lässt sich denken, mit welchem Eifer jetzt die Busseto-Philharmoniker musizierten. Ihr Ruf dringt bald über die Grenzen der Heimatstadt hinaus, bis nach Parma und Cremona weiten sich ihre Konzertreisen. Dass Verdi komponiert, ist eine Selbstverständlichkeit, weltliche, geistliche Musik. Schon hat sich sein Geist für Italiens grossen Dichter Alessandro Manzoni aufgeschlossen. Er komponiert Chöre zu seinen Tragödien.

Aber vor seinen Augen liegt auf dem Schreibtisch jener Auftrag von Pietro Masini, aus dem später seine erste Oper «Oberto, conte di San Bonifacio» entstehen wird. Der Auftrag kommt von einem Mann, der selbst ein geschätzter Künstler ist. Es besteht die Möglichkeit einer Aufführung in seinem Theater, dem Teatro Filodrammatico zu Mailand. Vorerst nennt sich dieses Werk «Rocester» und beruht auf einem Text von Antonio Piazza. Zum ersten Mal hat Giuseppe die Chance, eine Oper zu gestalten, in den Menschen ihre Leidenschaften

Alessandro Manzoni

offenbaren, dieselben in Musik umzuwandeln, mit schönen Stimmen singen zu lassen, wie es Rossini, Bellini, Donizetti und andere taten. Kein Wunder, dass ihn der schöpferische Tatendrang packt und er seine Freizeit ganz seiner Komposition widmet. Mit Begeisterung und Ausdauer arbeitet Verdi an seiner ersten Oper.

Zwei lachende Kinderaugen strahlen dem jungen Maestro entgegen. Virginia Maria Luigia, geboren am 26. März 1837, wird die Tochter getauft. Am 11. Juli 1838 folgt der Sohn. Die Eltern nennen ihn Iginio Romano Carlo Antonio.

Nun ist es Sommer 1838 – bereits beginnt die Dämmerung ihre Schatten vorauszuwerfen. Das Töchterchen, für das der glückliche Vater, nachdem es ihm geschenkt war, stolz ein Wiegenlied komponiert hatte, wird den Eltern im August 1838 entrissen. Aber damit nicht genug. Lavigna stirbt, es fehlt eine bedeutende Stütze für Verdi. Wie sehr hätte es seines Einflusses bedurft, um die Uraufführung des «Oberto» durchzusetzen! Noch mehr: Masini ist nicht mehr Leiter des «Teatro Filodrammatico». War doch er es, der ihm die Komposition dieser Oper

Antonio Piazza

aufgetragen hatte. Vielleicht erfüllt sich die Aussicht auf eine Uraufführung am herzoglichen Theater in Parma? Nein, die Versuche bleiben erfolglos. Also Mailand!? Um an Ort und Stelle zu sein und so alles tun zu können, das heiss ersehnte Ziel endlich zu erreichen, siedelt Verdi mit seiner Gattin und seinem Söhnchen in die Hauptstadt der Lombardei über. Vater Barezzi hilft; das junge Paar verlässt die Vaterstadt.

In Mailand ist seit Herbst 1836 Bartolomeo Merelli Intendant der Scala. Ein mächtiger Mann, dem auch noch die Aufsicht über die Operntheater der kaiserlich-königlichen Monarchie vom Hof in Wien anvertraut worden war. Ihn müsste man für Verdis Oper gewinnen. In der Tat: Die Freunde versuchen es, vor allem der Cellist Vincenzo Merighi. Aber auch Giuseppe selbst versucht es. Der Weg führt über die «Primadonna», die laut Gerüchten, mehr oder weniger offenkundig, die unglückliche Geliebte Merellis sei. Sie heisst Giuseppina Strepponi. Und wirklich, Merelli bekundet Interesse, die Oper in der Scala aufzuführen. Eine grosse Aussicht für den jungen Komponisten: An derselben Kunststätte, an der

Bartolomeo Merelli

Rossini, Donizetti, Bellini Triumphe feiern, als völlig Unbekannter aufgeführt zu werden! Verdi ist bereit, alles zu tun, um sein Ziel zu erreichen. So muss Giuseppe das Libretto auf Geheiss Merellis überarbeiten, indem der 20jährige Poet Temistocle Solera engagiert wird. Nun heisst die Oper «Oberto». Was von «Recester» übernommen wurde, ist nicht ganz klar. Die Namen der Personen sind geblieben. Jedenfalls überarbeitet Verdi verschiedene Melodien und komponiert neue hinzu. Mailand wird nun zum dauernden Wohnsitz der Familie Verdi bestimmt.

Noch in demselben Frühling 1839 soll die Uraufführung stattfinden. Ganz hervorragende Kräfte stehen zur Verfügung, darunter die 24jährige Giuseppina Strepponi. Ja – neben den «Puritanern» von Bellini, neben Donizettis «Lucia», «Pia de' Tolomei», «Elisir» ist Verdis Erstlingswerk auf den Plan gesetzt. Aber nach einigen Gesangsproben muss die Fortsetzung wegen schwerer Erkrankung des Tenors Moriani aufgegeben werden. Verdi ist trostlos. Schon erwägt er mit Frau Margherita, nach Busseto zurückzukehren. Da kommt plötzlich ein Diener der Scala: «Sind Sie der Maestro von Parma, der eine

Oper für das Istituto Musicale hätte aufführen lassen sollen?» – «Von Parma nicht, aber ich bin der, den Sie meinen.» – «Kommen Sie mit ins Theater, man erwartet Sie.» – «Unmöglich!» – «Jawohl, man hat mir befohlen, dem Maestro aus Parma zu rufen, der eine Oper hatte geben sollen. – Wenn Sie es sind, so kommen Sie!». Eilenden Schrittes gehen beide zur Scala.

«Mein lieber Maestro», beginnt Merelli, indem er Verdi herzlich begrüsst, «ich habe Erkundigungen über Ihren 'Oberto' eingezogen. Sie sind sehr günstig ausgefallen. Ich werde also Ihre Oper in der nächsten Stagione geben. Sind Sie damit einverstanden?». Gewiss, warum sollte es Verdi nicht sein? Hatte er doch schon befürchtet, Merelli werde auf den infolge der Erkrankung Morianis misslungenen Aufführungsplan das Werk der Vergessenheit anheimfallen lassen. Wer hat aber diesen günstigen Einfluss auf Merelli ausgeübt? Signora Strepponi, die sich sehr lobend über die Musik der Oper ausgesprochen hatte und so, ihr selbst unbewusst, Wegbereiterin dessen wurde, mit dem sie das Schicksal einmal eng verbinden wird.

Giuseppina Strepponi

«Wenn Sie einverstanden sind, Maestro», fährt Merelli fort, «müssen Sie einige Transpositionen in der Musik vornehmen, denn es werden nicht mehr dieselben Künstler sein, welche die Oper in der letzten Stagione hätten singen sollen.» – «Dazu bin ich selbstverständlich gern bereit, signore.» – «Also gut, ich werde alle Ausgaben auf meine Rechnung nehmen. Nur eines möchte ich vorschlagen», sagt Merelli nach einigem Besinnen, «sollte das Werk so gefallen, dass es einen Verleger findet, dann bitte ich, die Summe, die Sie erhalten, mit mir zu teilen.» Ja, auch damit kann Verdi einverstanden sein; ein junger, unbekannter Opernkomponist, kein Risiko für die Uraufführung, was will er mehr erwarten?

Verdi geht an die letzte Ausfeilung seines Werkes. Wieder hilft der Schwiegervater über die Zeit hinweg, in der nichts verdient werden kann. Der Meister mietet sich mit seiner Frau einige Zimmer, wo er Ruhe zur Arbeit hat.

Doch er soll sie nicht finden! So will es das Schicksal, ein zweites Mal in ihrer jungen Ehe meldet sich der Tod. Der kleine Iginio erkrankt an demselben Fieber, wie im Jahr zuvor seine Schwester Virginia.

Es raubt dem Kleinen die Besinnung, in wirren Träumen kämpft das Kind in den Armen seiner Mutter zwischen Leben und Tod. Sie hat ihr Hoffen aufgegeben, der Anblick des Todeskampfes ihres Lieblings macht sie halb wahnsinnig. Verdi, selbst des Trostes bar, bietet alles auf, seine Margherita zu trösten. Das ist am 22. Oktober 1839.

Am 17. November 1839 wird Giuseppe Verdis Oper auf der ersten Bühne Italiens uraufgeführt. Seine Gattin ist vom Schmerz zerbrochen, ihm versagen oft genug die Kräfte – und doch, er muss durchhalten.

Erfüllt hat sich sein erster grosser Traum der Kunst: «Oberto, conte di San Bonifacio» wird aufgeführt und vom Publikum wie von der Presse gut aufgenommen. Unter den Zuhörern befindet sich auch der Schwiegervater Antonio Barezzi, der gütige Helfer und Förderer der Familie Verdi! Dreizehn Wiederholungen folgen. Giovanni Ricordi kauft das Verlagsrecht der Oper. Merelli beauftragt Verdi mit der Komposition von drei weiteren Opern im Abstand von acht Monaten.

Giovanni Ricordi

Oberto: Opera seria, in 2 Akten.

Der Inhalt der ersten Verdi-Oper ist ganz dem Geschmack der damaligen Zeit angepasst: Zerwürfnisse und private Verbindungen unter Adeligen; Verführung, Rache, Duell mit tödlichem Ausgang und Zuflucht im Kloster ist in Kürze das Libretto, welches im 13. Jahrhundert angesiedelt ist.

Schon in Verdis Erstlings-Oper stehen die Menschen, deren Charakteren, Verhältnis Vater/Tochter, Verführer, Geliebte im Vordergrund. Die Handlung der Oper ist zwar ziemlich banal, aber dennoch verdient dieses Werk, aufgeführt zu werden. Bereits die Ouvertüre ist, für die damaligen italienischen Verhältnisse, ungewöhnlich interessant und melodienreich. Wenngleich man den Einfluss von Bellini und Donizetti noch deutlich zu spüren vermag, so erkennt man bereits den späteren Verdi, wo die Atmosphäre der ungestümen Leidenschaften der dargestellten Personen unverkennbar zum Ausdruck kommt. Zwar noch unausgeglichen in der Führung der Musik, gibt es doch schon, neben den konventionellen Passagen, eine Fülle auffallend schöner «Verdi»-Melodien zu hören. Chöre, abwechselnd mit

Buchdeckel der Partitur
«Oberto di San Bonifacio»

Recitativen, Ariosen, Duetten, ja sogar ein bemerkenswertes Quartett bezeugen bereits eine Stimmführung von erstaunlicher Sicherheit, was auch von Verdis Einsätzen des Orchesters positiv zu vermerken ist. Verdi hat hier mit «Oberto, conte di San Bonifacio» bereits einen Ansatz zur weiteren Neuentwicklung der italienischen Oper erkennen lassen!

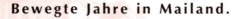

Bewegte Jahre in Mailand.

«Drei Opern werden von dir erwartet, Giuseppe! Ich bin glücklich. Was willst du denn mehr?!» ruft Margherita freudig, als ihr Gatte ihr von den neuen Bedingungen Merellis erzählt. Und wie beglückt es ihn, seine arme «Ghitta» wieder einmal so «aufgeräumt» zu sehen! Denn seit dem Tode des zweiten Kindes lachte sie nicht mehr, und selbst wenn sie an den Arbeiten ihres Mannes teilnahm, so konnte sie es nur unter Aufbietung aller Kräfte, indem sie den Schmerz in ihrer Seele für Augenblicke wenigstens niederrang. «Ja, Ghitta, diese drei Opern sollen entweder in der Scala oder im 'Theater am Kärntner Tor' zu Wien uraufgeführt werden, also nicht auf einer zweitrangigen Bühne. Ist das nicht grossartig? Und dass die Oper in Ricordi ihren Verleger gefunden hat? Ist auch nicht so ganz selbstverständlich. Ich widme die Partitur unserem Freunde Pasetti», fügt er nach kurzem Nachdenken hinzu. «Das ist recht, Giuseppe, er gehört zu denen, die uns wirkliche Freunde sind.» Jetzt greift der Maestro in seine Rocktasche und zieht ein Manuskript hervor. «Sieh, liebe Ghitta», sagt er, indem er es auf den Tisch

Mailänder Scala

legt, «das ist der Text zur neuen Oper: 'Der falsche Stanislaus'. Aber dabei wollen wir's nicht lassen», fährt Verdi fort, «Merelli und ich sind übereingekommen, das Libretto 'Un giorno di regno' zu nennen.» – «Warum 'König für einen Tag'?» – «Ich will dir's erklären: Der junge polnische König Stanislaus ist in Gefahr, seinen Thron und sein Leben zu verlieren. Ihn zu retten, spielt einer seiner Edeln die Rolle des Königs, um so die Aufmerksamkeit der Gegner von ihm abzulenken. Der Plan gelingt, der König findet in Warschau Schutz. Das ist, kurz gesagt, der Inhalt der Oper, also ein ernster Gedanke in komischer Umkleidung.» Margherita sieht nachdenklich vor sich hin. Der Stoff ist ihr zu fremd, sie weiss nichts damit anzufangen. «In komischer Umkleidung? Konnte es denn nicht eine ernsthafte Oper werden?» fragt sie, «bist du jetzt in der Lage, eine komische Musik zu komponieren, Giuseppe?» – «Mache mir's nicht noch schwerer, liebe Margherita. Du weisst nicht, wie ich dazu kam: Merelli muss für die nächste Spielzeit von mir eine komische Oper haben. Daher riet er mir ab, Gaetano Rissis Libretto 'Der Geächtete' zu komponieren, wie ich es eigent-

lich vorsah. So entschloss ich mich zu diesem Text. Er stammt von Felice Romani, der auch Maestro Bellini Libretti geschrieben hat. Ach, Ghitta, wie gering ist die Auswahl an wirklich guten Texten! Von denen, die ich durchgelesen habe, erscheint mir dieses am ehesten annehmbar.» Margherita sieht die Notwendigkeit der Wahl ein. «Lieber Giuseppe! Du wirst es schaffen!» Diese Zuversicht gibt auch ihm Kraft. Weiss er doch, dass er von jeher kein leichtes Gemüt besass und der Tragik des Lebens zugeneigt ist. Wie sollte es gerade jetzt leichter sein, in dieser schweren Zeit, die ihm durch den Tod der Kinder die Vergänglichkeit des Irdischen ganz nahe aufgezeigt hat! Mutig geht er an die Arbeit, schafft Szene für Szene – doch schon wieder klopft das Schicksal an seine Pforte.

Fieber, Halsentzündung, eine Krankheit, die ihn zeitlebens verfolgen wird, zwingt ihn zur Bettruhe. Das Komponieren an der neuen Oper verzögert sich, somit auch das nötige Einkommen. Noch lange wird es dauern, bis diese Arbeit, wenn überhaupt, materiellen Erfolg bringen kann. Die Miete ist zu bezahlen; was tun? Margherita sieht, wie bedrückt er ist.

Felix Romani

Wie kann er von Sorgen belastet arbeiten? Sie geht, verkauft ihre wenigen Schmucksachen, die sie vom Vaterhaus mitbekommen hat, und bringt Giuseppe das Geld. Er ist tief berührt über den Edelmut seiner feinfühlenden Frau. Sie soll reichlich entschädigt werden, sobald die neue Oper Erfolg haben wird. Das ist Verdis fester Vorsatz.

Doch kaum selbst genesen, beginnt Margherita zu kränkeln. Was Wunder! Ihre zarte Gesundheit hat schwer durch den Tod der Kinder gelitten, jetzt hat sie wochenlang den Gatten gepflegt. Es wird Übermüdung sein? Nein, bald zeigt sich, dass viel tiefere Ursache zugrunde liegt. Das Fieber steigt mit jedem Tag, schliesslich mit jeder Stunde. Die Kranke beginnt in wirren Phantasien zu sprechen – manchmal noch ein lichter Augenblick, doch bald ist ihr Geist völlig umnachtet. Das Gefürchtete geschieht: Gehirnhautentzündung, Margherita stirbt am 18. Juni 1840. Den Tag darnach trägt man den dritten Sarg aus Verdis Wohnung! – Innert zwei Jahren verlor Giuseppe Verdi seine ganze Familie.

Zwei tiefgebeugte Menschen gehen vom Friedhof der Vorstadt San Giovannino nach Hause: Giuseppe

Verdi und Vater Barezzi. Mit ihm kehrt der nun ganz Verlassene für einige Zeit nach Busseto zurück, um der Nacht seiner trostlosen Einsamkeit zu entfliehen. Wohin? Wo leuchtet noch ein Ziel, ein Daseinszweck? Eines noch, ja, er muss seinen Vertrag erfüllen, zum Beginn der nächsten Stagione in der Scala – es sind noch zwei Monate – muss die Oper aufführungsbereit sein, die komische Oper! Bitter lacht Verdi in sich hinein, wenn er daran denkt, jetzt eine komische Oper zu vollenden. Aber es muss sein. Merelli rechnet bestimmt damit. Eine Oper von Alessandro Nini soll den Anfang der Spielzeit machen. Nini sagt ab, also muss Merelli «Un giorno di regno» haben.

Wie schwer wird für Verdi diese Aufgabe! Immerhin: Es ist ein Ziel, er muss sich aus seinem Schmerz befreien, damit er nicht ganz in die Verzweiflung versinkt. Aber aus welchen Quellen soll er schöpfen? Die Saiten in seiner Seele sind zerrissen. Wie könnte er jetzt neue spannen, neue, die auf Komik abgestimmt sein müssten! Der Misserfolg ist im voraus zu erahnen. In der Tat, am 5. September 1840 geht die Oper über die Bretter der Scala und erlebt vom

IL FINTO STANISLAO

Publikum und von der Presse eine vollkommene Ablehnung. Ja noch mehr, man gibt sie dem Spott preis. «Wie, einen Tag König?» fragt man. «Nein, nicht einmal eine Stunde!» lautet die Antwort.

Il finto Stanislao: Melodramma giocoso in 2 Akten. Ja, was soll man zur Musik dieser Buffa-Oper sagen? – Schon gehört! Richtig, einen Teil bei Gioacchino Rossini. Verdi, vom Schicksal hart getroffen, konnte sichtlich nicht in bester Verfassung zum Komponieren einer Buffa-Oper sein. Anderseits war es auch «noch nicht» seine Stärke, Derartiges in Musik umzusetzen. Trotzdem finden wir neue Veränderungen gegenüber «Oberto». Die Ouvertüre zu «Stanislao» ist heiter und beschwingt, aber dennoch ganz nach dem Vorbild Rossinis intoniert. An echt Verdi-melodischen Erfindungen fehlt es im Werk dennoch nicht. Zu erwähnen bleibt die Arie des Marchese im 1. Akt, eine weitere Sopranarie, sowie insbesondere das Finale des 1. Aktes und die Tenorarie im 2. Akt. Diese soeben erwähnten Kompositionen sind vor Margheritas Tod entstanden. So bleibt uns, so ungern es geschieht, nichts anderes übrig, als diese Oper wohl oder übel als eines seiner

Buchdeckel der Partitur
«Il finto Stanislao»

schwächsten Kompositionen einzustufen, immerhin dokumentarisch interessant und auch hörenswert, aber eben, er ist nur eine «halbe» Buffa-Oper!
Nun ist Verdis letzter Halt dahin. Seine Kraft ist gebrochen. Vor wenigen Monaten hat man seinen «Oberto» in demselben Raum, von demselben Publikum günstig, ja lobend aufgenommen. Wusste man denn nicht, was er seitdem gelitten hatte? Gab es keinen mildernden Grund, das neue Werk mit Nachsicht aufzunehmen? Wie dankbar wäre der junge Komponist, wenn man die Oper nicht etwa mit Beifall bedacht, aber wenigstens schweigend aufgenommen hätte! Er könnte nicht Worte genug des Dankes finden. Nein, er muss die unerbittliche Macht des Publikums kennenlernen.
Es wird Nacht um Verdi. Wo bleibt der Sinn des Lebens, der Sinn des Schaffens? Ist er überhaupt zum Musiker berufen? Er glaubt nicht mehr daran. Entrissen sind ihm seine Lieben. Eine kalte, gefühllose Welt stösst ihn zurück. Von der Umgebung schliesst er sich ab. Immer schon wortkarg, verschliesst er sich vollkommen, schweigsam trägt er in sich sein trauriges Los. Noch ein möbliertes Zimmer genügt

dem einsam gewordenen Mann! Er wird keine Note mehr schreiben, will den Vertrag mit Merelli lösen. Keine Zeitung, kein gutes Buch will er mehr lesen. Es wird Nacht um Verdi! Wohin führt sein Weg? Niemand kann es wissen. Dazu gesellt sich die wirtschaftliche Not, der Hunger. Giuseppe ist dem Abgrund nahe. Aber der Horizont beginnt sich zu erhellen!
Fürs erste ist ihm in Merelli ein Freund und Förderer geblieben, dessen Gesinnung den Meister der Verzweiflung entreissen wird, und zwar auf eine ebenso vornehme wie kluge Art. Wie einst nach dem Fiasko der Aufnahmeprüfung in Mailand Margherita und Vater Barezzi vom Glauben an Verdi nicht abrückten, so wenig verliert jetzt Merelli das Vertrauen in seinen Genius, trotz der kläglichen Niederlage der von ihm bestellten Oper. Gewiss, er geht auf Verdis Wunsch ein, seinen Vertrag zu lösen, er weiss die Gefühle des Meisters zu würdigen. Aber was sagt er ihm? «Mein Vertrauen in dich besteht unvermindert fort. Wer weiss, eines Tages wirst du vielleicht wieder zur Feder greifen, es genügt, wenn du es mir zwei Monate vor einer Spielzeit mitteilst,

und ich verspreche dir, dass deine Oper aufgeführt wird.» Und was tut Merelli weiter? Der «Oberto» wird für diese für Verdi so unglückselige Spielzeit aufs Programm gesetzt, noch siebzehn Aufführungen folgen. Vorerst freilich vermag nichts Verdis tiefe Niedergeschlagenheit aufzurichten.

Und doch! Giuseppe Verdi begegnet in dem Augenblick, als er aus der Galleria de Cristoforis heraustritt, unvermutet Merelli. Freudig begrüsst dieser den Freund und legt seinen Arm auf Verdis Schulter. «Ich bin auf dem Wege zum 'Teatro alla Scala'. Begleite mich!» Ohne Verdis Antwort abzuwarten, schreiten sie zusammen weiter.

«Ich befinde mich in grosser Verlegenheit», beginnt Merelli im Weitergehen. «Denke dir, ich habe Maestro Nicolai ein neues Libretto von Solera gegeben mit dem Auftrag, es zu vertonen, ein wundervolles Buch. Etwas ganz Ausserordentliches! Interessante dramatische Situationen, schöne Verse. Aber jener Trotzkopf von Nicolai will nichts davon wissen und erklärt, dieses Libretto sei etwas Unmögliches.» – «Ich kann dir aus der Klemme helfen», erwidert Verdi ohne zu zögern. «Hast du nicht für mich den

Temistocle Solera

'Geächteten' schreiben lassen? Ich habe dazu noch keine Note komponiert. Nimm ihn, er steht zu deiner Verfügung!» – «Bei Gott! Das trifft sich wirklich glücklich.» Indessen sind die beiden im Theater angelangt. Kaum im Zimmer Merellis eingetroffen, greift dieser zu dem auf dem Tisch liegenden Manuskript und zeigt es Verdi. «Sieh, hier ist das Libretto von Solera. Wie ist es möglich, so etwas Schönes zurückzuweisen? Du kannst es mitnehmen und durchlesen.» Verdi wehrt energisch ab: «Was soll ich denn damit anfangen? Nein, nein, ich habe gar keine Lust, Textbücher zu lesen!». Aber Merelli fasst das Buch mit beiden Händen und sagt: «Ich bitte dich! Das wird dir doch nicht schaden. – Lies es durch und bring es mir dann zurück!». Widerwillig schiebt Verdi es in seine Rocktasche und verabschiedet sich.

Draussen umwirbeln ihn grosse Schneeflocken, die Dämmerung hat sich inzwischen zu tiefer Nacht verdichtet. Indem er einsam inmitten vieler durch die Strassen geht, seiner Wohnung zu, umschattet seine Seele eine so tiefe Traurigkeit, dass er sich nicht zu helfen weiss.

Endlich hat er sein Zimmer erreicht. Mechanisch greift er nach dem Buch in der Rocktasche, wirft es auf den Tisch, dieses hat sich im Fallen geöffnet. Sein Blick fällt darauf, er überfliegt den Text: «Va' pensiero sull'ali dorate! – Steig, Gedanke, auf goldener Schwinge!». Ist dies nicht jener herrliche Psalm, den er aus der Bibel kennt, die ihm von frühester Jugend an so vertraut gewesen ist? Ist es nicht die Paraphrase des Psalmes «Super flumina Babylonis?» Verdis Sinne sind plötzlich wie verwandelt, er kann nicht anders, er liest weiter, der Eindruck wird grösser, er blättert im Buche herum, liest da einen Teil, dort einen andern. So fragt im Grunde seines Herzens eine Stimme. Ja, er wird halten, was er sich vorgenommen. Ruckartig schliesst er wieder das Textbuch und geht zu Bett. Umsonst, er findet keine Ruhe, der «Nabucco» verfolgt ihn, wieder erhebt er sich, zündet die Kerze an und liest und liest, nimmt die Worte des Librettos in sich auf, nicht nur einmal, nein, zwei-, dreimal liest er das Buch, und als der Morgen graut, hat er den ganzen Text auswendig im Kopfe. «Also», meldet sich seine innere Stimme, «willst du doch deinen Vorsatz brechen, nie mehr

Noten zu schreiben? Nein, und abermals nein!». Verdi kleidet sich an, nimmt das Manuskript und geht ins Theater, um es dem Impresario zurückzugeben. Als er dessen Zimmer betritt, fragt dieser ohne alle Umschweife: «Ist das nicht schön? Wie?» – «Sehr schön!» gibt Verdi zurück, indem er keine Miene verzieht. «Nun, wenn es so schön ist, vertone es!» Verdi erschrickt: «Keine Spur! ... Ich werde nichts daraus machen.». Jetzt wird Merelli energisch und erwidert seinem Schützling: «Vertone es, sage ich dir! Vertone es!» Ehe sich Verdi fassen kann, steckt ihm der Freund das Buch wieder in die Tasche, schiebt den Mutlosen mit einem kräftigen Stoss vor die Türe und schliesst diese sofort hinter ihm. Unfreiwillig begegnet Verdi wieder seinem Schicksal. Was bleibt ihm übrig, als dass er, den «Nabucco» in der Tasche, nach Hause geht und seinem eigenen innersten Drang und dem Drängen Merellis nachgibt? Er beginnt zu komponieren, erst langsam und zögernd, halb widerwillig, heute einen Vers, morgen einen andern. Die grosse Idee der biblischen Grundlage der Oper packt seinen Geist mehr und mehr.

Giuseppe Verdi, 1842

Sein Genius obsiegt, ja, er ist besessen vom Komponieren seines neuen Werkes, und in kurzer Zeit liegt die Partitur vollendet vor ihm. Im Spätsommer 1841 meldet sich Verdi wieder bei Merelli: «Der 'Nabucco' ist aufführungsbereit!» Merelli strahlt vor Freude und beglückwünscht den Meister. Er ist sehr befriedigt, einen Musiker vor der völligen Vernichtung gerettet zu haben. «Ich habe dir versprochen, lieber Verdi, sobald du eine neue Oper vollendet hast, diese auf die Bühne zu bringen. Ich halte Wort.» – «Gut, also in der kommenden Stagione?» In Verdis Ton liegt mehr Gewissheit als Frage. «Kaum. Das ganze Programm ist schon festgelegt. Drei neue Opern sind geplant, und zwar drei Werke bedeutender Komponisten.»

Verdi ist enttäuscht, er will keine Verzögerung der Uraufführung, er weiss wohl, warum. Er weiss, dass zwei hervorragende Solisten engagiert sind, auf deren Stütze er grosse Hoffnung setzt: Giuseppina Strepponi und Giorgio Ronconi.

«Meine Oper», sagt er nach kurzem Besinnen, «wird entweder zur Karnevalszeit aufgeführt oder gar nicht!» Merelli, durch den bestimmten Ton gereizt, antwortet ebenso kurz und bündig: «Vier neue Opern in einer Spielzeit zu geben, das ist ein zu grosses Risiko! – Dies ist unmöglich!». Nach einiger Zeit erscheint der Opernplan der Scala – der «Nabucco» steht nicht darauf!

Verdis impulsive Natur macht sich Luft. Er schreibt Merelli einen Brief, in dem sich sein ganzer Zorn entlädt. Kurz darauf wird er von diesem herzitiert: «Ist das die Art und Weise, einem Freund zu schreiben?» fährt er ihn barsch an. Verdi hat selbst schon Reue über seinen Brief empfunden, nachdem er ihn abgeschickt hatte. Daher kann er jetzt nicht viel erwidern und schweigt. Sofort beruhigt sich der Impresario und in milderem Ton fährt er fort: «Nun, es will nichts besagen. Du hast recht. Wir werden diesen 'Nabucco' geben. Aber vergiss nicht, dass ich für die andern Opern schon sehr grosse Ausgaben habe. Daher kann ich für dein neues Werk keine neuen Dekorationen und keine neuen Kostüme anschaffen. Ich kann nur zurecht machen lassen, was sich dafür Passendes im Theater vorfindet.». Verdi ist erleichtert und ist mit all seinen Vorschlägen einverstanden. Ganz einerlei, wenn nur die Oper aufgeführt wird. Man stellt ein neues Repertoire auf, die Plakate erscheinen, und Giuseppe Verdi sieht ganz unten seinen Namen mit dem Titel der Oper «Nabucodonosor» in grossen Buchstaben glänzen. Noch kann er es kaum fassen, er liest immer wieder. Ein ganzes Lebensdrama zieht blitzschnell im seinem Geiste vorüber: Bilder des Todes, unsagbaren Schmerzes – dann der Aufstieg aus der finsteren Nacht zum Licht. Er hat sich wiedergefunden, Merellis verständnisvolle Freundschaft hat ihm dazu verholfen. Kaum haben die Proben begonnen, so spüren alle, vom Impresario bis zum einfachen Bühnenarbeiter, etwas von dem Neuen, von der ursprünglichen, genialen Kraft, die in dieser Oper steckt, und bald wetteifern sie, eine dem bedeutenden Werke gebührende Aufführung zustande zu bringen. So öffnen sich am 9. März 1842 die Tore der Scala einer Besuchermenge, die mit grossen Erwartungen kommt, weil sie darüber viel Lobendes von allen Seiten gehört hat, denen es durch die Proben vertraut geworden ist.

Verdi darf voll Zuversicht dieser Uraufführung entgegensehen, denn die Grundidee des Werkes ist ge-

Buchdeckel des Textbuchs zur Oper
«Nabucodonosor»

genwartsnahe: Es sind die aus der Bibel längst vertrauten, scharf gezeichneten Persönlichkeiten eines Nabucodonosor, eines Zaccarias, des Propheten und Hohen Priesters, von den Chören der Assyrer und Juden umrahmt, wodurch das dramatische Geschehen auf die grosse Ebene des Völkerschicksals gehoben erscheint. Die in der babylonischen Gefangenschaft geknechteten Juden werden zum Symbol tyrannischer Unterdrückung eines Volkes durch das andere. Ist nicht Italien ebenfalls unterdrückt? Seufzt nicht das Land seit den Koalitionskriegen unter fremder Herrschaft?

Als sich der Vorhang am Ende der Oper schliesst, bricht ein Sturm der Begeisterung los. Der Beifall nimmt kein Ende. Verdi wird als einer der Grössten neben den gefeierten Opernkomponisten verehrt. Es muss so sein, so will es das Schicksal. Ist es nicht wunderbar, dass alles, was dem Meister und seinem Werk hätte schaden können, sich zum Guten wandte? Seine Empörung Merelli gegenüber war ein Wagnis, sie hätte ihm jede Aussicht auf Annahme der Oper vernichten können, aber nein, Verdi ist berühmt geworden. 57 Aufführungen kann er in der

Herbstspielzeit des Jahres 1842 buchen! Was aber den grössten Triumph bedeutet: Der Impresario ist gezwungen durch seinen Vertrag, in der neuen Spielzeit eine neue Oper herauszubringen. Verdi wird dazu für die nächste Stagione verpflichtet. Eine Ehre, um die ihn viele Meister mit grossen Namen beneiden. Ricordi übernimmt den «Nabucco» für 3000 Lire in seinen Verlag; der arme junge Musiker, der noch vor wenigen Monaten sich oft nur von Zwiebacksuppen ernähren konnte, ist aller materiellen Not enthoben. Donizetti anerkennt das Genie des jungen Komponisten. Ob er wohl fühlen mag, welche neuen Wege sich in dieser Musik andeuten? Sie enthält manche Eigenschaften, die den späteren, den grossen Meister Verdi charakterisieren und von seinen bedeutenden Vorgängern unterscheiden.

Schon entfernt sich der musikalische Aufbau von der Einteilung in einzelne Nummern, und die «Szene» wird der dramatischen Gestaltung zum Fundament. Die rhythmische Steigerung, die Begleitung der Singstimme durch die Melodie einer Instrumentalstimme, die eigenartige Verwendung punktierter Noten, das sind Eigenarten der Verdischen Musik.

«Nabucco», das Dramma lirico in 4 Akten mit den 4 Untertiteln «Jerusalem», «Der Gottlose», «Die Prophezeihung» und «Das zerbrochene Götzenbild», spielt sich ca. um 578 vor Christus in Jerusalem und Babylon ab. Die wichtigsten Personen sind Nabucco (Bariton), König von Babylon, Abigaille (Sopran), angenommene Tochter Nabuccos, Fenena (Sopran), Tochter Nabuccos, Ismaele (Tenor), Neffe des Königs von Jerusalem, Zaccarias (Bass), Oberpriester der Juden, sowie der Oberpriester des Baal (Bass). «Va pensiero», diese weltberühmte Melodie des Gefangenenchores der Juden an den Ufern des Euphrat, finden wir bereits in der Ouvertüre zur Oper eingebettet. Wahrlich, dieser Chorgesang ist grossartig, einmalig, welch herrliche Melodie, voller Sehnsucht. – Aber in diesem Werk finden wir noch weitere packende musikalische Chor- und Einzelszenen! Bereits nach der Ouvertüre im Tempel von Jerusalem hören wir eine eindrückliche Chorszene der verzweifelten Juden, Zaccarias mit seiner Bass-Stimme im Dialog mit den Juden, versucht immer wieder, mit aufmunternden Worten in seinen Glaubensbrüdern und -schwestern die Zuversicht zu fördern. Ihm

Innenansicht der Mailänder Scala

gegenüber steht Abigaille, die mit allen Mitteln versucht, als Thronfolgerin Nabuccos zu gelten. Ihre Rolle erfordert einen «dramatischen Sopran», welche die Gesangskunst bestens beherrscht. Bis zu gut zwei Oktaven sind von ihrer Stimme gefordert! Nicht zu Unrecht gilt die Interpretation dieser Rolle als eine der anspruchsvollsten, die Verdi je geschaffen hat; hinzu kommt noch, dass auch darstellerisch viel abverlangt wird!

Im 2. Akt hat die Interpretin der Abigaille in der grossen dreiteiligen Bravour-Arie Gelegenheit, ihr ganzes Können unter Beweis zu stellen. Gesanglich und darstellerisch wird auch von der Rolle des Nabucco viel verlangt. Sei es als König, der überhebliche Herrscher, der – vom Blitz Jehovas getroffen – wahnsinnig wird, daraufhin als Bittsteller agiert, um als Gefangener wieder zur Vernunft zu kommen. In der Oper fehlt es weder an Duetten noch an Arien, auch ein prächtiges Terzett findet Platz. Immer wieder sind es herrliche Chorpassagen der Hebräer im Dialog mit Zaccarias, jene der Assyrer in den «hängenden Gärten», wo Abigaille auf dem Thron die Huldigungen entgegennimmt, und als das Todes-

urteil über die gefangenen Hebräer beschlossen wird. Sehr dramatisch ist das Duett Nabuccos mit Abigaille, wo letztere den verwirrten Nabucco zwingt, das Todesurteil über seine Tochter Fenena zu unterzeichnen!
Nach dieser dramatischen Szene zwischen Nabucco und Abigaille erklingt nun der berühmte Gefangenenchor. – Es liegt mir fern, hier auch nur ein Opernhaus zu diskriminieren, ich habe verschiedenste gute Nabucco-Aufführungen erlebt. Aber diese inbrünstige Chorszene auf einer «leeren» Bühne zu erleben, in einem weltberühmten Opernhaus mit hervorragender Akustik, wo Chorsängerinnen und -sänger, die sich ihres Status bewusst sind, dirigiert von Maestro Riccardo Muti, wo der Applaus erst nach dem allerletzten «gehauchten» Ton aufbraust, ist ein einmaliges Erlebnis. Wenn es dann noch ein «da capo» gibt, kann man sich gut vorstellen, wie es den Besuchern der Uraufführung vom 9. März 1842 ergangen ist. Insbesondere nach den anschliessenden kämpferischen und aufmunternden Worten ihres Oberpriesters Zaccarias! – Das Finale der Oper, worin der wiedergenesene Nabucco bei der

Richtstätte erscheint, die Vollstreckung der Todesurteile widerruft und den gefangenen Hebräern die Freiheit wieder schenkt, vervollständigt den geschlossenen Eindruck dieser imposanten Oper, in welcher der Oberpriester der Hebräer, Zaccarias, seine Zuversicht vermittelnd, der eigentliche Sieger ist!
Die Sklavin Abigaille, die Nabucco als Kind aufgenommen hat, ist durch die unübertreffliche Darstellung der Giuseppina Strepponi (gesanglich war es allerdings nicht ihr bester Abend) zur Säule der ersten Aufführung geworden. Diese Künstlerin schwebte Verdi vor, als er diese Rolle schuf. Die erste innere Verbindung zweier Seelen ist angebahnt – beiden wohl noch unbewusst. Margheritas Geist überstrahlt verklärt des Meisters Lebensbahn, Giuseppina Strepponi ist ihm Gefährtin auf dem steilen Weg zum Ruhm, bis sie Margheritas Erbe antritt.

Giuseppina Strepponi.

Giuseppina Strepponi wurde am 8. September 1815 in Lodi (ca. 30 km südöstlich von Mailand) geboren. Ihr Vater war Komponist und Maestro di capella an der Kathedrale von Monza, ein namhafter Musiker. 1832 verstarb Feliciano Strepponi und hinterliess vier Kinder, aber kein Geld. Giuseppina, die Älteste, war zu diesem Zeitpunkt als Freischülerin am Konservatorium in Mailand und studierte Gesang, wofür sie ein Stipendium erhielt. 1834 gab die erst 19jährige ihr Debüt als Sängerin und begann sofort, ihre Familie finanziell zu unterstützen. In den ersten fünf Jahren trat die Sopranistin Strepponi in mehr als 20 Opernhäusern auf. Sie sang, der Not gehorchend, viel zu viel und erst noch zu schwierige Partien für ihr Alter! Diese betrübliche Tatsache hatte leider zur Folge, dass sie relativ früh ihre schöne Stimme ruinierte. Man sagt, dass Giuseppina mit der ihr zugedachten Rolle der Abigaille in Nabucco stimmlich bereits ihre Mühe hatte. Jugend, Erfolg und Abhängigkeit von Managern und Impressarien konnten denn auch nicht spurlos an ihr vorübergehen. Aus stürmischen Liebesaffären, unter anderem

Giuseppina Strepponi, 1834

mit dem Tenor Napoleone Moriani, resultierten auch Unterbrüche in ihrer Karriere, um Kinder zu gebären. Mit 31 Jahren war ihre glanzvolle Karriere als Primadonna mit einer Abschiedsvorstellung von Nabucco zu Ende.

Es gibt Andeutungen, Briefe Giuseppinas aus den Jahren 1839–41, die ihre damalige Verfassung wiederspiegeln. Im Zusammenhang mit einer bevorstehenden Geburt scheint es, dass dieser gefeierte Tenor ein noch erniedrigenderes Spiel getrieben hatte als zuvor Merelli. Sie schrieb in diesem Brief: «Viel bin ich nicht wert, aber ich habe den Wunsch, besser zu werden! Auf menschlichen Schleichwegen des Glücks gibt es nur zwei Strassen, an die man sich halten kann: Das Leben mit einer Kugel im Kopf zu beenden oder sich vor keinem bis zur Feigheit zu erniedrigen. – Ich wünsche ihm nichts Schlechtes und bin nicht so infam, sein Ruin zu wünschen, so wie er mich ruiniert hat!». Giuseppina hat schliesslich den zweiten Weg gewählt, sie ist über sich hinausgewachsen! Es steht heute niemandem mehr zu, über die menschlich tragische Zeit ihrer ersten Karrierenjahre zu richten.

Wann sich nun genau die Freundschaft zwischen Strepponi und Verdi zu einer richtigen «Liebschaft» entwickelte, bleibt wohl weiterhin ein «mitgenommenes» Geheimnis der beiden. Es war irgendwann zwischen 1842 und 1847. Giuseppina war jedenfalls über fünf Jahrzehnte eine feinfühlige, kluge und liebe Gefährtin des von ihr stets geliebten Giuseppe Verdi! Gewiss war es für sie nicht immer leicht, an der Seite eines so genialen Künstlers, der allseits stets umworben war, in Frieden und Eintracht zu bestehen. Wo Licht ist, da gibt es auch Schatten, dies wird wohl immer so bleiben!

Es bleibt noch zu erwähnen, dass Giuseppina Strepponi nach dem Ende ihrer Karriere als begehrte Sängerin und Darstellerin von Norma, Lucia di Lammermoor u.a.m. im Jahre 1846 noch nach Paris übersiedelte und eine neue Laufbahn als Gesangslehrerin begann. Es war eine mutige Entscheidung; der dortige Erfolg gab ihrem kühnen Entschluss mehr als recht. Die Kenntnisse vieler Sprachen erleichterte ihr Vorhaben!

«Und doch: Das ist Genie!»

So hört der Graf Pompejo Belgioioso den ihm befreundeten Gaetano Donizetti nach einer Aufführung des «Nabucco» sagen. Sich in seinem Freund und Schützling nicht getäuscht zu haben, ist wohl auch der Impresario Merelli überzeugt, sonst hätte er Verdi kaum den Auftrag der «opera d'obbligo» für die nächste Spielzeit gegeben.

Noch nicht elf Monate sind verflossen. Verdi hat die neue Oper komponiert, einstudiert und uraufgeführt: «I lombardi alla prima crociata». Kein Wunder, dass der durch gemeinsames Schaffen erzielte grosse Erfolg den Dichter Solera und den Musiker Verdi zu einem zweiten Werk anregt! Solera ist in diesem Stadium der musikalischen Entwicklung Verdis wohl der für ihn geeignete Dichter: Begabt, eine impulsive Natur, selbst auch Opernkomponist, schafft er seine Dramen, die geeignet sind, Verdis Feuergeist zu entzünden.

Die beiden Wesenszüge des «Nabucco», natürlich die religiöse und die freiheitliche Idee, versteht man wohl, weil sie seinen Landsleuten aus den eigenen Herzen gesprochen sind. Von der Eindruckskraft der

Gaetano Donizetti

Musik umkleidet, verfehlen sie ihre Wirkung in keiner der folgenden Wiederholungen der Oper. Was also liegt näher, als wieder einen Stoff künstlerisch zu gestalten, der aus denselben Quellen fliesst und dieselben Gefühle weckt?

Wohl ist die sprunghafte Handlung der «Lombarden» unklar, so dass das Werk den «Nabucco» an künstlerischem Wert nicht ganz erreicht, aber jene beiden Wesenselemente treten dennoch machtvoll in den Vordergrund und zeitigen Blüten von hoher Schönheit. Ein wundervoller Chor, majestätisch erhaben in seinem Unisono, mit seiner durch einfachste Mittel erzielten Wirkungsgewalt, rüttelt die Gemüter auf in der Zeit der ersten Aufführungen, als ganz Italien nach Freiheit dürstet. Von nicht geringem künstlerischen Werte ist das zarte «Ave Maria», von der Flöte, Klarinette und den vierfach geteilten Streichern begleitet. – Doch die Zensur meldet sich zum ersten, jedoch während seiner Laufbahn nicht zum letzten Mal: Nein! – «Ave Maria», Gebete, Prozessionen auf der Bühne – das ist der Zensur zuviel. Der Polizeidirektor Torresani hat den Auftrag, sich entweder der öffentlichen Aufführungen zu wider-

setzen oder darauf zu dringen, dass alle «frevelhaften Elemente» ausgemerzt werden. Der Maestro wird vor Torresani geladen. Er erscheint aber nicht. «Ich habe die Oper so geschrieben, und so muss und werde ich sie vor das Publikum bringen, um dessen Urteil über mich und meine Musik ergehen zu lassen.» Das ist sein fester Standpunkt. An seiner Stelle kommen Solera und Merelli und sagen, dass sie dem Komponisten in dieser Beziehung nichts vorschreiben dürfen noch können. Es folgt ein langes Hin und Her. Schliesslich gesteht sich Verdi eine Änderung des «Ave» Maria in «Salve» Maria zu. Solche echt künstlerische Haltung zwingt Torresani zur Erklärung: «Ich verzichte darauf, einem so vielversprechenden Genie Zügel anzulegen.»
Am 11. Februar 1843 erlebt die neue Oper in der Scala einen Erfolg, der den des «Nabucco» fast noch übertrifft. Wesentlich hat dazu die einundzwanzigjährige Ermina Frezzolini, die Darstellerin der Giselda, beigetragen. Ohne Zweifel war aber die patriotische Begeisterung im unterdrückten Italien ein massgebender Punkt, die zum damaligen grossen Erfolg der Oper beitrug.

I lombardi alla prima crociata.

I lombardi alla prima crociata, ein Dramma lirico in 4 Akten, spielt sich in der Zeit der Kreuzzüge Ende des 11. Jahrhunderts ab. Ein jeder Akt trägt einen Untertitel: «Die Rache», «Der Herr der Höhle», «Die Bekehrung» und «Das heilige Grab». Der erste Akt spielt sich in Mailand ab, die übrigen im Orient. Das Geschehen in der Oper geht, kurz gefasst, um Entführung, Mordanschlag, Verbannung und Liebe. Es schildert Erlebnisse auf der Pilgerreise nach Jerusalem, zuletzt die Versöhnung.

Fast könnte man meinen, die «Lombarden» sei eine Fortsetzung, eine Art Kopie von «Nabucco». Wiederum war es das Duo Solera/Verdi, welche das Werk entstehen liessen. Diesmal sind es die Italiener aus der Lombardei, welche vom nahen Osten der weit entfernten Heimat gedenken. Und wieder sind es die Chorszenen, die einen noch fast wichtigeren Bestandteil der neuen Oper bilden! Auch dieses neue Werk vermittelt uns eine Fülle herrlicher Melodien, und vielleicht noch mehr als bei «Nabucco» kommen die Chorszenen zur Geltung. Die bekannteste Szene bildet der Chor der Kreuzfahrer, die aus der Ferne

Buchdeckel des Textbuchs zur Oper «I Lombardi alla prima Crociata» ihrer Heimat gedenken: «O Signore, dal tetto natio». Der Aufbau gleicht dem «Nabucco-Chor», sei es in der Form wie auch in der Rhythmik. Die Wirkung war beim italienischen Publikum noch grösser, geht es diesmal doch nicht um Hebräer, sondern um ihre eigenen Landsleute. Es ist «Jerusalem»; die Kreuzfahrer erblicken nach der langen Reise endlich die Tore Jerusalems, sie verleihen ihrer zuversichtlichen Erwartung Ausdruck. Etwas später folgt noch ein weiterer schöner Chor mit Solistenbegleitung: «Der Chor der himmlischen Geister».

Ein Höhepunkt ist in diesem Werk die Taufszene, ein schönes Terzett in Begleitung des untermalenden Orchesters, «qui posa il fianco» im 3. Akt. Vorgängig erklingt eine an ein kleines Konzert erinnernde Orchestereinleitung mit einem sehr schönen Violinsolo, das allerdings an Paganinis Violinkonzerte erinnert. Im Vergleich zu «Nabucco» ist die vierte Verdi-Oper musikalisch wie auch dramatisch schwächer. Es fehlt ihr eine klare Linie, welche bei der Vorgängerin zweifelsohne vorhanden ist. Auch ist der Part der Solisten unausgeglichen (weshalb auf eine Personenbezeichnung verzichtet wird). Nur die

Rolle der Giselda (eine Sopranrolle) kann als vollwertig bezeichnet werden. In der Stimmführung Giseldas erreicht der junge Verdi bereits den Höhepunkt seines Könnens. Dennoch, auch heute kann das Werk «I lombardi alla prima crociata» mit bestens einstudierten Kräften, einwandfrei inszeniert, ein erfolgreiches Theater-ereignis sein.
Verdis Ruf verbreitet sich immer mehr. Der Intendant des «Teatro la Fenice» in Venedig, Graf Carlo Mocenigo, verpflichtet ihn zur Komposition eines neuen Werkes. Verdi richtet seine Blicke auf den grossen Revolutionär der Dichtkunst im benachbarten Frankreich: Victor Hugo. Zwar wird nicht der vom Intendanten vorgeschlagene Stoff «Cromwell» gewählt, dafür aber «Hernani». Dieses Schauerdrama wurde im Jahre 1830 in Paris uraufgeführt und hat grösstes Aufsehen geweckt. Victor Hugo, der in Sprache, Idee und Form mit der Überlieferung französischer Klassik gründlich gebrochen hatte, der in die Tiefen des Unbewussten, des Geheimnisvollen hinabfühlte, begegnet in Verdis Geist demselben Fühlen und Streben. Auch er, obwohl auf dem Boden der Tradition fussend, beginnt ganz neue Bahnen

Francesco Piave

einzuschlagen, die hineinführen ins weite, unabsehbare Reich romantischen Fühlens und Denkens. So entsteht «Ernani», mehr von Verdi selbst als von seinem Librettisten, dem Venezianer Francesco Maria Piave, gestaltet: Ein Werk, das vielleicht noch zündender als «Nabucco» und die «Lombarden» den glühenden Freiheitsdrang Ton werden lässt, dem darum auch die unbedingte Sympathie der Landsleute des Maestro gehört. Aber nicht nur deswegen, nein, man fühlt die Ursprünglichkeit dieser hinreissenden Musik voll Schwung und Feuer. Immer mehr wird die alte «Nummeroper» verlassen, die «Szene» bedeutender ausgestaltet, Text und Musik werden verwandter.

Was tut es, wenn der Meister sich mit der Primadonna, Sophie Loewe, überwirft, weil er ihrem Wunsch nicht nachkommt, für sie nach dem Schlussterzett ein Rondo zu schreiben, damit sie den letzten Triumph für sich buchen kann? Was liegt daran, ob es zum ersten Male ist und von Mocenigo als «unerhört» betrachtet wird, dass ein Horn auf der vornehmen Bühne Venedigs erklingt? Eher wird die Oper nicht aufgeführt, als dass ihr Schöpfer etwas ändert, was seiner künstlerischen Absicht zuwiderläuft. Wie ein Erinnerungsmotiv umschliesst der Hornruf Anfang des Vorspiels und Ausgang der Oper. Mit ihm ist Ernanis Leben vernichtet.

Nach der Uraufführung am 9. März 1844 im «Teatro la Fenice» zu Venedig erntet «Ernani» auf den Bühnen Italiens überall stürmischen Beifall.

Ernani.

Die Oper Ernani ist in 4 Akte gegliedert, die folgende Titel haben: der Bandit, der Gast, die Gnade und die Maske. Sie bieten den Liebhabern der Werke des jungen Verdi eine grosse Anzahl melodienreicher «Leckerbissen», und eine eindrückliche Massenszene am Ende des 3. Aktes!

Dieses Werk verbreitete Verdis Ruhm rasch über die italienischen Grenzen hinweg in das benachbarte Ausland. Der Inhalt dieses Dramma lirico spielt sich im 16. Jahrhundert in Spanien und Aachen (D) ab. Die drei Männer Ernani (Tenor), angeblich ein Bandit, Silva (Bass), ein Edelmann, und Don Carlos (Bariton), König und späterer Kaiser, sind in Elvira (Sopran), die Nichte Silvas, verliebt. Alle drei bekämpfen sich gegenseitig ihretwegen. In der Folge schliessen sich zwei gegen den König zusammen, mit einem Eid gebunden, dass Ernani, falls er einmal das Jagdhorn Silvas hören sollte, sich ihm sein Leben überantworten müsse. Die beiden Männer können die Wahl des Königs zum Kaiser trotz der ihnen getreuen Verschwörer nicht verhindern. Sie werden vom frischgewählten Kaiser und seinen Getreuen

Carlo Felice – Theater in Genua.

überrascht und gefangen genommen. Der Kaiser Don Carlos lässt auf Fürbitten Elviras gegenüber den Verschwörern Gnade walten, verzeiht allen und gibt sogar seinen Segen zur Heirat zwischen Elvira und Ernani, der nun zum Herzog von Aragon rehabilitiert ist. Das missfällt Silva, der nun am Hochzeitsfest von seinem Jagdhorn Gebrauch macht, was nichts Gutes bedeutet!

Viel schöne und packende Musik begleiten uns durch diese Oper, seien es die Arien, die Duette und das Terzett der Solisten oder die diversen prächtigen Chorszenen. Aber der dritte Akt ist doch besonders zu erwähnen. In einem sehr schönen Monolog gedenkt Don Carlos Karls des Grossen, er hofft, ein würdiger Nachfolger zu werden. Kaum in der Kirche verschwunden, erscheinen die Verschwörer mit den beiden Anführern, Silva und Ernani. In einer prägnanten Chorpassage rufen sie ihn zum Kampf für die Freiheit auf: «Aufgewacht ist Kastiliens Löwe und kämpft für die Freiheit!» Die Venezianer ersetzen sofort «Kastiliens Löwe» durch «Löwe von Venedig» und erklären diesen Kampfesaufruf zu ihrer Hymne! Die Verschwörer kommen zu spät, drei Kanonenschüsse verkünden die Kaiserliche Wahl. In einer grossartigen, erhabenen Danksagungs-Volksszene endet der dritte Akt, «Die Gnade». Das Schlussbild beginnt mit feiner Festmusik, jäh unterbrochen durch Silvas Jagdhorn. Der unerbittliche Edelmann hat sein Ziel erreicht. Ernani muss seinen Eid einlösen, aber Elvira entzieht sich Silva. Ergreifende Melodien des Terzettes führen uns zum traurigen Schluss dieser Oper.

Giuseppe Verdi hat die Bühnen seines Vaterlandes erobert, seine Landsleute stehen begeistert hinter ihm. Sie spüren mit Macht, welch Freiheitssehnsucht aus seinem Schaffen spricht. Nach Giocchino Rossini mit 40 Opern, geboren am 29. Februar 1792 in Pesaro, gestorben am 13. November 1868 in Paris, Gaetano Donizetti mit über 70 Opern, geboren am 29. November 1797 in Bergamo, gestorben am 8. April 1848 in Bergamo, und Vincenzo Bellini mit 11 Opern, geboren am 3. November 1801 in Catania, gestorben am 23. September 1848 in Puteaux bei Paris, hat Verdi sich den Ruhm des grössten Opernkomponisten Italiens erobert. Sein Genius steigt auf, Donizettis Stern aber ist am erlöschen, ein trauriges Geschick schaltet bald den einst so grossen Geist aus der Reihe der Schaffenden. Ein jahrelanges geistiges Siechtum geht seinem Sterben voraus.

Auf dem Weg zu «Macbeth».

Giuseppe Verdi bezeichnete viel später jene Zeit zwischen den Werken «Ernani» (1844) und «Rigoletto» (1851) als seine Galeeren-Lernjahre. Innerhalb von nur sieben Jahren komponierte er elf Opern. Er wurde das Opfer seines unbestrittenen Erfolges. Die Theaterunternehmer drängten Verdi Verträge auf, die allesamt erfüllt werden mussten. Es kann nicht verwundern, dass der Komponist in Zeitnot geriet und seine Gesundheit strapaziert wurde. Als sehr gestrenger Maestro, gegenüber den Interpreten seiner Werke ohne Kompromisse, war er, wenn immer möglich, bei den Werkproben dabei und auch bei den Erstaufführungen anwesend!

Drei neue Werke stellen sich dem Publikum vor: «I due Foscari», «Giovanna d'Arco» und «Alzira». Der Erfolg? Selbst wenn es da und dort ein augenblicklicher ist, so gibt sich der Meister keinen Illusionen hin. Er ist sich darüber im klaren, dass von einer eigentlichen Lebenskraft dieser Opern nicht immer die Rede sein kann. Und seine vielen Gegner feiern Triumphe der Schadenfreude: Wo bleibt das Genie? Was erklärte doch Richard Strauss 1932 unter ande-

rem gegenüber einem italienischen Journalisten? «Eine zweitklassige Oper von Giuseppe Verdi ist immer noch wertvoller als eine gute Oper von 'irgendeinem' anderen Komponisten!»
Wohl erzielen «I due Foscari» bei der Uraufführung im Argentinia-Theater zu Rom am 3. November 1844 einen schönen Erfolg, aber über dem Stoff und der Musik schwebt eine düstere Stimmung. Verdi ist auf dem Wege zu immer engerer Verbindung von Wort und Ton. Also nicht mehr eine unbeschwert heitere Melodik ist Ausdruck tragischer Stimmung, wie man sie vor ihm in Italien nur zu oft gewohnt war. Wieder ist es Piave, mit dem er in engster Verbindung das Libretto ausgearbeitet hat und sich eng an Byrons Drama hält. I due Foscaris Handlung basiert nach einer Begebenheit der venezianischen Geschichte, die sich im 15. Jahrhundert zugetragen hat. Sie schildert die Tragik des Dogen Francesco Foscari, welcher in seiner Position nicht verhindern kann, dass sein Sohn Jacopo, der vom Senat in fragwürdiger Weise verdächtigt wird, einen Mord begangen zu haben, zu lebenslanger Verbannung verurteilt wird. Kraft seines Amtes muss der Doge das Urteil voll-

strecken. Er vernimmt daraufhin, dass der wahre Mörder auf dem Totenbett gestanden hat, Donato umgebracht zu haben. Zu guter letzt muss Foscari von seiner Schwiegertochter Lucrezia vernehmen, dass ihr Gemahl Jacopo nach der Abreise in die Verbannung gebrochenen Herzens verstorben sei. Des Unheils nicht genug, wird der Doge vom Rat der Zehn seines Amtes enthoben. Er muss die Insignien der Macht zurückgeben. Als der Entmachtete den Kanonendonner vom Markusplatz hört, welcher die Wahl seines Nachfolgers Malipiero ankündigt, stirbt Francesco Foscari verbittert ob seinem Schicksal, währenddessen sein Widersacher Lorendano sich seines Triumphes erlabt und in sein Tagebuch notiert: «Die Foscaris haben ihre Schuld beglichen!» Diese Tragedia lirica in 3 Akten vermittelt uns ohne Zweifel die traurigste Komposition in Verdis Lebenswerk. Kein Lichtblick, nur Verzweiflung und Resignation strömen aus seinem beachtenswerten Musikwerk. Grundmotive wiederholen sich wie jene des Rates, des Dogen (Bariton) und die des Jacopo (Tenor). Lucrezia (Sopran) ist die verzweifelt um ihren Gatten kämpfende Ehefrau. Ihre mutigen Vorstösse vor dem Rat der Zehn wie auch vor dem Schwiegervater bringen ihr keinen Erfolg. Der erste Akt, wo sich diese Einsätze zum Teil abspielen, bringt uns auch schöne Chorpassagen nebst den beeindruckenden Arien der Lucrezia sowie des Gefangenen Jacopo. Im zweiten Akt lauschen wir dem herrlichen Duett zwischen Lucrezia und Jacopo in dessen Gefängnisraum. Zu ihnen gesellt sich der Doge mit dem Wissen um das harte Urteil über seinen Sohn. Ein prächtiges Terzett beendet die hoffnungslose Kerkerszene. Das anschliessende Bild im Ratsaal beeindruckt nicht minder durch den Massenauftritt zur Urteilsverkündung und dem mutigen Auftritt Lucrezias mit den beiden Kindern; eingebettet in diese Szene ist ein Sextett von sehr guter Qualität. Im ersten Bild des dritten Aktes überrascht uns der Komponist mit einer Karnevalsszene als Kontrast zum bisherigen traurigen Geschehen. Doch nicht für lange Zeit, denn wieder überwiegt die Hoffnungslosigkeit mit der Abschiedsszene, Jacopo muss auf die Insel Kreta in die Verbannung. Auch im letzten Bild nimmt die Trostlosigkeit kein Ende. In einem erschütternden Prolog beklagt der

Doge seine Ohnmacht, dass er die Verbannung seines Sohnes nicht verhindern konnte, dies um so mehr, als er nun vernimmt, dass Jacopo tatsächlich unschuldig war und nun verstorben ist. Unter dem Diktat Jacopo Lorendano ist die Absetzung des Dogen durchgesetzt worden. Bitter beklagt der sichtlich gebrochene Doge sein trauriges Schicksal und bricht nach dem Kanonendonner tot zusammen. Der musikalische Einfallsreichtum und die dramatische Aussage durch die Orchestrierung vertiefen das tragische Geschehen dieser ausserordentlichen Oper, deren musikalische Schönheiten nicht zu überhören sind.

Kaum nach Mailand zurückgekehrt, vollendet Verdi die von der Scala erwartete neue Oper «Giovanna d'Arco». Aber was hat Solera aus Schillers «Jungfrau von Orléans» gemacht? Er reduzierte das Schauspiel sehr stark; übrig blieb schlussendlich nur noch ein «Dreieckskonflikt» zwischen Johanna (Giovanna) und dem französischen König Karl VII. Johanna liebt den König Karl VII. Am Widerstreit in ihrer Seele zwischen dieser Leidenschaft und ihrer göttlichen Sendung als Retterin des Vaterlandes zerbricht sie. Johannas Vater, der Hirte Giacomo vom Domremy, verkennt die hohe Aufgabe der Tochter und verrät sie an die Engländer. Verwundet stirbt sie nach der siegreichen Schlacht in Obhut des Königs und in Anwesenheit des reuigen Vaters.

Giovanna d'Arco – die Jungfrau von Orléans, ein Dramma lirico, hat einen Prolog und drei Akte. Die Schauplätze sind Domremy und Reims, die Handlung spielt sich im 15. Jahrhundert ab. Giuseppe Verdi schrieb ursprünglich zwei Ouvertüren zur Oper. Die zweite erklingt nun als Sinfonia in drei Teilen vor dem Prolog; es ist ein sehr glückliches Vorspiel. In musikalischer Hinsicht besitzt die Oper wenig Höhepunkte, wirkt eher monoton. Die drei Hauptdarsteller: Karl VII. (Tenor), König von Frankreich, Giacomo (Bariton), Hirte in Domremy, und seine Tochter Giovanna (Sopran) sind kaum individuell geprägt. Dennoch, es gibt wohl keine Verdi-Oper ohne eigene Höhepunkte. So ist die Arie der Giovanna im zweiten Bild des Prologes zu erwähnen. Anzeichen des späteren Verdi können wir nur im 2. Akt in der Krönungsszene wahrnehmen, aber Schwankungen in der Qualität der Musik vermögen auch die verschiedenen guten Chorpassagen nicht zu vertuschen. Im 3. Akt vermag die Kerkerszene mit Johanna und ihrem Vater gut zu gefallen. Im letzten Bild bietet uns der Komponist nochmals erhabene Klänge im schönen Trauerchor und ebenfalls im abschliessenden Terzett der drei Hauptdarsteller. Obschon «Giovanna d'Arco» keine schlechte Oper ist, mitzureissen vermag sie uns nicht!

Die Vorbereitungen zur ersten Aufführung in der Scala zu Mailand, die am 15. Februar 1845 erfolgt, befriedigen Verdi so wenig, dass er ihr, aufs höchste verärgert, fern bleibt. Seine Freundschaft mit Merelli geht in die Brüche. Verdi wird in der Scala nicht mehr inszenieren noch dirigieren. Das ist sein fester Entschluss. Der Oper ist kein grosser Erfolg beschieden, ihre zweite Ouvertüre respektive erstkomponierte bleibt der «Sizilianischen Vesper» vorbehalten.

Keine glückliche Wahl ist der Stoff seiner nächsten Oper, jene der Tragödie Voltaires «Alzira». Gewiss war Verdi von der philosophischen, religiösen Auseinandersetzung um die christliche Moral zwischen der peruanischen Oberschicht der Urbevölkerung

und der spanischen Eroberer fasziniert. Das Textbuch verfasste der Neapolitaner Salvatore Cammarano. Vom ursprünglichen Ansinnen Voltaires blieb dabei nicht mehr viel übrig; die Personen sind ziemlich farblos gestaltet, so dass eine wenig aussagende Handlung entstand, die sich im 16. Jahrhundert in Peru abspielt. Die Uraufführung wird auf den 12. August 1845 im San Carlo Theater zu Neapel festgelegt. Der Maestro sieht der Premiere optimistisch entgegen. Er glaubt, ein gutes Werk geschaffen zu haben, dessen Melodien den Interpreten gefallen. Die Proben verlaufen reibungslos. Er ist zuversichtlich, dass sich dieses neue Werk im Repertoire der Theater halten wird. Für einmal hat sich der sonst so selbstkritische Maestro geirrt, die Uraufführung verzeichnete nur einen geringen Erfolg. Ja, «Alzira» bleibt zu Lebzeiten Verdis die am wenigsten gespielte Oper. Er selbst äusserte sich später wie folgt dazu: «Ich habe auf 'Alzira' mehr Überlegungen verwendet als man gemeinhin glaubt. Eine Überarbeitung wäre nur verlorene Liebesmühe; das Problem liegt in ihrem Kern, an der Wurzel.» In «Alzira», einer Tragedia lirica in einem Prolog und

San Carlo-Theater in Neapel

zwei Akten, geht es um eine junge Frau, die Peruanerin Alzira (Sopran), welche von zwei Gegenspielern umworben wird, dem Peruaner Zamoro (Tenor), Führer seiner Landsleute, und Gusmano (Bariton), der Sohn des spanischen Statthalters Alvaro (Bass). Musikalische Höhepunkte gibt es in dieser Oper, die offensichtlich in einer sehr kurzen Zeit komponiert wurde, nur wenige zu verzeichnen. Mit wenigen Ausnahmen ist die Musik zu stereotyp; nur einige Nummern vermögen die Zuhörer durch ihre unkonventionelle Gestaltung zu fesseln. Es ist die Ouvertüre, die gefällige Melodik aufweist und im Gegensatz zum Geschehen auf der Bühne eher zu beschwingt wirkt. Beste Verdi-Musik ist Alziras Auftritt im zweiten Bild des 1. Aktes, in welcher sie in ihrer Liebeserklärung an den totgeglaubten Zamoro in frischer Melodik herrlichen Gesang zum Besten gibt. Schliesslich sei noch das Finale der Oper erwähnt. Verdi gibt uns hier zu erkennen, was er an Dramatik und Melodienreichtum zu bieten hat. Aber eben, das Premierenpublikum konnte sich weder an der Handlung noch an der Musik erwärmen, obschon eine gefällig konventionelle Verdi-Musik zu hören ist.

Weshalb sind nun innert einem Jahr drei neue Verdi-Opern beim Publikum nicht mehr so gut angekommen? Ist die schöpferische Tätigkeit des Maestro bereits am Ende? So mögen sich die besorgten Freunde fragen. Und mit frohlockendem «Ja» sind die Feinde zur Antwort bereit.

Aber Giuseppe Verdi selbst? Wie sieht es in seinem Innern aus? Wie steht er zur Umwelt? Sein Ruhm in Italien ist durch drei bedeutende Werke begründet, und schon beginnt auch das Ausland aufzuhorchen. In allen grossen Theatern Italiens werden diese Opern aufgeführt, neue werden gewünscht. Theaterdirektoren, Verleger, Kapellmeister, Künstler kommen und gehen, jeder hat seinen besonderen Wunsch. Lumley, der Impresario von «Her Majesty's Theater» in London, will mit Verdi einen Vertrag auf zehn Jahre schliessen. Die Verleger Léon und Marie Escudier in Paris erwerben das Recht, seine Werke in Frankreich zu vertreiben. Von Madrid und Petersburg aus wendet man sich an den italienischen Maestro. Da er ja die Vorbereitungen und Uraufführungen seiner Opern meist selbst leitet und sich um jede Einzelheit kümmert, führt ihn der Weg von

Mailand aus bald nach Rom oder Neapel, bald nach Venedig oder Florenz. Kaum sind alte Verpflichtungen erfüllt, so drängen schon wieder neue zur schnellen Ausführung der eingegangenen Verträge. Rastlos sucht Verdi neue Stoffe, er ist unermüdlich! Schöpferische Unruhe drängt ihn unablässig. Aber zum Arbeiten ist auch Ruhe nötig. Er hat sie nicht. Welch ein Zwiespalt! Müdigkeit, heftige Kopfschmerzen, die ihn stunden- und tagelang arbeitsunfähig machen, stellen sich ein. Wäre er nicht der edle Mensch, so würde er nicht trotz aller Unruhe seinen Landsmann und Schüler aus Busseto Anselmo Muzio jeden Morgen eine halbe Stunde unterrichten. Giuseppe Verdi ist einsichtig genug, die teilweisen Unzulänglichkeiten seiner zuletzt geschaffenen Werke, an den anderen gemessen, nicht zu verkennen. Wo wäre eine tiefere Quelle grosser dramatischer Ideen zu finden als in Shakespeares Dramatik! Der Italiener greift zu den Dramen des unsterblichen Briten, «King Lear», «Hamlet» und «Der Sturm». Auch schaut er sich wieder nach dem Dichter des «Hernani», Victor Hugo, um und beschäftigt sich mit dessen «Ruy Blas» und mit «Le roi s'amu-

se». Byrons «Kain», des älteren Dumas «Kean», Grillparzers «Ahnfrau» gehen ihm durch den Kopf, Euripides, Racine, Calderon nimmt er zur Hand. – Wo findet er den geeigneten Stoff?!
Noch ertönt in ganz Italien der Ruf nach Freiheit, demselben Sehnen entsprungen, in welchem die früheren Werke des «Maestro della rivoluzione» schon stärkstes Echo gefunden haben. Seien wir uns bewusst, dass Revolution in Italien ohne Musik wohl kaum denkbar gewesen wäre! Was läge daher näher als eine Handlung, in der diese Gefühle wieder symbolisch Klang werden können! Der Romantiker Zaccarias Werner hat in seinem «Attila» den Einfall des Hunnenkönigs in Europa dramatisiert. Das ist das gesuchte Motiv für den Patrioten Verdi. In Ezio, dem Gesandten Roms, erscheint die abendländische Kultur personifiziert, die dem hunnischen Barbaren entgegentritt. Damit auch die weibliche Intrige nicht fehle, heuchelt die erfundene Frauengestalt Odabella dem Hunnenkönig Liebe, um ihm sich nähern und ihn ermorden zu können.
Verdi und sein Librettist Solera haben sich in der Wahl des Stoffes nicht getäuscht. Infolge Zeitnot

musste das Libretto von F. Piave ergänzt werden, da Solera nicht rechtzeitig die noch fehlenden Passagen lieferte. Die Uraufführung des Werkes am 17. März 1846 im Fenice-Theater zu Venedig gestaltet sich zu einem stürmischen Erfolg. Der Ton ist getroffen, der Enthusiasmus und die Überzeugungskraft, mit der das Werk geschrieben wurde, verfehlt seinen Eindruck nicht. Als Ezio in seiner grossen Arie dem Attila die wuchtigen Worte entgegenhält: «Avrai tu l'universo, resti l'Italia a me!» («Nimm du den Erdkreis hin, doch überlasse Italien mir!»), da erhebt sich das Publikum unter brausendem Beifall und ruft mit einer Stimme aus: «A noi l'Italia, a noi!» («Uns lasse Italien, uns!»)

«Attila», das Dramma lirico mit Prolog und 3 Akten, spielt sich zwischen 434 und 453 in der Lagune (Venetien) und dann vor Rom ab. Mit äusserster Sorgfalt bereitete Verdi die Aufführung in Venedig vor. Attila (Bass-Bariton) wird von Ezio (Bariton) bereits im Prolog, 1. Bild, in einem packenden Duett «Avrai tu l'universo, resti l'Italia a me» konfrontiert, nachdem er zuvor Odabella (dram. Sopran) durch eine wirkungsvolle, mehr als zwei Oktaven umspannende «Schmäh-Arie» beeindruckt hatte und ihr Schwert zurückgibt. Das zweite Bild beginnt mit einer gut orchestrierten Einleitung, wo der nächtliche Sturm und anschliessend der Tagesbeginn musikalisch zu erleben sind, währenddessen die Einsiedler in einen prächtigen Chor einstimmen. Foresto (Tenor), der Geliebte Odabellas, tritt mit den Flüchtlingen hinzu und beklagt das Schicksal der Gefangenschaft seiner Geliebten. Daraufhin fordert er seine Landsleute in einer kraftvollen Cabaletta auf, für eine bessere Zukunft einzustehen. Insgesamt ist dieses 2. Bild vom Besten in Verdis damaliger Schaffensperiode. – Zu Beginn im 1. Bild des 1. Aktes beweint Odabella in einer herrlichen Arie, eindrücklich begleitet von Flöte, Harfe, Englischhorn und Violoncello, ihren von den Hunnen getöteten Vater und den totgeglaubten Foresto. Zu ihrer Überraschung erscheint aber Foresto, worauf nach stürmischer Begrüssung die Ermordung Attilas in einem kraftvollen Duett besprochen wird.

Das zweite Bild spielt sich im Zelt Attilas ab. Jäh erwacht der Hunnenkönig aus dem Schlaf, erzählt seinem Diener den Alptraum, in dem ihm von einem alten Mann sein Untergang vorausgesagt wird. Kaum davon erholt, will er den Kampf gegen die Römer weiterführen und fordert seine Truppen zur Kampfbereitschaft auf. Doch da vernimmt er mit seinen Kriegern von ferne die Klänge einer christlichen Hymne, die herannahende Prozession wird vom Bischof zu Rom, Leo (dem späteren Papst Leo I.), angeführt. In ihm erkennt Attila voller Entsetzen den alten Mann im Traum, der die Prophezeiung wiederholt. Die ganze Szenerie dieses Bildes ist eindrücklich, die Traumerzählung und die musikalischen Kontraste der beiden Völker sind überzeugend dargestellt und enden in der klanglich wirkungsvollen Ensembleszene. Der 2. und 3. Akt bleiben musikalisch hinter Prolog und 1. Akt zurück, obschon Chorszenen, Arien und Duette nicht fehlen. Der Schluss endet mit einem prächtigen Terzett, worauf Attila durch das zurückgegebene Schwert von Odabella getötet wird. «Auch du, Odabella», stöhnt der Sterbende. Worauf die drei Verschwörer triumphieren: «Gott, Volk und König sind gerächt!» Eine weitere «Freiheitsoper» hat den Weg des Triumphes angetreten!

Stürmisch gefeiert, wird der Meister nach der Aufführung mit Blasmusik und Fackeln nach Hause geleitet. Bald erklingen die neuen Melodien überall, wo man die Oper gehört hat, und rasch hat sie die Bühnen Italiens erobert. Ob sie ihre Wirkung nur diesem Geiste verdankt? Verdis Gegner sind gern geneigt zu dieser Behauptung. Der Meister aber ist bei aller strengen Selbstkritik und Bescheidenheit anderer Überzeugung: «'Attila' hatte im ganzen einen recht guten Erfolg. Vielleicht wurde nicht alles verstanden... Meine Freunde wollen wissen, dass diese die beste meiner Opern sei. Das Publikum stellt das in Frage. Ich sage, dass sie nicht schlechter ist als irgendeine meiner anderen. Die Zeit wird entscheiden.» So schreibt er an Clarina Maffei, die Frau des Dichters Andrea Maffei.

Die Begeisterung, mit der Verdi die neue Oper geschaffen, hat seinen Arbeitstrieb so mächtig angespornt, dass er die körperlichen Beschwerden, die ihn immer stärker heimsuchen, zu wenig beachtet. Eine völlige Ruhepause ist erforderlich! Er zieht sich von jeglicher Verpflichtung zurück und macht eine Kur im Bade Recoaro.

Carla Maffei

Welch günstige Gelegenheit für die Neider und Gegner aller Art, Gerüchte auszustreuen, deren Inhalt man so gerne verwirklicht sehen würde! Maestro Verdi sei tot, vergiftet, am gastrischen Fieber gestorben; oder in gemässigter Lesart hiess es, er sei schwer leidend, unheilbar krank. Verdi kehrt aber erholt und neu gestärkt nach Mailand zurück. «Ich bin tief gerührt», schreibt er einem Freund, «von dem hingebenden Eifer, mit dem Sie sich nach meinem Befinden erkundigen. Es geht mir durchaus gut. Ich weiss nicht, wie sich meine Feinde mit dieser Nachricht abfinden werden. Was meine Freunde betrifft, so wende ich mich an Ihre Liebenswürdigkeit, damit Sie ihnen dies als Tatsache mitteilen.» Er siedelt nun für längere Zeit nach Florenz über, im Gepäck den Entwurf für eine neue Oper: «Macbeth». Wie muss er sich hier heimisch fühlen, wo Natur und Kunst sich zu einem harmonischen Bild voll unvergänglicher Schönheit vereinen! Wo zu beiden Seiten des Arno, in dem sich Italiens Himmel tiefblau spiegelt, terrassenförmig die stolzen Villen und Paläste sich sanft an die Höhen schmiegen, wo jede Strasse von alter, unerschöpflich reicher Kunst

spricht und wo er Menschen findet, die solche
Schönheit in ihre Seelen aufgenommen haben.
Als besondere Ehre empfindet er, dass der alte Lanari ihn einlädt, eine Oper für das Pergola-Theater in Florenz zu schreiben, für die Stadt, in welcher neuerdings auch «Attila» mit grossem Beifall aufgenommen wird.
Im Bildhauer Giovanni Dupré besitzt der Meister einen glühenden Verehrer seiner Kunst, und Duprés sehnlicher Wunsch ist, mit Maestro Verdi in Verbindung zu treten. Aber wie? Kennt er doch dessen unnahbares, verschlossenes Wesen. Lange besinnt er sich auf eine Möglichkeit. Sie liegt näher als er denkt. Im Atelier steht die grosse Gruppe des Kain, an der er gerade arbeitet. Wie wäre es, Maestro Verdi zur Besichtigung des Werkes einzuladen? Dupré schreibt einige Zeilen und geht zu Verdi, ohne sich zu erkennen zu geben. «Bestelle einen schönen Gruss an deinen Herrn», bemerkt Verdi, als er gelesen hat, «und sage ihm, ich liesse ihm vielmals danken und werde, sobald ich Zeit habe, zu ihm kommen, denn ich selbst habe den Wunsch, ihn kennenzulernen.» –
«Nun, Meister, wenn Sie Lust haben, ihn kennenzu-

lernen, Dupré selbst befindet sich vor Ihnen.». Das ist der Anfang einer Freundschaft zweier Grossen fürs ganze Leben.

Zu dem geselligen Kreis, in dem Verdi sich bald wohl und heimisch fühlt, gehört auch der Dichter Andrea Maffei aus Riva. Wie die herrliche Natur, die Florenz umgibt, das Auge durch ihre Schönheit trunken macht und wie diese unvergleichliche Stadt der Kunst auf Schritt und Tritt dem Besucher Denkmäler einzigartigen Wertes zeigt, so werden auch die Menschen durch so viele Schönheiten geprägt. Leidenschaftlich gern wandert Verdi in der Gesellschaft seiner Freunde an klaren Sonnentagen, wenn sich das Arnotal in seiner ganzen Pracht zeigt, hinaus in den Cypressenhain des Monte Oliveto.

Wieder ist eine Wanderung geplant. Dupré, Maffei und Verdi sind bereit. «Wohin?» ist die Frage. «Heute ins Mugnonetal!» wünscht der Maestro. «Gut, und wenn die Lust zum Wandern gross ist, erreichen wir vielleicht sogar Fiesole.» Er weiss, dass Verdi als erster dazu geneigt ist. «Sie wissen – jenes Kleinod ist Badia!» raunt er dem Maler ins Ohr. Bald kommen die drei Freunde an der Villa

Andrea Maffei

Palmieri vorbei, in die Boccacio den Aufenthalt der
Erzähler und Erzählerinnen seines Decamerone
während der Pest von 1348 verlegt hat, und zwischen
Gartengemäuer geht es weiter, steil aufwärts, bis S.
Domenico da Fiesole erreicht ist. Die drei Freunde
gedenken an dieser altehrwürdigen Stätte des Fra
Giovanni Angelico da Fiesole. In kurzer Zeit ist
Badia da Fiesole erreicht, ein an der Stätte der ältesten Kathedrale gegründetes Kloster, die Fassade
noch als Rest des alten romanischen Baues mit
schwarzem und weissem Marmor geschmückt. In der
Kirche nimmt ein Altar, den man der Kunst Michelangelos zuschreibt, Verdis ganze Aufmerksamkeit in
Anspruch. Man begibt sich vom Chor der Kirche in
das angrenzende Kloster. Es ist Abend geworden.
Von der Gartenloggia aus geniessen sie den wundervollen Ausblick auf Florenz. Jeder ist in seine
Gedanken vertieft, als sie den Heimweg antreten.
Nun aber hat auch Dupré noch etwas auf dem Herzen. Es ist der Wunsch, Verdi möge ihm zur Gestaltung einer Büste sitzen. Wie oft hat er sich bemüht,
den Meister dazu zu bewegen! Umsonst. Daher wagt
er jetzt noch einen bescheidenen Versuch. Wenn es

durchaus nicht eine Büste sein soll, so möge er ihm doch wenigstens die Nachbildung der rechten Hand gestatten. Nun, dazu ist Giuseppe endlich bereit. Aus Duprés Verehrung des Freundes wird ein Kunstwerk: die schreibende rechte Hand Giuseppe Verdis.

Verdis Hand von Dupré

Macbeth.

Dass Verdi unter diesem Himmel, in dieser Umgebung besonders inspiriert ist, lässt sich begreifen. In der Stadt, die der Welt einen Dante, einen Michelangelo geschenkt hat, entsteht nun ein Werk des grossen Tondramatikers Italiens: «Macbeth». Unter dem sonnig heiteren Himmel der Kunststadt aber gerade dieses? Eine Tragödie menschlicher Bosheit mit dämonisch düsterem Hintergrund?
Verdi ist in einem neuen Stadium des Ringens und Kämpfens um den Weg seines Opernschaffens. Er will durch ein neues, kühnes Werk all denen, die ihm den Vorwurf machen, er verdanke seine Erfolge lediglich der politischen Begeisterung, beweisen, dass seine Kunst weit höher steht. Dieses grosse Werk Shakespeares hat mit der Zeitströmung Italiens nicht das mindeste zu tun. Verdi ringt um die Übereinstimmung von Wort und Ton, um die Ebenmässigkeit des ganzen Werkes.
Er hat den Geist des Shakespearschen Dramas vollkommen in sich aufgenommen, vollzieht die Einteilung in Akte, Szenen, gibt Textstellen in Prosa. Piave hat nur die Verse zu schreiben. Auch Maffei

wird um seine Mithilfe gebeten. Aus Shakespeares Drama ist die Grundidee der stärksten dramatischen Szene gezogen. Bei Verdi steht nun Lady Macbeth im Mittelpunkt des Geschehens.
So sehr die Textdichter sich Mühe geben und es Verdi am Herzen liegt, starke Wirkung durch die Kühnheit des neuen Stoffes zu erzielen, so lässt sich der düstere, völlig in nordischem Element wurzelnde Grundton nicht gänzlich bannen und gibt dem Ganzen eine gewisse Einförmigkeit, zumal auch das Motiv der Liebe zum erstenmal fehlt, was im Rahmen der damaligen italienischen Oper absolut neu und unerhört ist. Ungewohnt sind auch die nordischen Hexen, über die sich der Maestro sogar in London Ratschläge einholen liess! Verdi ist an diesem Werk so viel gelegen, dass er sich Zeit nimmt, um alles bis ins kleinste Detail ausreifen zu lassen. Sein ihm ergebener Schüler und langjähriger Mitarbeiter Emanuel Muzio weiss von Tagen zu berichten, an denen er in jener Zeit von acht oder neun Uhr morgens bis Mitternacht arbeitet. Er kümmert sich um alles, um Sänger und Orchester, um Bühnentechnik, stilechte Kostümierung, soweit möglich

Emanuele Muzio

die Beleuchtung, und ruht nicht, bis die Aufführung so vorbereitet ist, wie er sie vor dem Florentiner Publikum glaubt verantworten zu können. Endlich – es mögen vielleicht hundert Proben vorausgegangen sein – steht die Uraufführung am 14. März 1847 im Pergola-Theater in Florenz bevor.

Wir belauschen die Generalprobe; sie muss nach Verdis ausdrücklichem Wunsche – eine für seine Zeit ungewöhnliche Forderung – in vollem Kostüm stattfinden. Jeder der Beteiligten schaut den kommenden Dingen mit einer gewissen Furcht entgegen, als der Maestro, nachdem er schon in den bisherigen Proben von allen die höchste Leistung gefordert hat, zum Pult schreitet und den Taktstock erhebt. Ein kurzes Präludium, f-moll, zehn Takte allegro assai moderato, wie ein Spuk huscht das Zweiunddreissigstelmotiv darüber hin, wie ein Anklopfen an die Pforte der Geisterwelt – da, eine Fermate, und in schweren f-moll-Akkorden des vollen Orchesters eröffnet das Adagio die Welt des Grauens, die sich vor uns im Erlebnis der kommenden Handlung auftun wird. Eine Hölle der Bosheit wird sich öffnen, und mit ihr ist jenes Wesen als letzte Triebfeder dieser

abgrundtiefen Unmenschlichkeit verbunden: Lady Macbeth. Ob sie wacht oder schläft, sie wird von den Folterqualen der Gewissenspein gemartert. Wann ist dies je erschütternder geschehen als in der Nachtwandelszene?

Alles ist bereit. Da bittet der Maestro Marianna Barbieri-Nini, welche die Rolle der Lady Macbeth singen wird, und Felice Varesi, den Sänger des Macbeth, mit ihm die grosse Arie, die der Ermordung des Königs folgt, noch einmal am Klavier durchzuproben. Jetzt ist aber die Geduld selbst dieser Getreuen am Ende. «Das ist ja zum Verrücktwerden!» murmelt die Sängerin mit unterdrückter Wut. Und Varese fährt auf: «Aber Maestro, wir haben dieses Duett hundertundfünfzigmal gesungen!». Verdi lächelt und sagt, indem er schon die Hände zum Spielen über den Tasten hält: «Das wirst du in einer halben Stunde nicht mehr sagen, denn dann werden es hundertundeinundfünfzigmal sein.». Schon hat Verdi die bewegten Achtel des Duetts zu spielen begonnen, es hilft keine Empörung, das Duett wird nochmals gesungen. «Immer noch mehr mit fahler Stimme sprechen als singen!» bemerkt Verdi, als er sich

Marianna Barbieri-Nini

erhebt und in den Orchesterraum geht. Die Primadonna beruhigt sich nicht so schnell. «Drei Monate», sagt sie zu ihrem Partner, «habe ich nun jeden Morgen und jeden Abend die Szene des Nachtwandelns geübt, bis sie endlich nach seinem Wunsch war!» – «Wieso denn?» – «Ei, im Schlafe zu sprechen, ohne die Lippen zu bewegen. Alles muss genau so sein, wie er es wünscht!»

Was sich hier Mitte des 11. Jahrhunderts im Melodrama in 4 Akten abspielt, musikalisch verfasst in neuartiger Vertonung und an Höhepunkten nicht mangelnd, lässt uns ehrfürchtig erstaunen. Fast ungläubig nehmen wir wahr, mit welcher psychologischen Meisterschaft die Hauptdarsteller(-innen) von Giuseppe Verdi gezeichnet sind. Dies gilt insbesondere für die beiden Hauptfiguren dieser Oper, Lady Macbeth (Sopran) und ihr Gatte, der nachmalige König Macbeth (Bariton). Das «Seelengemälde» der Lady offenbart uns ein erschütterndes Bild einer grenzenlos überheblichen Frau, die hemmungslos ehrgeizig ihren Gemahl ins Verderben reisst. Der gegenüber seiner Frau eher willenlose Macbeth und Vollstrecker ihrer unzähmbaren Leidenschaft verfällt je länger desto mehr der «Blutrünstigkeit»! Die Wahrsagungen der Hexen deutet er fatalerweise falsch. Im Glauben bestärkt, dass es keine Menschen gibt, die nicht in natürlicher Weise geboren wurden, betrachtet er sich als unbesiegbar. Macduff (Tenor), ein schottischer Edelmann, offenbart aber Macbeth, dass er nicht in üblicher Weise geboren, sondern aus dem Leibe seiner toten Mutter geschnitten wurde, daher werde er ihn bezwingen. Im Zweikampf ereilt Macbeth durch Macduffs Schwert das vorausgesagte tödliche Schicksal. Der Sohn des von Macbeth ermordeten Königs von Schottland, Macholm (Tenor), wird nun zum neuen König des vom Tyrannen befreiten Volkes ernannt.

Diese Oper enthält viele musikalisch faszinierende Leckerbissen. In drei grossen Soloauftritten und je einem weiteren mit ihrem Gemahl und im Verbund der geladenen Gäste in der grossen Bankettszene wird der Lady Macbeth sehr viel gesangliches Können und darstellerische Fähigkeit abverlangt. In ihrem ersten Auftritt im zweiten Bild des 1. Aktes wird uns schonungslos ihr Innenleben aufgezeigt, in einprägsamen, energiegeladenen Arie. Sogleich er-

öffnet sie hierauf ihrem dazugekommenen Gatten, dass in der bevorstehenden Nacht der bei ihnen zu Gast weilende König Duhan zu ermorden sei, was dann in einer musikalisch eindrücklichen Szene geschieht, nachdem zuvor Macbeth in einem Monolog eine äusserst zögerliche Haltung eingenommen hat. Nach der vollendeten Tat der beiden kommt es zum Duett der Ehegatten, die uns in meisterlicher Weise das soeben vollbrachte Verbrechen aus der unterschiedlichen Anschauung und aus ihrer seelischen Verfassung zum Ausdruck bringen. In der folgenden dramatisch erregenden Ensembleszene, worin der teuflische Mordanschlag entdeckt wird, stimmen die beiden Täter in heuchlerischer Weise dem Entsetzen den übrigen Anwesenden bei, dass ihr geliebter Monarch meuchlings ermordet wurde!
Im anschliessenden ersten Bild des zweiten Aktes überzeugt die Lady ihren Mann, dass allfällig in Frage kommende Thronanwärter wie zum Beispiel Banquo (Bariton) beseitigen zu lassen, was der ihr willfährige Macbeth denn auch sofort in die Wege leitet. In einer weiteren hinreissenden Arie versucht die Lady ihr gemeinsames Verbrechen zu rechtferti-

gen, welches unumgänglich sei auf dem Weg des endgültigen Triumphes. Das nun folgende Bild des Krönungsbankettes zeigt uns hervorragend Verdis musikalische Intention der Gegenüberstellung der beiden Charakteren: Macbeth von seinem Gewissen gefoltert, die Lady, die kaum ihren Triumph verbergen kann. Gleichwohl vermag sie ihr Trinklied nicht zum besten bringen, wie sie es sich vorgestellt hat. Die aufgezwungene Fröhlichkeit, Trinklied, Jubel auf Befehl werden jäh durchbrochen von den geistigen Wahrnehmungen des Königs. Für die Gäste nicht sichtbar, erscheint der Geist des soeben ermordeten Banquos, was Macbeth total verwirrt, da er noch ein weiteres Mal in der Folge als Geist erscheint und somit das Fest des vermeintlichen Triumphes zur Farce werden lässt. Die Ensembleeinsätze mit solistischen Einlagen, mit subtilen, aber charaktervoll gezeichneten Gegensätzen, beschliessen das beeindruckende Krönungsbankett.

Wie zuvor im ersten Bild der Oper sind auch im 3. Akt die Hexen meisterhaft gezeichnet, wie gekünstelt wirken ihre Stimmen. Bei ihnen versucht Macbeth abermals Rat und Prophezeiung einzuholen.

Das Drama nimmt seinen unerbittlichen Lauf; er misdeutet das soeben Vernommene, und die Wahrnehmung des im Geiste vorbeiziehenden Ermordeten lässt ihn in Ohnmacht fallen.

Der vierte Akt bringt uns den absoluten musikalischen Höhepunkt. Giuseppe Verdi nannte es: «Gran scena del sonnambulismo» (Nachtwandlerszene). Es ist für den selbstkritischen Maestro bezeichnend, dass bei der Überarbeitung der Oper von 1865 nicht eine einzige Note der «Wahnsinnsarie» geändert wurde! Diese Arie schildert uns in unheimlicher Weise bis in die letzten Tiefen der musikalischen Kunst den «Zerfall» der furchterregenden Lady Macbeth. Man muss es einfach im Theater erlebt haben; dieses Kabinettstück der musikalischen Vollkommenheit ist in der Opernliteratur ohne Konkurrenz! Macbeth, vom Hinschied seiner Gattin kaum beeindruckt, verfällt im vorletzten Bild des Werkes ins «Hintersinnen». In einer feinen, versöhnlich klingenden Cantabile meint er: «... Was hab' ich auf Erden noch viel zu hoffen? ... Verehrung, Freundschaft ... wurde mir nicht gewährt?! Wenn sie mich zu Grabe tragen, kein Mensch wird weinen und kla-

gen: 'Fahr zur Hölle, du Mörder!' wird mein Grablied sein.». Einer seiner Untergebenen meldet Macbeth, dass sich mit Zweigen getarnte Krieger nähern. Noch einmal in seinem Glauben, unbesiegbar zu sein, stürzt er sich mit seinen Getreuen im letzten Bild in seine allerletzte Schlacht, worin die Verheissung der Hexen in Erfüllung geht!
Am 14. März 1847 geht die Uraufführung in Szene. Solisten und Chöre hat man selten in solcher Vollendung gehört. Alle Mühe der Einstudierung ist belohnt, und alle, die an der einzigartigen Aufführung Anteil haben, mögen wohl ähnlich empfinden wie Barbieri-Nini, die Darstellerin der Lady Macbeth: «Als Verdi nach der Aufführung erschien, mir die Hand küsste und ich in seine verweinten Augen sah, kein einziges Wort sprechen konnte und wieder hinauseilte, da war alles Ungemach mit einem Schlage vergessen. Dieser eine kostbare Augenblick wog die Mühen von Monaten und Wochen auf.»
Waren aber die Zuhörer Macbeth's bereits «reif» und auch bereit, die neue Oper richtig zu verstehen? Hat man nicht vielmehr eine weitere Opernaufführung im bisherigen, erfolgreichen Stil erwartet? Denn

trotz wohlwollender Aufnahme des neuen Werkes war «Macbeth» sonderbarerweise zunächst kein anhaltender Erfolg beschieden. Dies zu Unrecht, wie man heute erkannt hat. Mit «Macbeth» beschreitet Giuseppe Verdi einen neuen Weg in der Komposition. Parallel zu den weiteren geschaffenen Opern führt die neue Richtung in einem weiten Bogen über die Oper «Simon Boccanegra» zu Shakespeares «Otello» und zur musikalischen Vollendung zu seinem Alterswerk, dem «Falstaff».

1865, also 18 Jahre später, anlässlich der französischen Erstaufführung in Paris, nutzt Verdi die Gelegenheit und überarbeitet die Partitur. Er korrigiert und ergänzt sie, unter anderem mit einer für Paris obligaten Ballett-Einlage. Des weiteren erweitert er den letzten Akt mit dem «patriotischen» Chor der schottischen Flüchtlinge, welche die Tyrannei Macbeth's beklagen, worauf sie beschliessen, gegen Macbeth's Schloss zu marschieren. Diese französische Fassung ist heute die Meistaufgeführte. Das Ballett, obwohl von guter Qualität, wird meistens wieder weggelassen, es sei denn, es fügt sich gut in eine Inszenierung, so dass es den Verlauf der Handlung nicht zu stören vermag. Diese Shakespeare-Oper gilt denn auch heute als erstes Meisterwerk des damals 34jährigen Giuseppe Verdi, ohne die früheren Werke wie «Nabucco», «I due Foscari», «Ernani» und so weiter verkennen zu wollen! Was der Maestro selbst von dieser Schöpfung hält, dafür spricht überzeugend sein Brief an den Schwiegervater Antonio Barezzi, mit dem er ihm die Partitur der neuen Oper überreicht:

Mein lieber Schwiegervater!
Es ist schon längst meine Absicht gewesen, Ihnen, der Sie an mir wie ein Vater, Wohltäter und Freund gehandelt haben, eine Oper zu widmen. Es war mir eine Pflicht, und ich wäre ihr gern schon früher nachgekommen, wenn nicht gebieterische Umstände mich daran gehindert hätten. Nun, hier sende ich Ihnen jetzt den «Macbeth», den ich lieber habe als meine andern Opern, also für würdiger halte, Ihnen gewidmet zu werden. Mein Herz bietet ihn an; möge das Herz ihn empfangen! Er soll Ihnen bezeugen, dass mein Dank, meine Liebe für Sie immer fortdauert.
Giuseppe Verdi.

In London.

Maestro Verdi erhebt sich vom Sessel an seinem Arbeitstisch, schreitet einige Male im Zimmer auf und ab, dann bleibt er plötzlich hinter Muzio stehen, der am Aufführungsmaterial der «Räuber» beschäftigt ist. «Ich danke Gott, Anselmo, dass du bei mir bist, wenigstens ein Stück Heimat unter diesem ewig grauen Himmel!» Sein Landsmann, Freund und Schüler, der seinen Meister sehr verehrt, kennt jede Regung seiner Gefühle, seitdem er nun schon längere Zeit mit ihm gearbeitet hat. Er weiss auch jetzt, wie sehr Verdi unter dem Londoner Klima leidet und wie abhängig in einem so fein gestimmten Körper sein Schaffen von äusseren Einflüssen ist. «Ich wünschte, Maestro», erwidert er daher nach kurzem Besinnen, «wir sässen auch hier wieder mit Begeisterung beisammen wie in Florenz, als Sie den 'Macbeth' komponierten und einstudierten.» – «Ach, Florenz!» fällt Verdi ihm mit einem Seufzer ins Wort, «rufe mir nicht die Erinnerung wach! Wenn du Florenz nennst, so fühle ich warme, sonndurchflutete Luft um mich. Aber hier – Rauch, Staub, Nebel, wohin ich schaue – das fällt mir alles auf die

Nerven – ich fühle mich nicht frei – unbehaglich; da schau doch nur zum Fenster, es ist Anfang Juni, noch kaum Spätnachmittag, und doch alles in Dunst und Schleier gehüllt. Ich komme mir vor, als sässe ich auf einem Dampfschiff.» – «Aber, verehrter Maestro», bemüht sich Muzio, ihn aufzuheitern, «wir dürfen und wollen nicht ungerecht sein. Mit welcher Achtung spricht man hier von Ihrem 'Macbeth' und den früheren in London gespielten Opern! Künstler und Kunstfreunde bringen Ihnen die grösste Verehrung entgegen, ja, die Königin wünscht den berühmten Maestro Italiens kennenzulernen.» Verdi lächelt mit abwehrender Handbewegung: «Gut gemeint, lieber Freund, ja, ich weiss Ehrung zu schätzen und freue mich darüber, aber wir wollen sie nicht überschätzen. Hierüber habe ich schon zu viele Erfahrungen gemacht. London, das ist eigentlich keine Stadt, nein, das ist eine Welt. Die Grösse, der Reichtum, die Schönheit der Strassen, die Sauberkeit der Häuser, das alles ist unvergleichlich, und man wird ganz klein, wenn man inmitten dieser Herrlichkeit dann noch die Banken und die Docks besichtigt.» – «Angesichts dieser Herrlichkeiten», sagt Muzio, der gern die Gelegenheit ergreift, seinen Meister heiter zu stimmen, «wäre das Vertragsangebot Lumleys, des Impresarios des 'Theaters der Königin', doch wohl in Erwägung zu ziehen? 60 000 Lire jährlich, Wohnung und Wagen, dafür jedes Jahr eine neue Oper und die Oberleitung des Theaters!» – «Ja, hätte man hier den Himmel Neapels über sich, ich glaube, man bräuchte sich nicht ins Paradies zu wünschen. Aber selbst, wenn ich mich entschliessen wollte, hier zu bleiben – nein, ich muss unabhängig arbeiten können; und dann kommt noch hinzu, dass mich andere Verträge binden, der Verleger Lucca wünscht längst seine Oper und last but not least – Paris. Das ist ja schon längst das Ziel meiner Wünsche. Die grosse Oper! – Wie dem auch sei, wir sind nun einmal zu einer grossen Reise angetreten, ich werde es nicht bereuen, wie sie auch zu Ende geht, und», in seiner lebhaften Art nimmt er eine andere Erinnerung auf und fährt fort, «ich möchte die Reise allein schon der wunderbaren Eindrücke wegen, die wir empfangen haben, nicht ungeschehen wissen. Welche Pracht der Natur hat sich vor unseren Augen entfaltet, als wir über den Gotthard fuhren! Strassburg! Der Rhein mit seinen Burgen, Ruinen, rebenbehangenen Höhenzügen, mit seinen altehrwürdigen Städtchen und Städten!» – «So war es ein Glück», bemerkt Muzio, «dass wir infolge der verspäteten Diligence in Strassburg gezwungen waren, diesen Umweg über Belgien nach Paris zu machen.» – «Gewiss, so konnte ich wenigstens einmal einen kurzen Augenschein in der Hauptstadt vornehmen: Was ich in der grossen Oper sah, dies erfreute mich nicht besonders. Nie habe ich schlechtere Sänger und Choristen gehört. Das Orchester ist kaum besser als mittelmässig.» – «Wie gefällt Ihnen nun die 'schwedische Nachtigall'?» fragt Muzio unvermittelt, da er weiss, dass die berühmte Sängerin Jenny Lind, welche die Rolle der Amalia übernommen hat, den Erwartungen Verdis nicht gänzlich entspricht. «Wir sind durch unsere heimatlichen Künstlerinnen verwöhnt, aber ihre Musikalität und die Kunst ihres Gesanges schätze ich doch sehr hoch. Und noch etwas: Sie ist dem landläufigen Theaterleben der 'Künstler' abgeneigt, und darin besitzt sie ganz und gar meine Sympathie.» Verdi schreitet zu seinem Tisch, blättert noch einmal durch die Partitur der

Jenny Lind

«Räuber» und meint: «Wir werden heute abend keine Berge mehr versetzen, Anselmo, machen wir Schluss, gehen wir zum Dinner und dann ins Theater.» Das ist die einzige Erholung der beiden Bussetaner Landsleute.

Der 22. Juli 1847, der Tag der Uraufführung, ist angebrochen. Um halb fünf Uhr nachmittags strömen die Menschen zum Theater, in dem unter Anwesenheit der hohen Herrschaften, mit Königin und Parlament, Verdis neue Oper über die Bretter geht. Er selbst wird dirigieren, der Meister, dessen «Macbeth» als «Shakespeare-Oper» man ganz besonders schätzt. Eine Viertelstunde lang dauert die stürmische Begrüssung, als er zum Pult tritt. Die Handlung entwickelt sich, wie wir sie aus Schillers «Räubern» kennen. Nach diesem Werk der Sturm- und Drangzeit des deutschen Dichters hat Andrea Maffei seine «Masnadieri» von fünf in vier Akte umgestaltet. Ein Stoff also, dessen musikalische Dramatisierung schon durch das grosse Vorbild reizvoll genug sein könnte, eine Vorlage zudem, die nicht weniger Gelegenheit in sich trägt, empfindsame, leidenschaftliche Motive zu vertonen.

«I masnadieri» (in der Oper ein Chor) handelt vom jungen Carlo (Tenor), der seinen Vater, den regierenden Graf von Moor, Massimiliano (Bass), und die Braut Amalia (Sopran) verlässt und durch die Intrigen seines jüngeren Bruders Francesco (Bariton) im Verbund des ihm ergebenen Dieners Arminio (Tenor) enterbt, zum Anführer der Räuber wird. Zufällig findet er seinen Vater in einem schändlichen Verlies und bewahrt ihn vor dem sicheren Hungertod. Francesco, der die Einkerkerung Moors veranlasste, um selber bald regierender Graf zu werden, kann seinem schlechten Gewissen nicht entgehen und beichtet seine Freveltaten einem Priester, der ihm jedoch die Absolution verweigert. Nach dem Wiedersehen muss der verzweifelte Carlo seiner Braut und seinem Vater Massimiliano gestehen, dass er der Anführer der berüchtigten Räuber und dadurch an einen Schwur der lebenslangen Treue gebunden sei. Um Amalia, die ihn immer noch liebt, die Schmach einer Räuberbraut zu «ersparen», ersticht er sie und stellt sich der Gerechtigkeit.

Das Melodrama in 4 Akten «I masnadieri» («Die Räuber») spielt sich im 18. Jahrhundert in Böhmen und Franken ab. – Vorweg sei noch erwähnt, dass die Partitur dieser Oper grösstenteils vor «Macbeth» in Florenz komponiert wurde, da «I masnadieri» ursprünglich für Florenz vorgesehen war. I Masnadieris Besetzung durch die Solisten war ausgezeichnet, vorab natürlich mit Jenny, welche Amalia mit Bravour darstellte und dementsprechend auch frenetischen Applaus erntete.Verdi komponierte ein Vorspiel mit einem feinen Andante für Violoncello, das er seinem damaligen Studienfreund Alfredo Piatti widmete, der im Orchester des Opernhauses als Solist mitwirkte. Zudem dirigierte Giuseppe Verdi nach langem Zögern zum ersten Mal sein Werk mit dem Dirigentenstab.

Drei Bilder sind es im 1. Akt. Im ersten Bild erzählt Carlo in einer ansprechenden Arie, dass er sein Weggehen von zu Hause sehr bereut und seinen Vater brieflich um Vergebung gebeten habe. Francesco, der Carlos Brief abgefangen hat, antwortet ihm, dass er keine Chance habe heimzukehren, mehr noch, dass ihn stattdessen eine Gefängnisstrafe erwarten würde. Dies wiederum veranlasst Carlo, in einem heftigen Cabaletta mit den Räubern Rache zu schwören. Das zweite Bild zeigt uns Francesco, der seine verwegenen Pläne schmiedet und uns in einer musikalisch vorzüglichen Szene sein teuflisches Vorhaben offenbart. Das dritte Bild versetzt uns ins Schloss des Grafen von Moor. Dort begegnen wir Amalia an der Seite des vorerst schlafenden Massimiliano, die ihren verschwundenen Carlo in einer schönen Cavatine, 54 Takte ohne Reprise mit Trillern «à la Lind», beweint, worauf ein sehr schönes Duett mit dem Grafen folgt. Inzwischen treten Francesco und Arminio dazu und bringen die verlogene Nachricht des Todes von Carlo und seinem angeblich letzten Wunsch, dass sein Bruder um die Hand Amalias anhalten soll. All dies wird uns in einem musikalisch bemerkenswerten Quartett dargeboten!

Auf dem Friedhof im 2. Akt betet Amalia in einem dramatischen Rezitativ am Grabe des angeblich verstorbenen Grafen von Moor. Dies findet seine Fortsetzung in einer prächtigen Arie, in der sie, von herrlichen Harfenklängen begleitet, des «toten» Carlo gedenkt. Es folgt später eine temperamentvolle Cabaletta (offensichtlich vom Maestro speziell für

Jenny Lind intoniert). Der inzwischen hinzugetretene Francesco versucht nun vergeblich in einer melodienreichen kleinen Arie um die Gunst Amalias zu werben, was sie schroff zurückweist, um nun mit harten, unmenschlichen Drohungen konfrontiert zu werden – in einem dramatischen Duett. Im folgenden Bild im Walde in der Nähe Prags berichten verschiedene Gruppen über den Brand, den Carlo in Prag gelegt hat. In Carlos Auftritt, den Sonnenuntergang betrachtend, entledigt er sich in einem Rezitativ und schöner Romanze seiner Gewissensbisse – echt Verdi! Der anschliessende Chor der Räuber schliesst den 2. Akt.

Der 3. Akt schildert uns die Wiederbegegnung Amalias und Carlos in unterschiedlicher musikalischer Qualität, wenn auch mit durchwegs «schöner Musik». Das zweite Bild des 3. Aktes bringt uns mehr Leben auf die Bühne. Der einleitende Räuberchor schwärmt vom freien «Räuberleben», bevor sie einschlafen. Carlo hält Nachtwache und sinnt in einer ansprechenden Arie über sein unbefriedigendes Dasein als Räuberhauptmann nach. Da hört er fremde Stimmen; er entdeckt seinen darbenden Vater.

Massimiliano erzählt seinem Sohn in ergreifender Melodie sein trauriges Schicksal, das ihm durch Francesco widerfahren ist. Carlo weckt seine Untergebenen, er schwört mit ihnen, diese ruchlose Tat zu rächen, was uns zum eindrücklich kraftvollen Finale des 3. Aktes führt.

Im ersten Bild des 4. Aktes erwacht Francesco aus einem dramatischen Traum. Er berichtet in einer beachtlichen Arie Arminio mittels aufwühlender Tonsprache von seinem Alptraum des jüngsten Tages. Moser (Bass), der Ortspfarrer, wird zur Beichte gerufen. In einer beklemmenden Atmosphäre wird gebeichtet. Moser verweigert jedoch die Absolution: «Zittre, Bösewicht, Gott verweigert dir seine Vergebung, der Abgrund liegt vor dir!» Dies sind die Schlussworte des Pfarrers. Das Schlussbild der Oper beginnt mit dem dramatischen Duett zwischen Vater und Sohn Carlo. Der Sohn gesteht seine hoffnungslose Situation, fast irre verkündet er allen Anwesenden seine Position: Er ist der Hauptmann seiner Räuber und Mörder. Das sich steigernde Schlussterzett endet dramatisch. Carlo ersticht Amalia, ruft den Zeugen zu: «Und jetzt zum Galgen mit mir!»

I MASNADIERI

MELODRAMMA

Wenn auch kein Meisterwerk, ist es doch eine Oper mit edlen und aufrichtigen Momenten. Langeweile hat hier keinen Platz! Die Aufführung wird wohl achtungsvoll, aber mit einer gewissen Zurückhaltung aufgenommen. Die Kritik geht noch viel weiter: Sie spricht Verdi Talent, Kunst, Sinn für dramatische Gestaltung, Empfindung, Melodie ab.

Stärker als je treibt es den Meister nun dahin, wo er schon längst zu sein wünschte, nach Paris. In stillen Stunden sucht er genaue Rechenschaft über seine künstlerische Entwicklung zu gewinnen. Was ist der eigentliche Grund, dass ihm das neue Werk weniger gelang als «Macbeth»? Etwa ein Rückschritt? Es wäre bedrückend. Liegt nicht in der Schillerschen Quelle dieselbe Grösse wie in der Shakespeares? Wohl schon, aber vielleicht trägt die textliche Verarbeitung Maffeis, die nicht unbedingt glücklich ist, auch einen Teil dazu bei. Nun, aus dem Vertragsangebot des Impresarios der Londoner Oper, Lumley, wird nichts. Sein Interesse ist nach der Uraufführung sehr gering, und für Verdi ist dieses Thema erledigt! Hat die ungewöhnlich hingebungsvolle Arbeit am «Macbeth» seine Kräfte so stark bean-

Buchdeckel des Textbuchs «I Masnadieri»

sprucht, dass ein Leerlauf folgen musste? Wäre die Vollendung der «I masnadieri» unter dem Himmel Italiens vielleicht besser geworden als im Lande des Nebels?

In Paris.

Boieldieu, Auber, Hérold, Halévy, Maillart, Gounod, Meyerbeer, Berlioz – berühmte Namen in der Musikwelt, die mit Paris auf das engste verbunden sind. Sie reichen hin zu begründen, warum Verdi sich mit mächtigem Drang nach der Kunststadt an der Seine gezogen fühlt. Noch mehr: Chateaubriand, Racine, Dumas und allen voran Victor Hugo. In der Geistessphäre ihres Denkens und Dichtens fühlt er sich heimisch. Die Romantik eines Victor Hugo hat ihn ganz besonders gefesselt. Findet er doch dort, was er unablässig sucht: «Neue, grosse, abwechslungsreiche, kühne Stoffe, kühn bis zum äussersten!».

Aber Giuseppe hat noch ein weiteres Ziel: Die Frau, die Verdi schon zu seinen ersten Erfolgen geholfen hat, die ihm als Künstlerin immer wieder begegnete, Giuseppina Strepponi. Ihre menschlichen und künstlerischen Vorzüge vereinen sich, sie als eine Persönlichkeit erscheinen zu lassen, was auch Giuseppe Verdi nicht entgangen ist. Nun trifft sie wieder den Mann, der sich trotz allem Ruhm, trotz allen Ehrungen im tiefsten Grund doch oft einsam fühlt: Giuseppe Verdi. Der Maestro fühlt sich geborgen in

Victor Hugo

der Sorgfalt und Liebe eines mit ihm leidenden und auch mit ihm freuenden Wesens. Es treibt sie von der Grossstadt hinaus nach Passy, wo sie ein Häuschen mieten und glücklich sind. Der Entschluss reift, auch in der Heimat sich ein Paradies zu schaffen; das Gut Sant' Agata in der Gemeinde Villanova d'Arda, nahe bei Busseto, soll gekauft werden, wo Verdi und Giuseppina jahrzehntelang ein Heim haben werden. Aber es ist noch nicht die Zeit, sich in Sant'Agata Ruhe zu gönnen. Die Sehnsucht nach Freiheit in Italien wird immer lauter, sie steigert sich zu Aufruhr und Revolution. Wie könnte Verdi sich diesem Rufe verschliessen; vorläufig bleibt er aber nicht in der französischen Hauptstadt.

Verdi hatte für die alte Pariser Oper, das zu jener Zeit als berühmtestes Theater der Welt galt, nicht viel übrig; «im alten Kasten», wo alle einander «dreinschwatzen»! Die Leitung der Opéra machte bei Verdi einen Vorstoss, für dieses Haus eine Oper zu komponieren. Sicher auch eine Frage des Prestiges, der Maestro geht auf das Drängen der Direktion ein. Es wird beschlossen, «I lombardi alla prima crociata» mit einem neuen französischen Libretto um-

Oper in Paris, 1875

zuändern. Es sind nun die französischen Kreuzfahrer aus Toulouse unter dem neuen Titel «Jerusalem», die ins Heilige Land pilgern, die Moslems bekämpfen, um Jerusalem zu befreien. Die Oper hat 4 Akte. Die «Lombardi-Partitur» erfährt diverse Änderungen, Passagen wurden zum Teil gestrichen, andere verfeinert oder auch erweitert. So zum Beispiel ist der Chor «Jerusalem» mit solistischen Einlagen ergänzt worden. Die neu komponierten Stücke sind besser als die gestrichenen. Man erkennt hier eindeutig die weiteren Fortschritte in der Komposition. Das für Paris obligate Ballett wird im 3. Akt eingefügt, dafür wird das Violinvorspiel zu demselben Akt gestrichen. Neu ist ferner auch die Schlachtmusik im letzten Bild der Oper. Das Libretto ist straffer und gewinnt mit den neuen Personen, dem Grafen von Toulouse, seiner Tochter Hélène, ihrem Geliebten Gaston, Viscomte de Béarn und Roger, dem Bruder des Grafen, eindeutig an Übersicht. Etwas Besonderes besitzt die Originalpartitur Jerusalems: Der neue Text eines Duettes der Liebenden wurde von Giuseppe Verdi und Giuseppina Strepponi handschriftlich verfasst. Die Verse zwischen den beiden Liebenden sind schön, geschlechtsbezogen aufgeteilt, sie ergeben eine echte Liebeserklärung! Es war im Jahr 1847.

Nach zweimonatigen Proben erlebte die umgewandelte Oper am 26. November 1847 die Erstaufführung. Trotz grossen Aufwandes und guter Inszenierung vermag die Oper nicht zu überzeugen. In Italien, wo ‚Jerusalem' in italienischer Sprache 1850 aufgeführt wird, bleibt der Erfolg bescheiden. Möglich, dass den Italienern das vaterländische Element fehlt, verschiedene Chöre fehlen auch, die in «I lombardi alla prima crociata» zu hören sind. Heute wird vorwiegend die Mailänder-Fassung von 1843, trotz ihrer Unübersichtlichkeit, auf den Bühnen gespielt. Nachdem die Pariser Inszenierung über die Bretter der Grande Opéra gegangen ist, schreibt Verdi, um endlich das lästige Drängen des Verlegers Lucca loszuwerden, ein neues Werk, dessen Textbuch ihm Piave aus einem romantischen Epos von Byron zurechtgemacht hat. Der «Korsar» ist ein Seeräuber, der infolge übler Erfahrungen ein Feind der menschlichen Gesellschaft geworden ist. Verdi selbst ist sich bewusst, mit diesem Werk nichts Grosses geschaffen zu haben. Von Widerwillen gegen die Zudringlichkeit Francesco Luccas erfüllt, kümmert er sich nach Vollendung der Partitur überhaupt nicht mehr darum, reist nicht einmal selber zur Aufführung nach Triest, sondern überlässt alles Muzio und Lucca. Kein Wunder, dass die Uraufführung am 25. Oktober 1848 im «Teatro Grande» in Triest ein Misserfolg wird. Der Komponist meint vor der Erstaufführung seiner neuen Oper: «Wahrscheinlich fehlt es dieser Musik, die ich ohne wirkliche Beteiligung komponiert habe, um mich eines lästigen Verlegers zu entledigen, an Inspiration.» Ja, wenn bereits Giuseppe Verdi ein negatives Urteil über sein neustes Werk abgibt, was bleibt uns noch übrig zu beurteilen? Gewiss gehört diese Oper nicht zu den «geglückten», es ist eine Gelegenheitskomposition der Galeerenjahre. Gleichwohl finden wir einige musikalische Schönheiten, die es wert sind, diese Oper nicht gänzlich der Vergessenheit zu überlassen! Nach Lord Byrons Vorlage hat F. Piave ein schwaches Libretto verfasst.

«Il corsaro» – Der Korsar, ein Melodrammatico in 3 Akten, spielt sich im 16. Jahrhundert auf der Insel der Korsaren in der Ägäis ab. Der Korsar Corrado (Tenor) ist Pirat, er betrachtet sich als Schuft, die restliche Welt hält er aber nicht für besser. Er verlässt seine Geliebte Medora (Sopran) auf der Insel und verschifft sich mit seinen Piraten, um eine türkische Stadt anzugreifen. Er gerät dort in Gefangenschaft, kann aber dank Gulnara (Sopran), die Lieblingssklavin des Pascha Seid (Bariton), die ihn hasst, fliehen und mit ihr auf seine Insel zurückkehren, wo seine ehemalige Geliebte im Glauben an seinen Tod Gift zu sich nahm. Sie stirbt in Corrados Armen, der sich anschliessend in seiner Verzweiflung vom Felsen ins Meer stürzt. Das Selbstportrait, zugleich protesterfülltes Glaubensbekenntnis Corrados, ist eine schöne Arie, begleitet von einem Piratenchor in der Ferne. Nach verwandelter Szene erblicken wir Medora, welche ein Liebesbekenntnis für Corrado ablegt. Diese schöne Arie wird mit Harfenklängen begleitet, es ist ganz gewiss eines der Glanzstücke der Partitur! Im anschliessenden Duett mit Corrado, in dem er sich von ihr verabschiedet, findet sich ebenfalls ansprechende «Verdi-Musik».

Der 2. Akt versetzt uns nach Corone ins Umfeld des

Pascha Seid. In seinem Harem wartend, von Frauen ihre Schönheit besungen, verleiht Gulnara in einer Arie ihrem Hass gegenüber Seid Ausdruck. Nach erfolgter Einladung zu Seids Bankett fährt sie in einer sehr schönen Cabaletta fort, mit eleganter Melodik und Koloraturen ihr Sklavinnenschicksal zu beweinen. Die folgende Bankettszene mit Soldatenchören im nächsten Bild, eine Hymne auf Allah, die Schilderung des Kampfes mit den Piraten und die Gefangennahme Corrados sind musikalisch keine ausserordentlichen Passagen. Aber das Finale dieses Bildes mit Soli-Stimmen und Chören vermischt ist wiederum eine Massenszene, die von einer bedeutenden Leistung des Komponisten zeugt.

Ganz gegensätzlich muss uns der Monolog des Pascha im 1. Bild des 3. Aktes vorkommen; hier merkt man die Interesselosigkeit Verdis schon ein wenig. Im nachfolgenden Duett mit Gulnara steigert sich die Qualität der Musik wieder. Im Gefängnis im nächsten Bild sitzt Corrado gefangen, sein Schicksal hinterfragend. Gulnara erscheint und verkündet ihm in einem lebhaften Duett sein Freikommen durch Flucht, indem sie den verhassten Seid umgebracht und die Wachmannschaft bestochen habe. Dies ist musikalisch wiederum eine geglückte Szene. Im letzten Bild der Oper sind wir wieder auf der Korsareninsel; Corrado will mit seiner Retterin auf die Insel zurückkommen. Medora hat bereits das tödliche Gift eingenommen, im Herzen gebrochen lässt sie ihren Gefühlen freien Lauf: als ihr die frohe Kunde der Rückkehr Corrados bekanntgegeben wird. Noch kann sie der muselmanischen Retterin Corrados für die geglückte Flucht danken, um hernach in den Armen ihres Geliebten zu sterben. In einem musikalisch dramatisch gestalteten Terzett endet die Oper mit ihren musikalisch ungleichen Qualitäten. Erstaunlich ist es gleichwohl nicht, dass sich ganz zuletzt bereits Melodien des fünf Jahre später entstehenden «Trovatore» ankündigen!

Gäbe es die «Rivoluzione Italia» nicht, die vaterländische Oper «Die Schlacht bei Legnano» von Giuseppe Verdi wäre nie entstanden! In ganz Italien «brodelt» es im Jahre 1848: Aufstand der Mailänder gegen die Österreicher, «Cinque Giornate»; der Papst flieht aus Rom usw. Das unterdrückte Land sehnt sich nach Freiheit! «La battaglia di Legnano»,

LA BATTAGLIA DI LEGNANO
MUSICA DI GIUSEPPE VERDI

Tragödie in 4 Akten mit vier Untertiteln – «Er lebt», «Barbarossa», «Die Schmach» und «Fürs Vaterland sterben» – spielt in Mailand und Como in der zweiten Hälfte des 12. Jahrhunderts.

Giuseppe Verdi komponiert dieses Werk nach dem Libretto von Salvatore Cammarano im Herbst 1848 in Paris. Diese Oper ist sein engagiertestes Werk für die Freiheit und die Einigkeit Italiens. Patriotismus mit einer in Italien obligaten Liebesgeschichte vermischt, ergibt eine Oper, ganz und gar in die damalige Situation Italiens um Mitte des 19. Jahrhunderts eingebunden. Eine kraftvolle, kämpferische, nicht auf Effekthascherei ausgehende «Kampf-Oper»!

Schon die grosse Ouvertüre, durchsetzt vom Kampfthema, zeichnet sich durch Vielgestaltigkeit aus. Im darauffolgenden Eröffnungschor geht es weiter mit vaterländischer Begeisterung, geht es doch um die Verteidigung des Vaterlandes. Fast alles herrliche Arien, Duett, die prachtvollen Choreinsätze gelten praktisch dem Kampf um die Freiheit. Sie sind dazu angetan, die Zuhörer zur patriotischen Begeisterung zu erwecken. Italien muss sich vereinen! Aber trotz

Buchdeckel der Partitur
«La Battaglia di Legnano»

Patriotismus gibt es in dieser Oper neue Stilarten in Verdis Musikschaffen zu entdecken. So zum Beispiel die schöne Gebetsszene mit einem «Te Deum» im 4. Akt, wo ein Sopran und zwei verschiedene Chöre – je einer auf und einer hinter der Bühne – in drei verschiedenen Melodien, bestens kontrapunktiert, den Theaterraum akustisch erfüllen. Da sind auch die beiden Terzette im 3. und 4. Akt; ersteres im Streit, das zweite gilt der Versöhnung. Vergleicht man sie miteinander, zeigen sie verblüffende Kontraste auf. Nicht im Detail, sondern als Ganzes, wie diese Oper auch unter Berücksichtigung des Zeitgeschehens um 1850 in Italien betrachtet und im Theater erlebt werden sollte. Es ist auch ein echtes Werk Giuseppe Verdis aus der Übergangszeit der «Galeeren» zur Reife, zu seinen künftigen weltweiten Triumphen! Kaum war Verdi sich bewusst geworden, welche Wirkung die neue Oper auf die Italiener zeitigte, musste er, um der Zensur auszuweichen, nach der Römer-Aufführung das Geschehen in die Niederlande verlegen. Aus Barbarossa wurde der Herzog von Alba, der Schauplatz Harleem, der vorübergehend neue Titel ist: «La battaglia di Legnano»!

Wie einst «Attila» die Venezianer hingerissen hat, so wird jetzt die Uraufführung der «Battaglia di Legnano» am 27. Januar 1849 im Argentinia-Theater in Rom eine stürmische Kundgebung des italienischen Volkes im Drang nach Freiheit. Wo die neue Oper in Italien ertönt, weckt sie die gleiche Begeisterung. Wann kam es je vor, dass ein ganzer Akt wiederholt werden musste? Hier geschieht es in jeder Aufführung, dass der vierte Akt daccapo gewünscht wird.
Noch ein weiteres Mal will Giuseppe Verdi im Jahr 1849 eine «patriotische Oper» verwirklichen: «L'assedio di Firenze». Er muss jedoch einsehen, dass dies unter den gegebenen politischen Verhältnissen in Italien ein aussichtsloses Unterfangen wäre: Bei der Zensur hätte er keine Chance! Rossini in Paris, der Verdis Talente anerkannte, nannte ihn «den Musiker mit Helm».
Schon bald sucht Verdi wieder nach neuen Opern-Stoffen, die allgemeinerer Art sind, sich nicht im Patriotischen erschöpfen. Schiller? Shakespeare? Victor Hugo? Wo sonst wären ergiebigere Quellen zu finden? «Le roi s'amuse» beschäftigt den Meister wie auch «Kabale und Liebe». Er entscheidet sich für

das Drama Schillers. Also wieder Schiller, nun zum dritten Male. Mit Cammarano wird das Libretto gestaltet. Die dramatische Grundlage, wie der deutsche Dichter sie bietet, enthält Spannungen, um einen Musiker zur Vertonung des Stoffes zu begeistern. Verdi wünscht, dass der Text der neuen Oper bewegt, voll Leidenschaft sei. Cammarano sorgt dafür, denn eben in der Vereinigung von Chor, Solostimmen und Orchester zeigt sich schon im bisherigen Opernschaffen Verdis seine ausserordentliche Kunst, wirksame Ensemblesätze von grösster Durchschlagskraft zu gestalten. In der feinfühligen Zeichnung Luisens liegen die Keime für die späteren Gestalten der Gilda in «Rigoletto» und der Violetta in «La traviata». Der Vater Miller weist schon Züge des väterlichen Typs eines «Rigoletto» und das Vaters Germont in «La traviata» auf.

Dichter und Komponist sind sich darin einig, dass in der Oper die Musik «die Vorherrschaft haben muss und die Dichtung, wenn sie schon nicht die Dienerin der Musik sein soll, auch nicht ihre Tyrannin sein darf.» Das Bestreben Verdis, Wort und Ton in enge Verbindung und Beziehung zu setzen, macht sich in

Salvatore Camarano

diesem Werk stark geltend, wie auch die musikalische Ausgestaltung der «Szene» von Werk zu Werk sorgfältiger und mit immer grösserem Nachdruck betont wird. Trotz starker Höhepunkte, trotz unverkennbarer Genialität, die sich in der Gestaltung der Charaktere der Typen des Vaters Miller und der Luisa zeigt, ist «Luisa Miller» noch nicht kraftvoll genug, sich ganz durchzusetzen, wie es diese Oper verdient hätte.

Das Melodramma lirica in 3 Akten, mit den Untertiteln «Die Linde», «Die Intrige» und «Das Gift», zeigt uns auf, dass es sich hier um ein bürgerliches Trauerspiel handelt, wo erpresserische Niedertracht und Willkür ihr Unwesen treiben. Luisa (Sopran) liebt den jungen Grafensohn Rodolfo (Tenor), Sohn des Grafen von Walter (Bass). Der argwöhnische Miller (Bariton), Luises Vater, hat Mühe, sich damit abzufinden, dass die Tochter einen Adeligen liebt. Wurm (Bass), der Sekretär des Grafen von Walter, begehrt auch Luisa. Er unterlässt keine Gelegenheit, sein Ziel auf verwerfliche Art und Weise zu erreichen. So überredet er Luisa unter Schwur, um ihren gefangenen Vater befreien zu können, schriftlich ihre Liebe zu Rodolfo zu verleugnen, der seinerseits von seinem Vater gezwungen wird, standesgemäss die Witwe, Gräfin von Ostheim, Frederica (Mezzosopran) gegen seinen Willen zu heiraten, da er Luisa liebt. Der besagte Brief Luises wird Rodolfo zugespielt, der nun, enttäuscht über Luisas Untreue, Rache sinnt. Gift im Wasser soll ihn mit Luisa im Tod vereinen. Die Wahrheit zu spät erfahrend, gelingt es Rodolfo im letzten Moment, den Intriganten Wurm auch noch in den Tod zu reissen. Verdi versteht hier ausgezeichnet, die verschiedenen Charaktere zu zeichnen. Die anmutende Luisa, die beiden unterschiedlichen Väter, der ungestüme Rodolfo und insbesondere den diabolischen Wurm.

Bereits die Ouvertüre mit Einsatz der Hirtenflöte versetzt uns in die ländliche Dorfatmosphäre im Tirol des 18. Jahrhunderts. Luisas Geburtstag wird von den Dorfbewohnern in einer musikalischen Umrahmung gefeiert. Luisas anschliessende Arie vermittelt uns beste Einblicke ins Innenleben der Gefeierten. Der sehnlichst erwartete Grafensohn, vorläufig unter falschem Namen, erscheint nun ebenfalls. Ein fröhliches Duett endet in einem Chor der Bewohner, bevor sie alle in die Kirche eintreten. Nur Miller bleibt noch zögernd zurück. Sogleich gesellt sich Wurm zu ihm, klärt den Vater über den wahren Namen und die Herkunft des fremden Liebhabers Luisas auf, was auf guten Nährboden des misstrauischen Miller fällt. Im zweiten Bild, im Schloss des Grafen, treibt Wurm seine Intrigen zielbewusst beim Grafen von Walter weiter, der nun verzweifelt ist, dass sein Sohn sich seinen Heiratswünschen widersetzt, was uns in einer ansprechenden Arie wiedergegeben wird. Frederica, erwartungsvoll eintretend, muss in einem längeren Duett mit Rodolfo erfahren, dass er eine andere Frau liebt. Das dritte Bild vermittelt uns zuerst, ausserhalb Millers Hause, eine musikalisch reizende Jagdszene mit einem Doppelchor und Echoeffekt. Den dramatischen Eindruck steigert Verdi in den nachfolgenden Szenen bis zum Finale des 1. Aktes, worin sich die gegensätzlichen Ansichten der Anwesenden, Liebesbeteuerungen, hässliche Schmähungen, dann Drohungen und Verhaftungen abspielen; ein Glanzstück der Partitur!

Im 2. Akt sind wir in Millers Haus. In einer aufregenden musikalischen Ensembleszene wird Luisa mitgeteilt, dass ihren gefangenen Vater ein hartes Urteil erwartet. Wurm, die Gunst der Stunde nutzend, verspricht Luisa in einer beklemmenden Atmosphäre heuchlerisch die Freilassung ihres Vaters, falls sie der Liebe zu Rodolfo entsagt und stattdessen ihm, Wurm, ihre Liebe schenkt. Dies sollte sie schriftlich in einem Brief festhalten – vor Zeugen und vor Frederica. Dem unverschämten Ansinnen kann sich Luisa nicht entziehen, da sie ihren Vater vor dem Schlimmsten retten will, was uns die Gedemütigte in einer erregenden Arie schmerzerfüllt zum Ausdruck bringt. Im folgenden Bild im Schloss des Grafen lauschen wir dem Dialog zwischen Walter und Wurm. In einem eindrücklichen Duett der beiden Bässe vernehmen wir die Untaten, die sie verübt haben, sowie die Tatsache, dass Rodolfo die Widerlichkeiten entdeckte. Nachdem Wurm den Raum kurz verlassen hat, tritt Frederica zu Walter, der ihr eröffnet, dass Luisa in Bälde mit Wurm als Zeuge mitteilen wird, dass sie Rodolfo nie geliebt habe, sondern nur Wurm. Im folgenden Finalequartett mit Luisa, Frederica, Walter und Wurm erleben wir eindrücklich die Realität, die Wurm gesät hat und die er nun genüsslich auskostet. Dieses a-capella-Quartett vermittelt uns während 65 Takten ohne Musikbegleitung vierstimmigen Gesang! Im Garten befinden wir uns im 3. Bild. Rodolfo ist im Besitz des schändlichen Briefes. In schönem Rezitativ und in nachfolgender prächtigen Arie: «Quando le sere, al placido», lässt er seinen Gefühlen freien Lauf. Wurm entzieht sich feige dem Duell gegen Rodolfo, der nun enttäuscht Rache sinnt.

Im 3. Akt weist uns Verdi in die Zukunft seines Schaffens. Das ganze Schlussbild ist eine musikalische Einheit, in der sich die Dramatik weiter steigert bis zum bitteren Ende. Der folgende Frauenchor, in dem die Frauen ihre Besorgnis um Luisa kundtun, führt uns sofort ins traurige Geschehen in Millers Haus. Das ergreifende Wiedersehen Millers mit seiner Tochter vermag uns nicht darüber hinwegzutäuschen, dass das Ende der beiden Liebenden bevorsteht. Gift im Wasser, welches getrunken wird, Begründung der Tat, Luisas Geständnis angesichts des Todes, die letzte Rache Rodolfos an Wurm – dieses Geschehen beendet die Geschichte musikalisch dramatisch auf höchster Ebene!

Die Uraufführung der «Luisa Miller», die am 8. Dezember 1849 im «Teatro San Carlo» in Neapel stattfindet, erzielt einen recht guten Erfolg. Verstimmt über diverse Ungereimtheiten verlässt Verdi Neapel und kehrt nach dem heimatlichen Busseto zurück, wo er den von ihm gekauften Palazzo Orlandi bewohnt. Auch für seine Eltern hat er gesorgt: Nahe bei Sant'Agata, im Dorfe Vidalenzo, hat er ihnen eine Wohnung verschafft. Dort sollen sie in Ruhe ihre alten Tage geniessen können.

Die schöpferische Unruhe Verdis lässt ihn nicht rasten, neue Pläne tauchen auf, neue Motive werden gesucht: Da ist ein Schauspiel «Stiffelius» von Souvestre und Bourgeois. Piave wird angewiesen, daraus ein Libretto zu gestalten. Verdi hat das spanische Drama «El Trovador» von Antonio Garcia Gutiérrez kennengelernt. Die Zigeunerin ist eine Frau «von besonderem Charakter». Da fesselt ihn «Manon Lescaut», ein Roman von Abbé Prévost, und immer wieder hat es ihm Shakespeare angetan: «König Lear», dessen musikdramatische Gestaltung er schon sechs Jahre zuvor geplant hat, lässt ihn nicht mehr los. «Man müsste ihn in einer neuen, weiträumigen Art

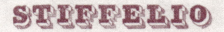

LIBRETTO

DI FRANCESCO MARIA PIAVE

behandeln, ohne irgendeine Rücksicht auf das Herkommen.» Aber Verdi zögert weiterhin, die Hand an einen so grossen Stoff zu legen. Erst wenn alle Vorbedingungen dafür gereift sind, möchte er daran weiterarbeiten; vor allem braucht er innere und äussere Ruhe. Jetzt muss fürs erste der «Stiffelio» für das «Teatro Grande» in Triest geschaffen werden. «Stiffelio», ein Dramma lirico in drei Akten, anfangs des 19. Jahrhunderts in Deutschland spielend, ist das letzte Werk seiner «Galeerenjahre» – oder doch schon ein Meisterwerk Giuseppe Verdis? Eine Oper, die man zu Recht vergessen kann oder die zu Unrecht vernachlässigt wird? Der Maestro schrieb an F. Piave: «Stiffelio ist gut und fesselnd.» Später, 1854 in einem anderen Brief, meinte er: «Unter denjenigen meiner Opern, die man wegen ihren beanstandeten Themen nicht aufführt, möchte ich eine nicht in Vergessenheit geraten, nämlich: Stiffelio!»
Ja, hier komponiert der Maestro ein aussergewöhnliches Thema, in meisterhafter Manier vertont! Es ist wohl das modernste Stück, welches der Komponist je in Musik umgewandelt hat. Im Zentrum steht der protestantische Pfarrer Stiffelio (Tenor) mit einem

Buchdeckel des Textbuches «Stiffelio»

Charakter, fähig zu problematischen Taten und zu unkonventionellen Entschlüssen. An seiner Seite seine Gattin Lina (Sopran), welche, durch Raffaele (Tenor) verführt, Ehebruch begeht. Ihnen gegenüber ihr Vater, Oberst a.D. Reichsgraf Stankar (Bariton). Für ihn gilt noch das ungeschriebene Gesetz: «Verlust der Ehe ist blutig zu rächen!» Neben den erwähnten Personen wirkt noch der «ältere Pfarrherr» Jorg (Bass) als ruhender Pol im Geschehen mit. Die Uraufführung vom 16. November 1850 in Triest, bei Anwesenheit Verdis, findet beim Publikum freundliche Aufnahme. Nach der Erstaufführung flammt die Kritik erst richtig auf. Vor allem gilt sie dem «versöhnlichen» Schluss der Oper, der grossen Kirchenszene – ausgerechnet der schönsten und ungewöhnlichsten Passage dieses erhabenen Werkes!

Die Oper Stiffelio beginnt mit einer ungefähr zehnminütigen klangvollen Ouvertüre. In Erwartung der Rückkehr des für längere Zeit abwesenden Stiffelio liest Jorg im Schlossaal Stankars in einem ausdrucksvollen Arioso den wenigen Anwesenden einen Text aus der Bibel vor. Endlich tritt der Erwartete, die Anwesenden begrüssend, in den Saal. Sogleich berichtet er ihnen, dass ihm durch einen Matrosen eine gefundene Brieftasche überreicht wurde. Um die Namen eines eventuellen Verrates nicht kennen zu müssen, übergibt Stiffelio das Portefeuille dem Cheminéefeuer, sehr zur Erleichterung der anwesenden Lina und Raffaele. Diese peinlichen Augenblicke werden unterbrochen durch neueintretende Kirchgemeindemitglieder, die einen konzertanten, freudig gestimmten Willkommenschor inszenieren, welcher mit einem Septett endet. Nach dem Weggang der Begrüssenden bleiben Lina und Stiffelio zurück. Endlich alleine, stimmen sie ein herrliches Duett an. Stiffelio entgeht es nicht, dass seine Gattin ihn sehr zurückhaltend begrüsste. Gerne möchte sie ihm die Wahrheit gestehen, aber sein ungehaltenes Verhalten verhindert dies. Alleine zurückgeblieben, gibt sie in einer dramatischen Arie ihre seelische Verfassung bekannt, was in einem schönen Gebet endet. Daraufhin beginnt sie ihrem Gatten einen Brief zu schreiben, worin sie ihre Schuld eingesteht. Der hinzutretende Vater, der um ihre Schuld weiss, will die Veröffentlichung verhindern. In der gebieterischen Szene legt er klar, dass die Bekanntmachung der besudelten Familienehre nicht geduldet wird und obendrein das Herz Stiffelios gebrochen wurde. Zum Zeitpunkt, in dem der Saal kurzfristig leer ist, erscheint Raffaele, hinterlegt einen Brief für Lina in einem Buch. Kurz darauf wird das Buch von Frederico (Tenor), einem Vetter Linas, weggetragen. Im Festsaal feiert man nun offiziell, in einer schönen Chorszene, die Rückkehr Stiffelios. Jorg berichtet seinem Amtsbruder den soeben beobachteten Vorfall im leeren Saal. Der misstrauisch gewordene Stiffelio glaubt, dass Frederico ein Verhältnis mit Lina habe, und entreisst ihm das Buch. Noch schneller behändigt Stankar den sich darin befindlichen Brief, welches sich in einer markanten, musikalisch schönen Passage abspielt. Im dramatischen Finale fordert Stankar Raffaele zum Duell auf dem Gelände des nahegelegenen Friedhofes heraus.

Das Vorspiel zum 2. Akt ist ein bestgelungenes Tonbild der nächtlichen Stimmung auf dem Friedhof. Lina sucht das Grab ihrer Mutter auf. In einer subtilen, prächtigen Arie fleht sie die Verstorbene um Fürsprache in ihrer ausweglosen Situation an. Zu ihrem Missfallen erscheint Raffaele. Sie teilt ihm mit, dass sie ihn nicht liebt und dass sie, da er sie verführt habe, nun alles enthüllen werde, um wieder frei leben zu können. Dem steht nun der mittlerweile hinzugekommene Stankar im Weg. Er fordert Raffaele sofort zum Zweikampf. Durch den Waffenlärm aufgeschreckt, eilt Stiffelio herbei und gebietet den beiden im Namen Christi, die Schwerter niederzulegen. Nun kann sich Stankar nicht mehr beherrschen. Er eröffnet Stiffelio, dass Raffaele der Verführer und Geliebte Linas ist. Jetzt ist es Stiffelio, der glaubt, sich am Verführer seiner Gattin rächen zu müssen, er greift zum Schwert Stankars. Des Hintergangenen Aufschrei: «Ah! Era vero!» leitet über zum vortrefflich gelungenen Quartett, in welchem die Gefühle der Beteiligten stark zum Ausdruck kommen. Die Atmosphäre wird noch gesteigert durch die frommen Gesänge aus der nahen Kirche, von dort eilt Jorg herbei. Er mahnt zur Ruhe und zur Vernunft, Stiffelio erinnert er an seine Pflichten: Frieden und Vergebung! Immer wieder unterbrochen vom Chorgesang der wartenden Kirchgänger, endet der an Dramatik nicht zu überbietende 2. Akt.

Das erste Bild des letzten Aktes zeigt uns zuerst den verbitterten Obersten Stankar. In der bemerkenswerten Arie rechnet er mit seinem Leben ab; er will es raschmöglichst durch eigene Hand beenden, besinnt sich jedoch plötzlich eines besseren, als er vernimmt, Raffaele verweile noch im Schloss. Siegesgewiss, die Ehre seiner Familie doch noch eigenhändig retten zu können, stürmt er davon! Der Auftritt des enttäuschten Stiffelio lässt Lina nichts Gutes ahnen. Ihr Gatte bietet ihr die Auflösung der Ehe an. Lina verweigert die Unterschrift zur Trennung vorerst entsetzt. Lieber solle er sie töten, meint sie in einem musikalisch beachtlichen Dialog mit Stiffelio. Doch plötzlich beschliesst sie, das Dokument zu unterzeichnen. In der folgenden beeindruckenden Szene wendet sie sich an Stiffelio: «Nicht an den Ehemann wende ich mich, sondern als Sünderin vor dem Gottesmann, erhöre meine Beichte!» Da tritt nun noch der triumphierende Stankar mit dem blutigen Schwert auf. Er habe soeben seine verlorene Familienehre gerächt. Im letzten Bild der Oper befinden wir uns in der Kirche. Ein schön intoniertes Orgelspiel empfängt die eintretenden Kirchgänger. Stiffe-

lio, seiner Gefühle beraubt, soll sich auf die Predigt
vorbereiten, Jorg steht ihm zur Seite. Vom Chorgesang, begleitet vom sparsam eingesetzten Orchester, ertönt immer wieder «Perdonate – Miserere» durch den Kirchenraum, während Stiffelio zur Kanzel emporsteigt.

Verdi, von ungewöhnlichen Handlungen zu verblüffenden Lösungen angeregt, lässt Stiffelio, hinweisend auf Lina, der Gemeinde verkünden: «Der, welcher unter Euch ohne Sünde ist, lasst ihn den ersten Stein werfen, ... und die Frau stand verziehen auf ... Gott hat so gesprochen!» Der musikalisch gesteigerte Dankesgesang der Gläubigen wird angeführt durch Linas Sologesang und beendet die Oper. Ein seriöser Kritiker der damaligen Zeit bezeichnete die Oper als ein philosophisch wie religiös bedeutsames Werk voller schöner Melodien.

Verdi versucht später, der Zensur ausweichend, der Oper eine neue Handlung zu geben, die sieben Jahre nach Stiffelio als «Aroldo» auf der Bühne erscheint, dies auch ohne Erfolg. Er liess damals die Originalversion «Stiffelio» nach der Uraufführung «Aroldo» einziehen. Dies bewirkte, dass jahrzentelang «Stiffelio» kaum mehr auf den Bühnen zu sehen war. – Erst in den 60er Jahren des 20. Jahrhunderts entdeckt man in Neapel eine vollständige Originalpartitur des «Stiffelio» von «Kopistenhand». Die erste Wiederaufführung der ursprünglichen Partitur fand am 26. Dezember 1968 im Teatro Regio Parma unter der Leitung von Peter Maag statt. Somit ist es erst in der heutigen Zeit wieder möglich, eine unverfälschte Oper «Stiffelio» aufzuführen. Es ist zu hoffen, dass dieses wertvolle Werk wieder vermehrt zu Aufführungen gereicht und der Vergessenheit entrissen wird! Giuseppe Verdi äusserte sich nach den «Galeerenjahren» wie folgt: «Sechs Jahre arbeite ich nun unaufhörlich, wandere von Land zu Land und habe nie ein Wort zu Journalisten gesprochen, nie einen Freund um etwas gebeten, nie reichen Leuten den Hof gemacht, um Erfolg zu haben ... Ich werde solche Mittel immer verschmähen. Ich mache meine Opern, so gut ich das kann, sonst lasse ich den Dingen ihren Lauf.»

Giuseppe Verdi –
der Mensch und Künstler in seiner Zeit.

Wir schreiben Ende 1850, das Ende der sogenannten Galeerenjahre des 37jährigen Giuseppe Verdi – 16 Opern erlebten in den vergangenen elf Jahren ihre Erstaufführung. Unterschiedlich waren deren Erfolge respektive die Misserfolge.

In den nächsten 43 Jahren werden es noch weitere zwölf Opern, ein Requiem und diverse andere Musikstücke sein, die der geniale Maestro der Musikwelt überlassen wird. Was uns der Komponist Verdi in seinem begnadeten Leben von über 87 Jahren hinterlassen hat, ist einmalig, grossartig! Italienische Musik – vom «Belcanto» bis zur in die Zukunft weisenden, modernen Oper! Von Anfang an war in seinen Werken der Mensch im Mittelpunkt, Verdi versuchte die menschlich-dramatischen Konflikte in musikalische Gegensätze umzugestalten. Die Charakterisierung der Personen in individuellem musikalischen Ausdruck wurde von Verdi stets verfeinert! Immer wieder betonte er, dass er seinen italienischen Weg zur Vollendung seiner Musik beschreiten will; und dies tat er auch. Jedoch nicht nur in der

Giuseppe Verdi, 1859

gestaltenden Musik hat er viel erreicht, sondern im und ums Theaterleben, zum Wohle der Oper!
Versetzen wir uns doch mal ins 19. Jahrhundert: Verdi zum Beispiel erlebte während seines Lebens drei verschiedene Arten von Opernhausbeleuchtung. Zur Zeit Nabuccos waren Kerzenlicht und Öllampen die übliche Beleuchtung des Theaters. Diese konnten nicht abgeblendet werden, der Zuschauerraum blieb hell erleuchtet. So war das Theater auch eine Begegnungsstätte, ein Ort, um zu sehen und gesehen zu werden. Es herrschte eine Atmosphäre im Hause, die wir uns heute kaum vorzustellen vermögen! Wenn nicht gerade eine grossartige Oper aufgeführt wurde, waren Geplauder, ein Kommen und Gehen (in Paris zum Beispiel kamen gewisse Gesellschaften sowieso erst zum obligaten Ballett) an der Tagesordnung. Bei «langweiligen» Gesangspassagen beschäftigte sich das Publikum in den Logen mit Klatsch, Spiel, Trinken und Essen. Die Sänger(innen) auf der Bühne redeten immer dann miteinander, wenn eine «unbeliebte Diva» ihren Gesang zum besten geben sollte! Nur bei ganz grossartigen Szenen war es im Theater still. Das Orchesterspiel in Italien war grös-

stenteils ungenügend, wie auch Inszenierungen und das Agieren der Bühnenleute vielfach schlampig war. Anfang 70er Jahre erlebte Verdi die Gasbeleuchtung. Zudem erreichte er in der Mailänder Scala, dass die Zuschauerlogen auf der Bühne beseitigt wurden und der Vorhang bis vorne zur Rampe reichen musste. Das Orchester, das bis dahin ebenerdig im Raum musizierte, wurde in den «Orchestergraben» versetzt. Diese neue Einrichtung geht auf eine Idee Richard Wagners zurück. Verdi befand sie ausdrücklich für gut und setzte es daher auch in Italien durch. Schliesslich, um wieder zur Beleuchtung der Theaterräumlichkeiten zurückzukehren, erlebte der Maestro Verdi bei seiner Premiere des «Falstaff» 1893 die neu eingebaute elektrische Beleuchtung. Es liegt auf der Hand, dass Verdi die Schlampereien etc. im Theater von Beginn seiner Karriere an nicht tolerierte, wie wir bereits in den vorausgegangenen Kapiteln erahnen konnten. So selbstkritisch Verdi seinen Werken gegenüber war, so unerbittlich war er auch in der Betreuung und Einstudierung seiner Werke in den Opernhäusern. Da musste einfach alles nach seinen Vorstellungen werkgetreu stimmen. Bis ins hohe Alter blieb er seinen Prinzipien treu! Musik, Gesang, Interpretation, Inszenierung, alles wurde genauestens von ihm festgelegt und wo immer möglich auch von ihm persönlich durchgesetzt. Hier entpuppte sich der Maestro vielfach als ein Tyrann, die damaligen Interpreten könnten davon «ein Lied singen». Schreien, schimpfen und auch toben waren zeitweise an der Tagesordnung, insbesondere in seinen frühen Jahren, wo es Verdi noch sichtlich Mühe bereitete, den Interpreten gegenüber seine Vorstellungen kunstgerecht und verständlich zu vermitteln. Wehe den Theatern und Impressarien, die sich nicht an seine Anweisungen hielten! Dies musste selbst Merelli an der Scala erleben. Keine Uraufführungen von Verdi für Jahrzehnte! Die Verlagshäuser seiner Werke mussten sich auch an diese Bestimmungen beim Vergeben der Werke halten.

Was würde wohl unser Maestro heute zu den zum Teil fragwürdigen Inszenierungen seiner Werke sagen?! Man könnte sich gut vorstellen, dass er verschiedenen Opernhäusern seine Opern schlichtweg zur Aufführung untersagen würde; dies wäre meines Erachtens bisweilen auch gar nicht so abwegig.

Insbesondere dann, wenn sich gewisse Regisseure mit der «Demontage» des vom Komponisten gewollten Inhaltes der Werke, durch deplazierte Gags und anderes mehr, zu profilieren suchen, um sich ein «Denkmal» setzen zu können! – Nein dies bitte nicht. Nur beste, werkgetreue Interpretationen, auch wenn sie in moderner Aufmachung gezeigt werden, haben Giuseppe Verdis Opern verdient.

Das künstlerische Schaffen ist und bleibt allemal eine persönliche Angelegenheit. Ein Genie geniesst zu Recht oder Unrecht Privilegien, in dessen Genuss «gewöhnliche Sterbliche» selten kommen. Machen wir uns nichts vor, Verdi war gewiss auch ein schwieriger Mensch, voller Gegensätze! Seine hartgeprägte Kindheit und die Schicksalsschläge in seinen Zwanzigern prägten ihn zu einem introvertierten aber auch zielbewussten Menschen, der zeitlebens zu Depressionen neigte. Deutet nicht auch seine jahrzehntelang gleichbleibende Unterschrift, von einem Kreis umschlossen, darauf hin? Seine Verschlossenheit, abhold von Ehrungen und Prunk, öffnete sich erst mit zunehmendem Alter, er wurde umgänglicher. Früh waren auch sein Bestreben nach

Unabhängigkeit sowie das Verlangen, niemandem zu Dank verpflichtet zu sein. Die einzige Ausnahme in dieser Hinsicht blieb wohl sein Förderer und Gönner Barezzi, den Verdi stets wie ein Vater verehrte.
Seine Sorgfalt in Geldangelegenheiten war prägnant, fast könnte man glauben, er sei geldgierig gewesen. Er war aber zeitlebens keinesfalls ein «Geizkragen». Er tätigte grosszügige Vergabungen und Spenden, so zum Beispiel den Bau eines kleinen Krankenhauses in Villanova in der Provinz Busseto; den Unterhalt des Spitals teilte er hälftig mit der Heimatgemeinde. Das Inventar finanzierte Verdi. Er war auch sehr um das Wohlergehen der Insassen besorgt!
Bereits zu Beginn seiner Karriere verhandelte Verdi hart mit Verlegern, Theaterleitung und zum Teil auch korrupten Impressarien, ohne aber überzogene Forderungen zu verlangen. Verdi hatte bei seinem Förderer Barezzi gelernt, mit Geld umzugehen, als er die Rechnungsbücher seines Förderers führen musste. Ein weiterer verbissener Kampf galt dem Urheberrecht und den Raubkopien seiner Werke. Überhaupt war dies bis ins 19. Jahrhundert ein grosses Übel!

Die Komponisten waren nicht in der Lage, Nachdrucke ihrer Kompositionen zu verhindern. Bereits ein Jahr nach der Uraufführung konnte jedermann dieselben Stücke auf die Bretter bringen, ohne dem Urheber Tantiemen zahlen zu müssen. Nicht von ungefähr mussten Komponisten so schnell wieder Neues erschaffen, wenn sie überleben wollten. Dies galt auch für Gioacchino Rossini in seinen Anfängen mit ungefähr 46 Opern, aber auch für Vincenzo Bellini, der 11 Werke schuf, und für Gaetano Donizetti mit seinen an die 70 Opern. Giuseppe Verdi hat ein grosses Verdienst, dass Ordnung in die Angelegenheiten des Urheberrechtes kam und der Status rechtlich gefestigt wurde. Allerdings war es auch ihm nicht immer möglich zu verhindern, dass seine Werke ohne Erlaubnis, ohne Tantiemen zur Aufführung gelangten. Er führte deswegen auch Prozesse, die jedoch nicht immer zu seinen Gunsten ausfielen. Erschwerend kam noch dazu, dass von Staat zu Staat unterschiedliche Handhabungen des Urheberrechtes existierten!

Man darf füglich behaupten, dass Giuseppe Verdi wohl der bestverdienende Komponist des 19. Jahr-

Bellini, Rossini, Mercadante,
Ricci, Donizetti

hunderts war.

Grosse Summen seiner Erträge investierte er in sein Landgut von Sant'Agata, welches er im Jahr 1848 erworben hatte. Seinen landwirtschaftlichen Betrieb führte er fortschrittlich, er betrieb Ackerbau und führte eine anerkannte Pferdezucht. Er half mit, nach Überschwemmungen Flusskorrekturen durchzuführen. Sein Verhältnis zu den Bewohnern von Busseto war sehr unterschiedlich, eher knauserig, zeitweise sogar feindselig. Ja, der «Bauer von Roncole», wie er sich gerne selbst nannte, liess sich gar nichts vorschreiben. Man bedenke, lange Zeit wurde Giuseppina Strepponi, als Verdis Lebenspartnerin, von den Einheimischen fast gänzlich gemieden, ja sogar unfreundlich behandelt – dies war keine Ausnahme! Denn ein Zusammenleben ohne Trauschein war für die Bürger und Bürgerinnen tabu!

Ein grosses Anliegen war dem Patrioten Verdi auch die Befreiung seines Landes von den fremden Mächten. In den 40er Jahren schloss er sich dem italienischen «Risorgimento» an (ein Teil seiner früheren Opern galten ja auch der Befreiung seines Heimatlandes). «Risorgimento» hatte zum Ziel, die Grün-

Verdis Villa in Sant' Agata

dung eines befreiten, selbständigen Italiens voranzutreiben, was dem Land leider auch viel Geduld, viel Leid und jahrzehntelange Kriege brachte. Der Patriot Verdi liess sich sogar, eigentlich gegen seinen Willen, zum Abgeordneten seiner Heimatprovinz wählen, wo er 1861 in Turin an Versammlungen des italienischen Parlaments teilnahm. Lange hielt er es dort jedoch nicht aus, je länger desto mehr war sein dortiger Sitzplatz leer. Musik interessierte ihn doch noch weit mehr! Kurz zusammengefasst, Giuseppe Verdi war ein vielseitiges Genie. Nach seinen ersten Triumphen in der Oper war er allseits eine begehrte Persönlichkeit. Der Mailänder Adel und das wohlhabende Bürgertum waren nur zu gerne bereit, dem jungen, aufstrebenden Komponisten die Türen ihrer Salons zu öffnen. So machte er unter anderem die Bekanntschaft mit dem Ehepaar Maffei. Mit Clara Maffei unterhielt er eine lebenslängliche, intensive und aufschlussreiche Korrespondenz. Natürlich war Verdi auch bei den Damen ein gern gesehener Gast, es gab auch da viel zu erzählen.

Die Musikverleger der Häuser Lucca und Ricordi stritten sich um die Aufführungsrechte der Partitu-

ren Giuseppe Verdis, Sieger blieb das Haus Ricordi, das fast alle Opern des Maestro verlegen durfte und damit auch «gutes Geld» verdiente. Drei Generationen der Ricordis, zuerst Giovanni, ab 1853 Tito und schliesslich ab 1880 Giulio, verhandelten mit Verdi. Auseinandersetzungen finanzieller Art waren hierbei nicht zu vermeiden, wobei Giuseppina, seine kluge Frau, als Vermittlerin wirkte. Ein ungetrübtes Verhältnis konnte Verdi eigentlich nur mit Giulio Ricordi pflegen, er war wohl der «Umgänglichste» der dreien und war mit Verdi freundschaftlich verbunden.

Bedeutende Künstler erreichen in ihrem Leben höchst selten die ebenbürtige Grösse wie in ihren Schöpfungen. Bei Giuseppe Verdi verlief die Entwicklung des Menschen wie auch des Künstlers auf den meisten Ebenen parallel. Trotz weltweiten Ruhms und finanziellen Wohlstandes blieb der Maestro stets bescheiden. Je älter er wurde, desto eher legte er seine «rauhe Schale» ab; er gewann viele echte Freunde und pflegte ihnen gegenüber Grosszügigkeit und Wohlwollen. Ja, Giuseppe war, trotz all seiner negativen Eigenschaften, ein Mensch mit dem

Das Verlegerhaus Ricordi.
Vater Titus und Sohn Julius Ricordi.

«Herz am rechten Fleck».
Das Dirigieren der Orchester, wie man es heute kennt, ist eine relativ junge Kunstgattung. Der Beruf des Dirigenten mit dem Taktstock hat sich erst gegen Mitte des 19. Jahrhunderts in Europa durchgesetzt. Im deutschen Sprachraum und in Paris waren die «Vorreiter» zu finden. Je mehr Komponisten orchestrale Effekte in ihre Kompositionen einfügten, desto mehr drängte sich eine zentral kontrollierte Führung des Klangkörpers auf. Es ist heute kaum mehr vorstellbar, dass zum Beispiel die monumentalen Orchesterwerke Berlioz, Meyerbeers, Wagners und so weiter ohne Dirigenten aufgeführt wurden. Giuseppe Verdi dirigierte seine Opern 1847 in London zum erstenmal in seinem Leben mit dem Dirigentenstab. Die Einführung dieses Postens ging, besonders auch in Italien, nicht reibungslos vonstatten. Vorerst waren es primär die «Ersten Geiger» (Konzertmeister), die, wenn nötig, den Takt mit ihrem Geigenbogen markierten. «Positionskämpfe» waren in Italiens Opernhäuser noch bis in die 60er Jahre zwischen Erstem Geiger und Dirigenten zu verzeichnen. Ein grosses Verdienst zur Durch-

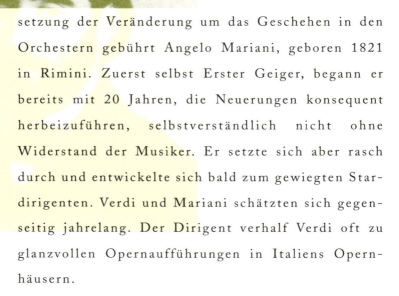

setzung der Veränderung um das Geschehen in den Orchestern gebührt Angelo Mariani, geboren 1821 in Rimini. Zuerst selbst Erster Geiger, begann er bereits mit 20 Jahren, die Neuerungen konsequent herbeizuführen, selbstverständlich nicht ohne Widerstand der Musiker. Er setzte sich aber rasch durch und entwickelte sich bald zum gewiegten Stardirigenten. Verdi und Mariani schätzten sich gegenseitig jahrelang. Der Dirigent verhalf Verdi oft zu glanzvollen Opernaufführungen in Italiens Opernhäusern.

Giuseppe Verdi schriebt am 1. Januar 1853 an Cesare de Sanctis: «Ich wünsche neue, grosse, schöne, abwechslungsreiche, kühne Stoffe. Kühn bis zum Äussersten, neu in der Form und bei allem gut komponierbar!». Lassen wir uns vom Maestro in den noch zwölf bevorstehenden Opern überraschen!

Angelo Mariani, 1871

Rigoletto.

«Der Teufel hole die Zensur!» wettert Piave, indem er Verdis Zimmer betritt. Der Maestro erhebt sich vom Stuhl. Der Dichter zieht schon das Libretto aus der Rocktasche, wirft es zornig auf den Tisch und fährt in grösster Erregung fort: «Da, verboten ist das Buch – verboten!». Verdis Stirn zieht sich in Falten: «Der Teufel hole dich! Ja, dich mitsamt der Zensur! Hast du mir nicht wiederholt versichert, dass die Zensoren gegen unsern Text nichts einzuwenden haben?» – «Aber, Maestro», stammelt der Freund erschrocken, «wie konnte ich denn wissen» – «Ich habe dich darauf aufmerksam gemacht, dass vor achtzehn Jahren Victor Hugos Drama in Paris Staub aufgewirbelt hat. Aber nein, du hast mich beruhigt – und jetzt?» – «Jetzt würde ich einen anderen Stoff vorschlagen, der nicht so viele Unannehmlichkeiten verursacht.» Verdi, noch gereizter, fährt auf: «Geh zum Teufel und nimm die Polizei gleich mit! Entweder schreibe ich 'La maledizione' oder gar nichts, basta!». Ratlos starrt Piave vor sich hin, während Verdi aufgeregt im Zimmer hin und her geht. Etwas beruhigt, fährt er fort: «Das ist ein schönes Drama mit wunderbaren Situationen. Ich kann jetzt kein anderes Libretto vertonen. Wir haben ja zusammen diesen Stoff eingehend studiert und durchdacht. Die Idee, die musikalische Gestaltung ist im Geiste fertig. Die Hauptsache ist für mich bereits getan. Und jetzt – was nun?» – «Einen Lichtblick haben wir ja noch ...» – «Und der wäre?» fällt ihm Verdi ins Wort. «Den Venezianer Polizeidirektor Carlo Martello.» Verdi weiss nicht, soll er lachen oder nicht. «Martello verspricht, uns zu helfen, wenn wir bereit sind, Änderungen vorzunehmen.» Verdi lacht bitter auf. «Welche Änderungen schlägt denn der Herr Polizeichef vor?» – «Es ist mancherlei: Der französische König Franz I. als Don Juan gezeichnet und verflucht – das geht nicht an. Der Hofnarr als Krüppel würde das ästhetische Empfinden der vornehmen Welt verletzen. Eine Leiche im Sack?! Nein, welch schlimmes Beispiel für die Menge!» Piave schweigt. «Bist du am Ende?» fragt Verdi nachdenkend. «Gut, Piave, wir wollen tun, was möglich ist, um unser Werk zu retten. Wie treffend wäre der Titel gewesen: 'La maledizione' ist der Kernpunkt der ganzen dramatischen Entwicklung, denn der auf den Fürsten und den Hofnarren herabgerufene Fluch beschwört die Tragik herauf. Gleichwohl – nennen wir das Stück nach der Person des Hofnarren 'Rigoletto', damit kann sich kein regierendes Haupt betroffen fühlen», setzt er sarkastisch lächelnd hinzu. «Das französische Wort 'rigolo' bedeutet ja Spassmacher. Wir ändern die Person des Fürsten sowie Ort und Zeit, mehr nicht!» Piave zuckt bedenklich mit der Achsel. «Jawohl, dabei bleibt es», fährt Verdi fort. «Wenn wir nun den 'Fluch' im Titel der Oper ändern, so darf er doch nicht als Motiv der dramatischen Entwicklung wegbleiben, sonst fehlt dem Ganzen der Sinn. Die hohe Persönlichkeit als Wüstling, der Hofnarr als Krüppel, der Sack – das alles ist notwendig, wenn das dramatische Gebäude nicht in sich zerfallen soll. Ich finde es wichtig, diesem Menschen eine besonders lächerliche Missgestalt zu geben, ihn leidenschaftlich, aber dennoch liebevoll sein zu lassen. Um all dieser Dinge willen habe ich diesen Stoff gewählt. Wenn man mir seine Besonderheiten wegnimmt, kann ich dazu keine Musik schreiben.» Diese Vorschläge werden dem musikfreundlichen Polizeidirektor unterbreitet. In der

Tat, es gelingt, endlich die Aufführungsgenehmigung durchzusetzen. Verdi nimmt sein Libretto und zieht sich in die ländliche Stille nach Sant'Agata zurück, um die Oper, die im Geist entworfen ist, zu vollenden. Er ist geradezu vom Schaffenseifer besessen, so dass in kurzer Zeit – manche berichten, es seien vierzig Tage gewesen – das Werk fertig instrumentiert vorliegt.

Mit der vollendeten Partitur reist Verdi nun nach Venedig. Dort wird am 11. März 1851 die Uraufführung im «Fenice-Theater» sein, an derselben Stätte, an der einst «Ernani» und «Attila» ihren Weg begonnen haben.

Die Proben sind in vollem Gange. Aber immer noch wartet der Tenor Mirate, der die Rolle des Herzogs von Mantua singt, vergebens auf das vom Maestro versprochene Lied, das den dritten Akt eröffnen soll. Endlich, nur wenige Tage vor der Uraufführung, gibt Verdi ihm die Arie, er schärft ihm aber eindringlich ein: «Mirate, gib mir dein Ehrenwort, dass du diese Melodie bis zur Aufführung ganz für dich behalten wirst, ohne sie jemandem vorzuträllern, denn sonst ginge alle Wirkung verloren. Man

Raffaele Mirate

würde mir das Ding schon vor der Aufführung an allen Strassenecken singen und mich dann, wenn es im Theater gesungen wird, einen Dieb schelten.» Eindringlich macht der Meister es in der Generalprobe jedem zur Ehrenpflicht, von diesem Liede nichts verlauten zu lassen. Er kennt seine Italiener, der ausgelöste Effekt seines Liedes «La donna è mobile» an der Premiere entsprach seiner Erwartung!

Am Abend des 11. März ist das Theater bis auf den letzten Platz gefüllt. Menschen aller Stände der Lagunenstadt harren des Ereignisses. Der Meister schreitet zum Pult, erst nach langer, stürmischer Begrüssung tritt Ruhe ein. Vom Orchester dringen die ersten Klänge an unser Ohr. Drei Takte – ein zuckendes Sechzehntel als Auftakt – c-moll, ein von den Trompeten und Posaunen vorgetragenes, von der Pauke schauerlich durchbebtes Motiv: «Der alte Mann verfluchte mich!» Es begleitet das ganze Drama, unheilvoll, unheilbringend. Graf Monterone ist es, der den Fluch über den Herzog von Mantua und seinen Hofnarren Rigoletto ausspricht, Monterone, dessen Tochter vom Herzog entehrt ist, der dazu noch vom buckligen Narren verspottet wird, weil er um seine Tochter weint. Der Sinn der dramatischen Handlung könnte nicht kürzer, nicht treffender gedeutet sein als in diesen drei ersten Takten des kurzen Präludiums.

Die Handlung des Rigoletto, ein Melodrama in 3 Akten, spielt sich im 16. Jahrhundert in Mantua ab. Das Francesco Maria Piave am besten geglückte Libretto, von Verdi meisterhaft vertont, ist der erste grosse Höhepunkt des 38jährigen Maestro. Ganz im Kontrast zum Vorspiel entwickelt sich im Ballsaal des Herzogs von Mantua (Tenor) ein munteres, von heiterer Musik begleitetes Treiben der Höflinge und Gäste. Unbeschwert schwärmt der Herzog von schönen Frauen: «Questa o quella per me pari sono», um anschliessend der Gräfin Ceprano in einem verführerischen Menuett den Hof zu machen. Bald darauf erscheint der bucklige Rigoletto (Bariton). Höhnisch verspottet er vor der Gesellschaft den Grafen von Monterone (Bass), weil dieser den Herzog beschimpft, der seine Tochter verführt habe. Die Stimmung verwandelt sich jäh, als Graf Monterone den Herzog und seinen Hofnarren verflucht. Rigoletto trifft dies besonders tief, ist er doch selbst

Francesco Maria Piave

Vater der bestgehüteten Tochter Gilda (Sopran). Währenddessen der «geknickte» Hofnarr verschwindet, fällt der Vorhang. Düstere Musik begleitet uns im 2. Bild, wo Rigoletto, den Fluch Monterones noch in den Ohren, sich auf dem Heimweg befindet, als ihm der Bandit Sparafucile (Bass) aufwartet. Von Fagott und Klarinette und in tiefen Lagen spielenden Saiteninstrumenten untermalt, vermittelt uns der Komponist die düstere Atmosphäre, in welcher der Bandit dem Hofnarren vorschlägt, wie Probleme zu lösen sind; er könne ihm helfen, gegen Bezahlung, Personen verschwinden zu lassen mit Hilfe seiner Schwester Maddalena (Mezzosopran) und seinem Schwert, was Rigoletto jedoch einstweilen ablehnt. Der folgende Monolog ist eine packende Darlegung seines tristen Daseins, Worte und Gesang innigst verbunden. Zu Hause angelangt gilt es, seine über alles geliebte Tochter zu behüten. Das herrliche Duett voller Zärtlichkeit bringt uns deren gegensätzliche Sorgen und Verlangen zum Bewusstsein, so berichtet Gilda unter anderem von einem «armen Studenten», den sie in der Kirche gesehen habe. Nach Vaters Weggang (er geht verdächtigen Geräuschen nach) erscheint der «Student». In einer betörend verführerischen Arie beteuert er dem Mädchen seine Liebe. Im Glauben, der Vater sei zurückgekehrt, verabschieden sie sich. Was folgt? «Caro nome, che il mio cor» – die vollkommene Arie, die Illusion der naiv und träumerisch verliebten Gilda, in Begleitung einer Flöte erklimmt ihre Stimme feinste Koloratur. Diese herrliche Melodie steht im krassen Kontrast mit der nun folgenden Entführungsszene Gildas durch die Höflinge des Herzogs. Der vorzüglich eingetrimmte Verführungschor schildert uns die Entführung des Mädchens. Zu allem Überfluss hält in der Dunkelheit der ahnungslose Rigoletto die dazu benötigte Leiter. Erst der Hilferuf Gildas aus der Ferne lässt den Armen erkennen, dass er reingelegt wurde. Mit dem erschütternden Aufschrei: «Ah, der Fluch des Alten», schliesst der 1. Akt.

Hämisch und belustigend erzählen im 2. Akt die Entführer dem erregten Herzog, dass sie die Geliebte des Narren entführt und zu ihm ins Schloss gebracht haben, worauf der Angesprochene sich freudig erregt zurückzieht. Nun folgt pure Drama-

tik! Rigoletto, sich nur schwerlich verstellend, tritt trällernd in den Saal, wo sich die Höflinge aufhalten. Er merkt gleich, dass er sich einer «schweigenden Mauer» gegenüber sieht. In einer gewaltigen Arie schleudert er den Höflingen entgegen: «Cortigiani, vil razza dannata» («Feile Sklaven, ihr habt sie verhandelt!»). Den verblüfften Höflingen eröffnet er, dass er sein Kind zurückfordert. Zornausbrüche und Flehen wechseln sich in dieser markanten Szene ab. Sie gipfelt im Auftritt der Gilda, die sich vom Herzog entfernt hat. Beschämt ziehen sich die Höflinge zurück, und der Vater muss sich von der Tochter in der sie begleitenden klagenden Melodik der Oboe anhören, was seinem geliebten Kind widerfahren ist. Rigoletto, völlig gebrochen, stellt im anschliessenden Duett fest, dass nun beide gedemütigt seien, und versucht, Gilda zu trösten. Als nun noch Monterone seinen Weg kreuzt, kennt der Narr kein Erbarmen mehr. «Vendetta» – mit diesem Racheschwur baut Verdi ein Duett von Rachegefühlen und Emotionen des Verzeihens auf, was sich bis zur hasserfüllten Raserei Rigolettos steigert!
Im 3. Akt, beim Anwesen von Sparafucile am Fluss,

nimmt des armen Hofnarren Verhängnis seinen Fortgang, ist er doch fest entschlossen, sich am Verführer zu rächen. Vater und Tochter befinden sich in der Nähe des Hauses. Schon bringt «La donna è mobile», das weltberühmte «Liedchen» des Herzogs, Rigoletto die Gewissheit der Untreue des Verführers. Mit Sparafucile sofort handelseinig, zahlt der Narr die erste Hälfte, der Rest des Betrages ist um Mitternacht bei «Übergabe» fällig. Vater und Tochter beobachten das Geschehen im Hause, wo Maddalena mit dem Herzog weilt. Wir bekommen nun Verdis weltberühmtestes Quartett zu hören; ein Glanzstück der gesamten Opernliteratur! Hier der Herzog, um die schöne Tänzerin buhlend, die dem Flirt zustimmt, draussen muss der hasserfüllte Rigoletto mit Gilda, die den Herzog gleichwohl noch liebt, miterleben, was drinnen vorgeht. Zwei Duette in einem Quartett vereint, mit gegensätzlichen Handlungen und Gefühlen, Melodien mit konträrer Rhythmik verschmelzen in einer unvergleichlichen, psychologisch meisterhaften, prächtig vertonten Komposition. Der Vater schickt nun die Tochter weg, die aber seiner Aufforderung keine Folge leistet. Ein

Gewitter ist im Anzug, realistisch wird es von Verdi dargestellt: mit Piccolo-Flöten, den Blitz darstellend und tiefen, unheimlichen Akkorden, die den Donner andeuten, ein im Hintergrund summender Chor stellt uns stimmungsvoll den Wind dar. Maddalena will aber den «Schönen» nicht opfern, sie und ihr Bruder beschliessen, mit dem Nächstbesten, der sich meldet, den Auftrag des Buckeligen zu erfüllen. Gilda will sich für den Herzog opfern, tritt ins Haus, in der Dunkelheit wird der «Auftrag» erfüllt. Um Mitternacht wird der verschlossene Sack dem triumphierenden Narren übergeben, der sich damit zum Flussufer begibt. Erschrocken durch das Trällern des Herzogs öffnet er den Sack und findet darin seine tödlich verletzte Tochter. Begleitet von zartesten Melodien des Orchesters haucht Gilda in Vaters Armen ihr Leben aus. Verzweifelt ruft er aus: «Hah, der Fluch des Alten!» Tosender Beifall der begeisterten Menge krönt den Erfolg. Als Maestro Verdi nach der Aufführung die Gondel besteigt, erschallen tausendstimmige Eviva-Rufe.

Der Schöpfer dieses Meisterwerks, so kritisch er sonst sein Schaffen beurteilt, ist sich bewusst, Grosses geleistet zu haben. Einundzwanzig Wiederholungen im gleichen Theater und in derselben Spielzeit folgen; in der darauffolgenden Spielzeit sind es noch mehr! Bald erscheint «Rigoletto» auf allen Bühnen Italiens und auch im Ausland.

Nur in Paris wehrt man sich lange dagegen, denn wie einst im Falle «Ernani», so erhebt auch jetzt Victor Hugo Einspruch gegen diesen «Missbrauch seines geistigen Eigentums». Ist es wirklich ein solcher? Wer kennt denn heute Victor Hugos Werk «Le roi s'amuse» noch? Und wer kennt Verdis «Rigoletto» nicht? Auch Victor Hugo musste dies nach 6 Jahren Widerstand einsehen. Wodurch diese Wirkung? Durch Verdis grosse, einzigartige Gestaltungskraft. Der Typ «Rigoletto» ist für alle Zeiten geprägt.

Il trovatore.

Es ist der 19. Januar 1853. Heftige Regengüsse sind seit mehreren Tagen über Rom und Mittelitalien niedergegangen und haben die Bäche und Flüsse in reissende Ströme verwandelt. Der Tiber ist so hoch angeschwollen, dass seine Wasser den Schutzdeich durchbrochen und die tiefer gelegenen Teile der Hauptstadt überschwemmt haben. Es ist ein kalter, unfreundlicher Tag. Dennoch drängen sich schon um neun Uhr früh die Menschen geduldig wartend bis zur Eröffnung des Apollo Theaters am Abend. Man verspricht sich viel von der Ankündigung der neuen Oper von Giuseppe Verdi. «Il trovatore» heisst es auf den Plakaten. Da muss man dabei sein. Ist es doch derselbe Komponist, der zwei Jahre zuvor durch seinen «Rigoletto» in Venedig einen grossen Erfolg errungen hat.

Um jenes Meisterwerk rissen sich seitdem die Theater Italiens, sehr rasch ist es ins Ausland gedrungen. Sogar Rossini, der eher ablehnt als lobt, gab zu: «In dieser Musik erkenne ich schliesslich das Genie Verdis an.» Giuseppe Verdi erhielt die ehrenvolle Bezeichnung, die nach italienischem Brauche grossen

Männern des Landes zuteil wird: Il Verdi. Il Verdis neustes Werk geht also an diesem 19. Januar 1853 zur Uraufführung über die Bühne! Und der Erfolg? Die erschütternden letzten, wuchtigen es-moll-Akkorde klingen aus. Ein wahrer Wonnetaumel erfasst das Publikum. Es ist kein Beifall mehr, nein, eine ununterbrochene Ovation. Es reisst die Menschen mit sich, mit ihrem Denken und Fühlen. Nicht lange, so erklingen die neuen Melodien auch auf den Plätzen und Strassen Roms: «Il Verdi» ist in aller Munde. Am Erfolg des Meisters haben auch seine Getreuen teil, die dem Werk durch ihre hohen künstlerischen Leistungen jenes kraftvolle Leben verliehen. Sängerinnen und Sänger, wie die Musiker im Orchester, alle sind stolz auf ihren Meister. Der Textdichter Cammarano aber, der den Stoff nach dem spanischen Drama «El Trovador» des Antonio Garcia Gutiérrez bearbeitet hatte, darf den Erfolg der Aufführung nicht mehr erleben. Er ist fünf Monate vorher gestorben.

Wie immer, wenn Verdi ans Werk geht, gestaltet er in engster Verbindung mit dem Dichter mit. Szene für Szene, er kritisiert nicht nur, sondern bringt sogleich auch Gegenvorschläge, ja, sogar ganze Verse! Mit dem Instinkt des geborenen Musikdramatikers erfasst er sofort den Kern des Stoffes, die bewegenden Grundkräfte des Dramas, aus denen sich die Handlung entwickeln muss. So auch hier: Die Rache der Zigeunerin ist das Ziel, auf das die ganze Handlung hinausläuft, die immer vorwärts treibt, für das die Musik Verdis stets den überzeugenden Ausdruck findet. Aber noch eine ebenso starke Triebfeder ist in dieser Frau nicht minder lebendig und entscheidend, die Liebe zu Manrico. Sie ist so stark, dass sie es nicht übers Herz bringt, Manrico zu opfern, nachdem sie des Irrtums mit Entsetzen gewahr wird, ihr eigenes Kind den Flammen preisgegeben zu haben; so stark, dass sie sich auch nicht entschliessen kann, Manrico darüber aufzuklären, er sei nicht ihr eigenes Kind.

Wie sehr es Verdi auf die Gestaltung des Charakters Acuzenas ankommt, beweist ein Brief an den Librettisten, in dem es heisst: «Die Acuzena nicht irrsinnig werden lassen! Erschöpft von Müdigkeit, vom Schmerz, vom Schrecken, vom Wachen, kann sie keine geordnete Rede führen. Ihre Sinne sind gelähmt, aber sie ist nicht von Sinnen. Man muss die beiden grossen Leidenschaften dieser Frau bis zuletzt fortdauern lassen, die Liebe zu Manrico und den wilden Durst, die Mutter zu rächen. Wenn Manrico tot ist, wächst ihr Rachegefühl ins Gigantische, und sie sagt in äusserster Erregung: 'Ja, er war dein Brude ... du Tor ... Mutter, du bist gerächt!'» Wie tief sich das Schreckensbild des brennenden Holzstosses, auf dem ihre Mutter starb, in das Herz der Tochter gegraben hat, beweist das ihr immer wieder erscheinende Bild ihrer erregten Phantasie und mit dem verbunden das Thema («Lodernde Flamme») geradezu führende motivische Bedeutung gewinnt.

Auf den ersten Blick scheint uns «Il trovatore», Drama in 4 Akten, eine Oper zu sein, die in der Handlung verworren, undurchsichtig ist, fehlt ihr doch die dramatische Geschlossenheit der Oper «Rigoletto». «Il trovatore» ist aber eine Musikoper mit überreichen musikalischen Einfällen, ein «bunter Strauss» von schönsten Melodien, den Sängerinnen und Sängern geradezu «auf den Leib geschrieben». Zum erstenmal schuf Giuseppe Verdi eine vollwertige Mezzosopran-Rolle im dramatischen Fach: jene

der Zigeunerin Azucena, die zentrale Figur des Werkes. Weitere Rollenträger sind Graf Luna (Bariton), Leonora (Sopran), il trovatore Manrico (Tenor) und Ferrando (Bass), Hauptmann der Soldaten des Grafen Luna. Die Handlung spielt sich im 15. Jahrhundert in Spanien ab, teils nach wahrer Begebenheit. Im Rahmen des vorliegenden Buches ist es unmöglich, auf all die Schönheiten dieser Partitur hinzuweisen. Man muss es erlebt haben, die eindringliche Darstellung der Zigeunerin, die dramatischen Szenen, wo gegensätzliche Stimmungen in herrlichen Klangbildern ineinander verschmelzen; nicht zu vergessen die prächtigen Choreinsätze, die das Ihrige dazu beitragen!
Das kurze Vorspiel versetzt uns gleich in die Atmosphäre, wo Ferrando in einem bemerkenswerten Rezitativ seinen Soldaten, die Nachtwache halten, eine Geschichte der Zigeunerin, die des Grafen kleinen Bruder unauffindbar entführt hat, erzählt. Leonora im 2. Bild sieht sich zwischen zwei Liebhabern, dem Grafen Luna und dem trovatore Manrico, hin- und hergerissen, wobei ihre Liebe Manrico gilt, was wir in einer schönen Arie vernehmen können. Der

Kampf um Leonora beginnt bereits im zweiten Teil des 1. Bildes, wo sich die beiden Kontrahenten im Garten Leonoras duellieren, nachdem ein herrliches Terzett mit Leonora vorausgegangen ist. Der siegreiche Manrico verzichtet instinktiv darauf, seinen Widersacher Graf Luna zu töten.

Im folgenden 2. Akt befinden wir uns am nächtlichen Lagerfeuer der Zigeuner. Der sehr melodiöse Zigeunerchor, ein Bravourstück Verdis, gibt uns den Einblick in die Arbeit am Amboss. Manrico und Azucena, seine vermeintliche Mutter, sind ebenfalls unter den Zigeunern; er lauscht den wirren Gedanken, in welche Azucena bei der Betrachtung des Lagerfeuers versunken ist, und fragt seine «Mutter» über seine Herkunft aus. Es ist ein packender musikalischer Dialog am Lagerfeuer. Der Bote überbringt die Nachricht, dass Leonora, im Glauben, Manrico sei bei dem Duell gefallen, ins Kloster eintreten wolle. Manrico, fest entschlossen, dies zu verhindern, eilt davon. Das gleiche Ansinnen hat auch Graf Luna, was wir im nächsten Bild erleben. Der erfolglose Liebhaber stimmt vor dem Kloster eine wunderschöne Liebeserklärung an. Nun gilt es, die

Weihefeier Leonoras zu verhindern. Mit seinen Getreuen bereitet er sich in einer leidenschaftlichen Szene darauf vor. Vom nahen Kloster naht in ganz gegensätzlich intonierten, frommen Melodien der Nonnenchor, welcher Leonora zum Altar begleitet. In der geballten lyrischen Musikszene entwickelt sich die Entführung, jedoch zum Verdruss des geprellten Luna durch Manrico und seinen Getreuen. Der 3. Akt beginnt mit zwei glänzend inszenierten Soldatenchören. Dem glücklosen Grafen wird die soeben gefangen genommene Zigeunerin vorgeführt, welche sich als Mutter Manricos zu erkennen gibt, nun aber auch noch als die damalige Entführerin erkannt wird. Für Luna doppelter Grund, sie einkerkern zu lassen. Die soeben geschilderte Handlung ist eingebettet im effektreichen melodiösen Finale des 1. Bildes des 2. Aktes. Im nächsten Bild finden wir die glücklich vereinten Leonora und Manrico, man bereitet das Hochzeitsfest vor. Eine sehr schöne Liebesarie Manricos und das anschliessende Duett mit Leonora verleihen ihrem kurzen Glück Ausdruck. Schon meldet sich der Bote mit der Mitteilung, dass Azucena in Lunas Gefangenschaft genommen worden sei. Der «Sohn» will seine Mutter befreien, im weltberühmten Stretta «Di quella pira» kommt dies Ansinnen zum Ausdruck. Das Publikum erwartet (heute), dass dieses «Kampflied» im hohen C zu enden hat. Verdi jedoch hat dieses C keineswegs vorgeschrieben!

Der 4. Akt, in 2 Bilder aufgeteilt, nennt sich «Das Gericht» und spielt sich um die und in der Burg Lunas ab, wo sich neben der gefangenen Azucena nun auch Manrico in Gefangenschaft befindet. Die kurze musikalische Einleitung deutet uns die nächtlich unheimliche Situation an, die sogleich in eine gefühlsreiche, schöne Arie Leonoras übergeht, diese leitet gleich hin zum «Miserere», welches uns erschaudern lässt. Von Ferne nimmt Leonora den Abschiedsgesang ihres Manricos wahr. Der unsichtbare Mönchschor mit der meisterhaften musikalischen Verbindung zu Leonoras schmerzvollem, verzweifelten Wehklagen, des Orchesters Akkorde sowie Harfenbegleitung vollenden den dramatischen Charakter dieser ergreifenden Szene. Mutig entschliesst sich Leonora in der folgenden Arie, den trovatore zu retten, allerdings mit ihrem Opfer, der Einnahme des

tödlichen Giftes, um sich nicht dem Grafen Luna hingeben zu müssen, was im anschliessenden Duett mit Luna dargelegt wird – in leidenschaftlichen «Freudensausbrüchen» beim Grafen, in tragischer Zuversicht seitens Leonoras. Im letzten Bild befinden wir uns im Gefängnis, wo die Zigeunerin und Manrico auf ihre Hinrichtung warten. Traurigkeit kennzeichnet die Stimmung. Hier Azucena, kaum ertragend, dass ihrer dasselbe Schicksal wie ihrer Mutter harrt, dort Manrico, der sie zu beruhigen versucht, in einem 3. Teil, ein volksliedähnliches, unvergleichlich ergreifendes Duett zwischen Mezzosopran und Tenor! Die beruhigte Zigeunerin schlummert ein, als Leonora im Gefängnis erscheint und dem Geliebten die Freilassung verkündet. Zu spät merkt der argwöhnische Manrico, zu welchem Preis Leonora seine Freiheit erkauft hat, sie stirbt in seinen Armen in einem melodienreichen Terzett. Der hinzutretende Graf, zornentbrannt, dass er nun Leonora endgültig verloren hat, lässt Manrico unverzüglich hinrichten. Azucena klärt Luna auf, sie hat ihre Mutter gerächt!
Zwischen den beiden Uraufführungen «Il trovatore»

und «La traviata» liegen knapp zwei Monate. Es liegt auf der Hand, dass Giuseppe Verdi praktisch zwei Opern ganz unterschiedlicher Art zur gleichen Zeit komponiert hat. Das zeigt uns sein Brief, den er am 14. Dezember 1852 von Busseto aus an seinen Freund Vincenzo Luccardi, den Bildhauer und Professor an der Akademie San Luca in Rom, schreibt:

«Lieber Luccardi!
Ich werde am 25. in Rom sein! Ich komme über Civitavecchia. Ich bitte Dich, der Du immer so gut gegen mich gewesen bist, mich zu erwarten, und lass mir von diesem Tage an meine Wohnung bereit halten. Mache ich Dir zu viele Umstände?
Geh auch zu Jacovacci, dass er Dir ein Klavier gibt, und lass es in mein Studierzimmer bringen, damit ich gleich nach meiner Ankunft die Oper für Venedig (‚La traviata') schreiben kann, ohne eine Minute Zeit zu verlieren!
Der ‚trovatore' ist vollständig fertig, es fehlt auch nicht eine einzige Note mehr daran, und ich bin zufrieden damit. Jetzt müssen es nur noch die Römer sein!
Also, ich verlasse mich ganz auf Dich, dass Du das alles

besorgst, und ich mich, sobald ich angekommen bin, in meinem Studierzimmer ans Schreiben machen kann.

Sieh drauf, dass das Klavier gut ist! Entweder ein gutes oder gar keins!

Entschuldige mich viel tausendmal! Leb wohl, leb wohl bis zum Abend des 25.

Dein Giuseppe Verdi.»

La traviata.

Hauchzarte Klänge erreichen unser Ohr, überirdisch feine Harmonien der hohen Streicher. Aber schon das h-moll ihrer vier ersten Takte verrät Schmerz. Dann kündet die Achtelbewegung der Bässe voll getragener Feierlichkeit den neuen Gedanken an, und bereits im zweiten Takt singen uns die Instrumente ein Thema, das in seiner Schlichtheit, in seiner stillen Unisono-Grösse alles enthält, was die Oper uns sagen wird. Es ist ein Thema von reiner Grösse, ein Thema der Liebe, aber auch mit stiller Wehmut. Nur einmal steigt es zum Forte auf, um dann wieder ins Pianissimo zurückzusinken; alles atmet Innerlichkeit, nichts ist im ganzen Vorspiel, was auf eine Dramatik der Leidenschaften deuten würde. Im zarten E-Dur, wie es begonnen, klingt dieses zweite Thema, der Hauptgedanke des Vorspiels, auch aus. Den beiden Hauptthemen dieses Vorspiels werden wir in der Oper wiederholt begegnen. Auf Vergänglichkeit läuft die ganze Oper hinaus, der Ausklang des Vorspiels zeigt es uns unzweideutig. Und doch erwartet uns so viel überschäumendes Leben, überquellende Lebensfreude!

Verherrlichung einer «Entgleisten»? Ist das nicht ein gewagter Stoff für die Bühne? Wie konnte Verdi sich für diese «Lebedame» begeistern? Dass er dieses Thema, das er im Roman und im Drama des Alexander Dumas Fils «Die Kameliendame» gefunden hatte, mit Wärme und Begeisterung in sich aufnahm, dafür ist die Vollendung der Oper Beweis genug. Welch eine feine Charakteristik spricht aus der Musik dieses Meisterwerkes! Die zartesten Regungen der Seele sind auf das feinste abgetönt, jedes Übermass ist vermieden, selbst Ausbrüche der Leidenschaft bändigt und mässigt die Schönheit dieser Musik. Das Libretto verfasste wiederum F. Piave, stark beeinflusst vom Maestro!

Was ist denn die Ursache, dass die Uraufführung am 6. März 1853 im Fenice-Theater in Venedig ein klägliches Fiasko wird? Vielleicht das Neue, Ungewohnte des Stoffes? Hat man ein Schauerdrama statt dieser Seelen-Ballade erwartet? Oder ist es lediglich die Ungunst der Verhältnisse? Die zeitliche Verschiebung vom zeitgenössischen Paris in die Zeit Louis XIV mit den unglaubwürdigen Kostümen war gewiss keine gute Idee! Die Darstellerin der Vio-

Alexandre Dumas Junior

letta, Salvini Donatelli, freilich ist infolge ihrer Körperfülle durchaus ungeeignet, eine schwindsüchtige Titelheldin glaubwürdig erscheinen zu lassen. Giuseppe Verdi meldete bereits Monate zuvor bei der Fenice-Theaterleitung seine Bedenken gegenüber Donatelli an. Er hielt sie zwar für eine gute Darstellerin, jedoch für die Rolle der Violetta ungeeignet. Leider war zu diesem Zeitpunkt keine bessere Darstellerin zu finden, welche nicht bereits an einem Opernhaus engagiert war. Der Tenor Graziani ist heiser. Varesi, der Vater Germont, hält seine Rolle für untergeordnet und gibt sich daher keine Mühe. Maestro Verdi aber verliert sein Selbstvertrauen nicht. Am Tage nach der Uraufführung schreibt er an seinen Freund Muzio:

«*Lieber Emanuel!*
Die ‚traviata' hat gestern abend einen Misserfolg gehabt. Trifft mich oder die Sänger die Schuld? – Die Zeit wird richten.
Stets der Deine
Giuseppe Verdi.»

Ja, die Zeit richtet. «La traviata» lebt schon ein Jahr später auf. In demselben Venedig findet im Theater San Benedetto die erste Wiederholung statt, nachdem der Meister einige Änderungen an der Partitur vorgenommen hat. Sie heisst lange in Italien «Violetta», um den «anrüchigen» Titel zu meiden. Es sind andere Darsteller als in der ersten Aufführung, vor allem ist es jetzt die Sängerin Spezia, die künstlerisch wie auch in ihrer Erscheinung alle Vorbedingungen für diese Rolle besitzt. Der Erfolg ist durchschlagend. «La traviata» erobert die Bühnen der Welt.

«La traviata», ein Melodrama in 3 Akten, eine Liebestragödie, die sich in den 40er Jahren des 19. Jahrhunderts in Paris abspielt, ist eigentlich das Spiegelbild des damaligen Pariser Bürgertums, der freien Sitten- und Moralbegriffe mit seinen Salons und «Lebedamen». Alexander Dumas jr. Roman und später sein Theaterstück erzählt das Leben von Alphonsine Plessis (sie nannte sich selber Marie Duplessis), von 1824 bis 1847 bekannt als die «Kameliendame». Der Schriftsteller gab ihr in seinem (Theater-)Stück den Namen Margherita Gautier. Giuseppe Verdi lernte das Schauspiel in Paris kennen und war wohl davon sichtlich beeindruckt. Der Maestro nennt sie nun in seiner neuen Oper die Kurtisane Violetta Valéry (Sopran). Flora Bervoix (Mezzosopran) als ihre Freundin, Annina (Sopran/Mezzosopran) als Violettas Dienerin. Die Freunde der Kurtisane sind Gastone (Tenor), Baron Douphol (Bariton), Marquis Obigny (Bass) und der Arzt Dr. Grenvil (Bass). Des weiteren Alfredo Germont (Tenor) und sein Vater Georg Germont (Bariton).

Kaum ist das berühmte Vorspiel zum 1. Akt beendet, erklingen vom Orchester total konträre Melodien. Violetta hat in ihrem Haus zu einem Fest geladen. Unter den Gästen weilt der in die Kurtisane verliebte Alfredo Germont. Der Verliebte, von den Anwesenden aufgefordert, stimmt zum mitreissenden Trinklied an, vom Chor der Gäste aufs beste sekundiert. Vom Nebenraum ertönt Tanzmusik, wohin sich jetzt die Geladenen begeben. Nur Violetta, verhindert durch einen Hustenanfall, bleibt zurück. Alfredo, dies bemerkend, erkundigt sich nach ihrem Wohlbefinden und versichert ihr treuste Umsorgung. Er nutzt nun die Gelegenheit, in einer schwärmerischen, innigen Liebeserklärung («Di quell' amor») der ungläubig überraschten Violetta vorzutragen. Es ist jene lyrische Liebesmelodie, die bereits im Vorspiel zu hören ist. Im abschliessenden Duett überreicht die Angebetete Alfredo eine Kamelie mit dem Hinweis, wenn dieselbe verwelke, dürfe er sie wiederum besuchen. Nachdem alle Gäste das Fest verlassen hatten, sinnt Violetta dem eben Erlebten nach. Im Selbstgespräch «È strano – Wie seltsam» entwickelt sich nun die berühmte Arie, zweimal unterbrochen von Alfredos Stimme aus der Ferne, seine Liebesmelodie singend. Die Arie ist ein anspruchsvolles Bravourstück für alle Traviata-Darstellerinnen. Zuerst die Liebe hinterfragend, welche sie noch nie erlebt hat, um dann, nach kurzer Besinnungspause «Follie» – «Ach Torheit», wieder von der Wirklichkeit der Kurtisanenfreude zu schwärmen, dies nun in höchst erregenden Koloraturen! Giuseppe Verdi vermittelt uns in dieser mit allen Schwierigkeiten versehenen Musikszene eine Darlegung des Seelenspiegels Violettas. Einige Monate später befinden wir uns in der Umgebung von Paris, im Landhaus Violettas. Von der Liebe Alfredos erfasst, abseits der Gesellschaft, erleben sie zusammen glückliche Zeiten, was uns Alfredo in einer schönen Arie kundtut. Von Annina vernimmt er, dass sie des knapp gewordenen Geldes wegen von ihrer Herrin beauftragt wurde, einige Sachen zu verkaufen. Alfredo, seinerseits «aus allen Wolken gefallen», beeilt sich nun ebenfalls, in Paris das benötigte Geld zu beschaffen. Violetta, glücklich im Salon verweilend und auf den angekündigten unbekannten Besucher wartend, legt die Einladung Floras zu einem Fest unbeantwortet beiseite. Doch die Orchestermusik kündet das Unheil an. Der ihr unbekannte Besucher ist Vater Germont. Aufgebracht, mit unhöflichen Manieren tritt er gegenüber Violetta auf! Nun eröffnet sich die Schlüsselszene der Oper: In der Begegnung der beiden erleben wir in schlichter, herzergreifender Art, psychologisch nahtlos in subtilste Musik verschmelzt, die unterschiedlichen Positionen zweier es aufrichtig meinenden Menschen, beide um Alfredo ringend! Der Vater, überzeugt, den Sohn aus dem sumpfigen Verderben retten zu müssen; ihm gegenüber die glücklich verliebte Frau, die dem «lasterhaften» Leben entsagte und nun, dem Willen des

Vaters Germont gehorchend, ihren Alfredo verlassen, ja gar verleugnen muss. Dennoch trennen sich Violetta und Germont in herzlicher, wenn auch schmerzlicher Umarmung! Verdi führt uns weiter; in einer verinnerlichten Tonsprache lässt er die Unglückliche den Abschiedsbrief an Alfredo schreiben. Von ihm dabei überrascht, entwickelt sich eine herzzerreissende Abschiedsszene. Noch einmal erklingt, vom Orchester wuchtig untermalt, das Liebesmotiv in höchster Erregung auf, und schon ist Violetta entschwunden. Der verdutzte Alfredo entdeckt Floras Einladung zum Fest, argwöhnt, da tritt Georg Germont in den Raum. Einleitend ertönen die Holzbläser zu wohl einer der schönsten, wenn auch leicht sentimentalen Baritonarien: «Di Provenza il mar – Das Meer, das Land der Provence, wer hat es aus Deinem Herzen ausgelöscht?» Vergeblich versucht der Vater, seinen Sohn zur Heimkehr zu überreden. Verzweifelt reisst sich Alfredo vom Vater los. An Floras Fest Violetta zu rächen, ist seine feste Absicht. Enttäuscht bleibt Georg Germont zurück.

Im zweiten Bild des 2. Aktes befinden wir uns beim Maskenball Floras. Bereits ihr Tagesgespräch ist die

Trennung zwischen Violetta und Alfredo. Die Chöre der Zigeunerinnen und anschliessend die der Stierkämpfer bringen mit ihren musikalischen Tanzeinlagen Abwechslung ins fröhliche Geschehen, bevor es zum Eklat kommt. Alfredo stösst zur Gesellschaft, angeblich nichts wissend um Violetta. Gleich setzt er sich an den Spieltisch und erblickt die eintretende «Ex-Geliebte» am Arm Baron Douphols. Violetta muss höchst erregend entdecken, dass Alfredo bereits anwesend ist, was sie in einem schmerzerfüllten Gesang kundtut. Am Spieltisch gewinnt Alfredo fortwährend. «Unglück in der Liebe bringt Glück im Spiel», ruft er aus! Die prickelnde Spielszene wird musikalisch vortrefflich untermalt, die knisternde Unruhe und Nervosität steigern sich! Zuallerletzt schleudert Alfredo vor allen Gästen, die es ja wissen wollen, der untröstlichen Violetta alles gewonnene Geld zu Füssen und demütigt die Ärmste aufs tiefste. Es bricht Empörung unter der «frivolen Gesellschaft» aus. Mitten im Tumult kommt Vater Germont in den Saal. Das grandiose Finale bringt uns zuerst den Tadel des Vaters gegenüber seinem Sohn, der reuemütig sein grosses Unrecht einsieht.

Violetta, sich erholend, verzeiht und versichert ihm weiterhin die Liebe bis zum Tode. In einer überwältigenden «Klangorgie» endet dieses wahrhaft dramatische Schlussbild des 2. Aktes.

Vielleicht noch schöner als dasjenige zum 1. Akt erklingt nun das Vorspiel zum 3. Akt. Noch zarter dringt uns die fast feierliche, aber traurige Melodie ins Ohr. Es führt uns direkt ins Schlafgemach der todkranken, schwindsüchtigen Violetta. Das dramatische Geschehen in einer nie dagewesenen musikalischen Geschlossenheit verlässt uns während des ganzen letzten Bildes nicht. Noch ein weiteres Mal vernehmen wir das Liebesmotiv. Von zwei Violinen begleitet, liest Violetta nur mit gesprochener Stimme den Brief des reuemütigen Vaters Germont, der ihr baldiges Wiedersehen verspricht. «È tardi – Zu spät», lautet ihr Aufschrei. «Addio del Passato» ist die ergreifende Abschiedsarie der «Verirrten». Von draussen erklingt Karnevalsmusik, eine typisch verdianische Kontrastierung. Alfredo ist zurückgekehrt, die Todkranke umarmend verzeihen sie sich in zärtlichen Worten und träumen nochmals mit Innigkeit von der Zukunft. Noch vermag Vater Germont,

eigentlich der Schuldige an dieser Tragödie, die «Verstossene» in seine Arme zu schliessen. Jäh pocht das Orchester, den nahen Tod verkündend. Mit letzter Kraft versucht Violetta, ihrem Alfredo ein Bildchen als Erinnerung zu überreichen. Langsam stimmen die Anwesenden in die traurige Melodie ein. In einem Quintett nimmt das Geschehen seinen Fortgang. Sich nochmals kurz aufbäumend, fühlt Violetta neue Kraft in sich, aber nein, sie hat ausgelitten, entseelt sinkt sie zurück!
«Rigoletto», «Trovatore», «Traviata» – drei Sterne, deren Glanz kaum verblassen wird. Drei Werke, einander gleichwertig im unerschöpflichen Reichtum der Melodik, in der Überzeugungskraft ihrer Orchestersprache, in der Reife ihrer szenischen wie musikalischen Gestaltung. In Wahrheit, der musikalische Ausdruck wurde nicht mehr in der «Historie» gesucht, sondern in der Intimität der Personen hat Verdi in den letzten fünf Opern seit Luisa Miller seine Bevorzugung gefunden!

Klippen.

In Paris steht die für den Winter 1854 geplante Weltausstellung bevor. Die Grosse Oper darf nicht zurückbleiben: Wem soll der Auftrag oder vielmehr die ehrenvolle Einladung zuteil werden, zu diesem Ereignis eine würdige Oper zu schaffen? Man zählt auf Gäste aus ganz Europa. Die Administration der «Grande Opéra» hält nach dem geeigneten Komponisten Umschau. Vielleicht Meyerbeer, Auber, Gounod, Halévy – fähig und bedeutsam genug, einer solchen Aufgabe gerecht zu werden! Sie sind an der «Grossen Oper» längst keine Unbekannten mehr. Doch wer von ihnen kann sich mit der internationalen Zugkraft eines Giuseppe Verdi messen? An ihn ergeht die ehrende Aufforderung, was bei der Presse in Paris grosse Diskussionen für und gegen den Italiener Verdi provozierte!

Eugène Scribe, aus dessen Feder schon mehr als ein Libretto der Grossen Oper zugeflossen ist, gestaltet zusammen mit seinem Helfer Charles Duveyreier einen Text, der Verdi zusagt und zugleich den für dieses Theater gegebenen Voraussetzungen entspricht: Es ist ein historischer Stoff mit reicher Gelegenheit zu Massenszenen, also zu grossen Chören. Das Textbuch der «Les vêpres siciliennes» (Sizilianische Vesper) enthält die Geschichte des von Giovanni da Procida in Szene gesetzten Aufstandes, durch den der Sohn Ludwig VIII. von Frankreich, Karl I. von Anjou, König von Neapel, im Jahre 1282 aus Sizilien vertrieben wurde. Das Ereignis endete mit der Ermordung fast aller anwesenden Franzosen. Die Verschwörer stürzten sich beim Klang der Vesperglocken auf ihre wehrlosen Opfer.

Der grosse Erfolg der «Hugenotten» Meyerbeers hat die Wirksamkeit derartiger Stoffe auf der ersten Pariser Opernbühne bewiesen. Scribe und sein Mitarbeiter dürften also mit der Wahl des Textes dem dort vorherrschenden Kunstbedürfnis nahe gekommen sein. Ob es ihnen aber gelingt, den musikdramatischen Wünschen und Ansprüchen Verdis gerecht zu werden, das ist eine andere Frage.

Dass der mit Paris seit geraumer Zeit in Verbindung stehende Maestro der Einladung folgt, ist nicht verwunderlich. Wie es stets das Bestreben der Verwaltung dieses allerersten Kunstinstituts Frankreichs gewesen ist, für ihre Mitarbeit die berühmtesten und fähigsten Leute zu gewinnen, so zielte der berechtigte Ehrgeiz eines jeden tüchtigen und strebsamen Opernkomponisten darauf hin, auf dieser weltberühmten Bühne aufgeführt und anerkannt zu werden. Neue Einflüsse auf die Behandlung des Orchesters, dem grösste Bedeutung beigelegt wird, machen sich auch bei Giuseppe Verdi bemerkbar. Auch er muss sich, wenn auch ohne grosse Freude, den Gepflogenheiten der Pariser Opéra beugen und Kompromisse eingehen. «Da sich der Publikumsgeschmack nicht ändern lässt, muss ich mich, wohl oder übel, anpassen!» In diesem Sinne äussert sich der Maestro zu dieser für ihn ungewohnten Situation.

Als Verdi und Giuseppina im Oktober 1853 in der französischen Hauptstadt ankommen, mietet er in einem Pariser Vorort eine Wohnung, um in aller Ruhe arbeiten zu können.

Er setzt sich sogleich mit seinen Textdichtern in Verbindung, und wie gewohnt will er auch bei der Gestaltung des Librettos Einfluss nehmen. Bei dem eigenwilligen Scribe stösst er allerdings auf Widerstand, daher fallen manche Passagen der Oper anders aus, als es sich Verdi eigentlich wünscht. Eine nicht zu unterschätzende Schwierigkeit für ihn besteht in der ihm ungewohnten Vertonung eines fremdsprachigen Textes. Begreiflich, dass das Französisch sich nicht mit derselben Biegsamkeit fügt wie die Muttersprache.

Der Meister benützt seinen Aufenthalt in Paris, um aufs genaueste die Voraussetzungen und Verhältnisse der Bühne, des Orchesters und die ihm zur Verfügung stehenden Kräfte zu studieren. Er eignet sich an, was seinem Können förderlich erscheint. Anderseits aber hat er mit der Bewältigung neuartiger Wege zu ringen, mit Klippen, die zu umschiffen dem «Steuermann» nicht leicht wird. Die Vorbereitungen zur Aufführung dauern einige Monate. Der Meister selbst leitet die Klavier- und Orchesterproben. Die Primadonna der «Grossen Oper», Sofia Cruvelli, eine deutsche Künstlerin aus Bielefeld, die eigentlich Sophie Grüwell heisst, ist für die weibliche Hauptrolle als Herzogin Elena vorgesehen. Schon ihr Name bietet eine Garantie für den Erfolg des Werkes. Dazu kommen Pracht und Reichtum der Bühnenausstattung.

Die grosse französische Oper als Kunstform gilt in

Paris als «Schaustück» in 5 Akten mit Aktionen, Massenszenen, grossen Chören und natürlich Ballett! Eigentlich ist es genau die entgegengesetzte Richtung, welche Giuseppe Verdi in seinen fünf letzten Werken angestrebt und verfeinert hat, die Tendenz zur intimen Oper mit nuancierter Charakterisierung seiner Darsteller.

Trotz der vielen Probleme, mit denen sich Maestro Verdi in Paris konfrontiert sah, hat er eine bemerkenswerte Oper geschaffen, die dem Typus «Grande Opéra» sehr nahe kommt und dennoch den «italienischen Geist» in sich trägt. Verdi schuf prachtvolle Musikstücke, geizte nicht an Massenszenen, Chören und Festakten, sogar eine Ballettmusik komponierte er! Aber dennoch sind die Einzelauftritte mit Gefühlsausbrüchen und dargestellten menschlichen Empfindungen bei weitem prägnanter. Das «Paradestück» dieser Partitur ist die grosse Arie des Arztes Procida, «O tu Palermo, terra adorata» im 2. Akt bei seiner Heimkehr aus der Fremde.

«Les vêpres siciliennes – Die Sizilianische Vesper» basiert auf den historischen Tatsachen in Palermo vom 12. März 1282. Gouverneur von Sizilien ist der

Herzog von Monforte (Bariton); Graf Vaudemont (Bass) und De Béthune (Bass) sind französische Offiziere. Die junge Herzogin Elena (Sopran) und Arrigo (Tenor) sind Sizilianer. Giovanni da Procida (Bass) ist Arzt und Anführer seiner Landsleute.

Der Oper vorangestellt hat Verdi eine sehr schöne Ouvertüre, die, zum grossen Teil der ersten Ouverture seiner früheren Oper «Giovanna d'Arco» entnommen, auch öfters im Konzertsaal zu hören ist. Der interessante Doppelchor, einerseits die zechenden französischen Soldaten, ihnen gegenüber die feindselig eingestellten Bewohner Siziliens, eröffnet die Szene auf der Bühne. Herzogin Elena, von den Soldaten gezwungen, ihnen zur Unterhaltung ein Lied zu singen, beginnt mit einer volkstümlichen Ballade, steigert sich dann in eine «mitreissende» Arie, worin sie ihre sizilianischen Landsleute zur Rebellion auffordert, was unter den Anwesenden zu einem Handgemenge führt. Der junge Patriot Arrigo tritt mutig für Elena ein, was den hinzutretenden Gouverneur Monforte beeindruckt. Er trägt Arrigo an, in seine Dienste zu treten, was dieser entrüstet ablehnt. Es entwickelt sich ein ausdrucksstarkes

Duett zwischen beiden Kontrahenten zum Finale des 1. Aktes.

Bereits am Anfang des 2. Aktes kommt es zur grossen besagten, eindrucksvollen Arie des Arztes Procida, der an der Küste zu Sizilien gelandet ist. Ein Prelude leitet die Szene ein. Die nachfolgende Arie «O tu Palermo» steigert sich in ein musikalisches Gemälde. Arrigo und Elena begrüssen den Arzt. Gemeinsam werden nun Befreiungspläne geschmiedet. Ein französischer Offizier überbringt Arrigo eine Einladung zum Ball beim Gouverneur, welche prompt abgelehnt wird, ihm dafür kurzerhand die Verhaftung einträgt. Um seine Landsleute aufzuwiegeln, überredet Procida heimlich die französischen Soldaten, bei einer bevorstehenden Volkshochzeit junge Mädchen zu entführen. Zu einer «Tarantella» führen die Soldaten das Vorhaben aus, Racheschwüre der Sizilianer beenden den 2. Akt.

Im ersten Bild des 3. Aktes befinden wir uns im Kabinett des Gouverneurs Monforte. Von ihm erfahren wir in einem feinen Rezitativ und einer Arie, dass er eine Sizilianerin verführte und nun von ihr einen Sohn hat. Arrigo ist eben dieser Sohn. Der verhaftete «Sohn» wird nun dem Gouverneur vorgeführt und erfährt von ihm, dass er seinem Vater gegenübersteht, ein grosser Schock für den Patrioten Arrigo. Dieses Duett zwischen den beiden ist wiederum eine hervorragend gelungene Szene. Das zweite Bild im grossen Ballsaal beginnt mit dem fast 30minütigen Ballett «Die vier Jahreszeiten», vorzügliche Musik begleitet die Ausführenden. Unter den Gästen befinden sich maskiert mit weiteren Verschwörern Elena und Procida. Ihr Ziel: Monforte zu ermorden. Zu ihrer grossen Enttäuschung lehnt Arrigo dieses Vorhaben ab. Der missglückte Anschlag beschliesst den 3. Akt mit einer lebhaften Ensembleszene, wo sich die gegensätzlichen wie heftigen Gefühle der Anwesenden offenbaren.

Im 4. Akt spielt sich das Geschehen im Gefängnis ab, wo Elena und Procida schmachten. Arrigo gesellt sich zu ihnen, er erzählt der jungen Herzogin, dass der verhasste Monforte sein Vater ist. Die schöne Arie und das anschliessende Zwiegespräch mit Elena sind weitere Höhepunkte der Partitur. Arrigo erwirkt bei seinem Vater die Freilassung der beiden Gefangenen. Er verspricht sogar seinem Sohn die

Heirat mit Elena, falls er bereit sei, sich öffentlich zu seinem Vater zu bekennen. Arrigo stimmt zu. Procida jedoch gedenkt nicht, den Befreiungskampf um Sizilien aufzugeben. Eine in echt verdischer Manier komponierte Ensembleszene beschliesst den 4. Akt.

Im letzten Akt befinden wir uns in den Gärten des Gouverneurspalastes. Ein festlich gestimmter Chor eröffnet die Hochzeitsfeier. Die Braut singt das berühmte Bolero, eine zweieinhalb Oktaven umfassende Arie. Ähnlich in der Melodiegestaltung geht es in ein Duett mit Arrigo über. Da naht sich Procida Elena, und Arrigo berichtet ihr, dass das bevorstehende Hochzeitsgeläut das Signal zum Aufstand der Sizilianer bedeute. Das Geläut kann nicht mehr verhindert werden. Die Aufständischen erschlagen Monforte, mit ihm Arrigo, der sich schützend vor seinen Vater stellt. Die verzweifelte Elena bringt sich selbst um, ein allgemeines Gemetzel beschliesst die Oper.

Kein Wunder, dass die Uraufführung am 13. Juni 1855 rauschenden, ja lärmenden Beifall erntet. 62 Wiederholungen der Oper folgen innerhalb von acht

Monaten. In Paris wird die Oper in französischer Sprache uraufgeführt. Die italienische Übersetzung folgt kurzfristig, das Werk findet auch in Italien eine gute Aufnahme.

Einige Jahre später erfuhr Verdi, dass Scribe gar kein neues Libretto geschrieben hat, sondern es der unvollendeten Oper für Donizetti, «Il Duca d'Alba», entlehnte – mit entsprechenden Abänderungen. Verdi wollte Scribes «Betrug» zuerst nicht glauben. Als aber Donizetti-Schüler Matteo Salvi 1882 die Oper «Il Duca d'Alba» vollendete und posthum zur Aufführung brachte, musste der Maestro diese unfaire Tatsache doch zur Kenntnis nehmen!

Von der Grossstadt in die Stille der Heimat, nach Busseto, zurückgekehrt, empfindet Verdi, der diese Heimat so sehr liebt, die Ruhe und den ländlichen Frieden wieder um so befreiender. «Ruhe» bedeutet dem Maestro jedoch keineswegs «Nichtstun», mit Venedig verhandelt er, um eine neue Oper zu komponieren. Piave hat ihm einen neuen Text verfasst, dessen Handlung sich im 14. Jahrhundert zu Genua abspielt. Er stützt sich auf das Drama des Spaniers Antonio Garcia Gutiérrez, der eine Zeitlang spanischer Konsul in Genua war und über die historische Gestalt des Dogen Boccanegras Bescheid wusste. Verdi persönlich dementiert die irrige Annahme, dass er Schillers Werk «Die Verschwörung des Fiesco zu Genua» als Grundlage zu Simon Boccanegra gebraucht habe. Der Titelheld, nach dem die Oper benannt ist, «Simon Boccanegra», er ist ein vom Volke zum Dogen erhobener «Plebejer». Dieser Aufstieg ist durch die Spaltung der Patrizier in Guelfen und Ghibellinen ermöglicht. Durch den Dogen wird Genua von den Seeräubern befreit. Seine Gegenspieler sind Jacopo Fiesco, der Führer der Adelspartei, und der Abenteurer Paolo Albiani. Den Hintergrund des Geschehens bilden die Kämpfe um die Macht zwischen den Patriziern und dem Volke. Die Entwicklung der Handlung dieser dreiaktigen Oper mit einem Vorspiel ist etwas schwer zu entwirren. Die vielfach düstere Grundstimmung ist grau in grau. Verdis Hauptstärke, Melodik, verbunden mit dramatisch lebendiger Akzentuierung bewegter Gefühle, kann zur Entfaltung gelangen, zumal der Meister selbst neue Wege sucht, die er, jetzt wieder frei von der «Fessel» der «Grande Opéra», in diesem Werk zu gehen strebt: Immer engere Verbindung von Wort und Ton, überzeugendere Tonsprache des Orchesters, eindringlichere Bedeutung der einzelnen Instrumente, reichere Ausgestaltung der Szene. Aber das Ziel ist noch nicht erreicht. Man ist von ihm bisher anderes gewohnt, das Publikum, noch nicht bereit für Neuartiges, lehnt die neue Oper ab. Dies geschieht am 12. März 1857 in Venedig!

Simon Boccanegra.

Nein, Verdi hat sich nicht getäuscht! Auf dem Weg mit dem weiten Bogen von Macbeth zu Falstaff streift nun sein «Genius» das Neuland Simon Boccanegra, welches die damaligen Zuhörer noch nicht verstehen konnten. Giuseppe Verdi gibt nicht auf. Mehr als zwei Jahrzehnte später hilft ihm der geniale 39jährige Arrigo Boito, das etwas verunglückte Libretto zu «entschlacken», der Maestro trägt dazu das Seinige bei. «Die gebrochenen Beine des alten Boccanegra sind gut repariert», schreibt Verdi am 25. März 1881, einen Tag nach der geglückten Neuaufführung an der Mailänder Scala, dem Freund und Zeitungskorrespondenten Arrivabene.

Diese Oper von 1881, nach ziemlich genau 24 Jahren nun vollendet, erhielt die gründlichste Überarbeitung, die Giuseppe Verdi jemals einem seiner Werke angedeihen liess. Rund ein Drittel der Partitur ist neu komponiert. Mit Arrigo Boito hat Verdi hier ein Werk geschaffen, wo von der ersten bis zur letzten Szene eine edle Musik kaum unterbrochen dahinströmt, in der es an Dramatik gewiss nicht fehlt! Dies ist denn auch die heute gültige Version und

Arrigo Boito

dient deshalb auch der vorliegenden Beschreibung. «Simon Boccanegra» ist ein Melodrama in einem Prolog und drei Akten. Die Handlung spielt sich Mitte des 14. Jahrhunderts in Genua und seiner Umgebung ab.

Im Prolog begegnen wir Simon Boccanegra (Bariton), einem Korsar im Dienste der Republik Genuas, Jacopo Fiesco (Bass), ein Edelmann und Patrizier, Paolo Albiani (Bass) sowie Pietro (Bariton), Bürger Genuas. Nach dem kurzen Vorspiel befinden wir uns auf dem Platz in der Nähe von Fiescos Haus in einer nächtlichen Atmosphäre voller Intrigen. Die Bürger Genuas planen, den beliebten Boccanegra zum neuen Dogen für Genua vorzuschlagen, und versuchen ihn hierzu zu überreden. Erst als der Korsar realisiert, er könnte seine Geliebte Maria, die Tochter des Jacopo Fiesco, die ihm ein Mädchen gebar, kraft seines neuen Amtes heiraten (Fiesco weigert sich nämlich, Maria freizugeben), willigt er in den Vorschlag der Bürger Genuas ein. In Rezitativ und Chorszene wirbt Pietro beim anwesenden Volk, welches sich langsam entfernt. Verbittert eilt Fiesco auf den Platz. In einer beeindruckenden Arie verflucht er

Simon, welcher nun die Schuld trägt, dass seine Tochter soeben verstorben ist. Im Hintergrund hört man verhalten das Miserere eines Chores, das die bedrückte Stimmung noch verstärkt unterstreicht. Simon ist nun ebenfalls anwesend. Im aufkommenden Dialog zwischen den beiden, vom Orchester meisterlich untermalt, verdichtet sich die Spannung. Fiesco, seinem politischen Gegner gegenüber kein Wort vom Tod Marias erwähnend, fordert von Simon, dass das Grosskind ihm, Jacopo, zu überlassen sei, wenn er Friede mit ihm wünsche. Boccanegra muss Fiesco gegenüber bekennen, dass dieses Kind auf unerklärliche Weise verschwunden ist. Simon eilt nun ins offene Haus Fiescos, entsetzt entdeckt er seine verstorbene Maria. Hart getroffen in seinem Leid vernimmt er von der Menge seine Wahl zum Dogen. Mit Glocken und grossem Jubel der Bevölkerung endet der Prolog. – Ca. 24 Jahre später nimmt nun die Oper das Geschehen wieder auf.
Simon Boccanegra (Bariton) ist nun der erste Doge. Hinter dem Namen Amelia Grimaldi verbirgt sich Maria Boccanegra, des Dogen Tochter. Andrea ist der Deckname Fiescos (Bass). Gabriele Adorno

(Tenor) ist ein adeliger Edelmann Genuas. Wiederum anzutreffen sind die beiden Bürger Genuas Paolo Albiani (Bariton) und Pietro (Bariton), vorerst Günstlinge des Dogen. Das Eröffnungsbild des 1. Aktes bringt uns vorübergehend Licht und Wärme in das düstere Geschehen. Im Palastgarten der Grimaldis, ausserhalb Genuas, erscheint die junge Amelia. Schon die musikalische Einleitung lässt uns die frühe Morgenstimmung am Meer erleben. Die herrliche Arie Amelias steigert diese zauberhafte Atmosphäre, während sie sich an ihre Kindheit zurückerinnert. Von Ferne erklingt eine Serenade, die Stimme des nahenden Gabriele Adorno, den sie sehnlichst erwartet. Das nachfolgende reizende Liebesduett vereint die beiden. Amelia versucht dabei auch, Gabriele von seiner politischen Tätigkeit abzubringen, der, wie ihr Vormund Andrea, gegenüber dem Dogen eine feindliche Haltung einnimmt. Statt dessen sollte sich Gabriele beim Vormund dafür einsetzen, dass baldmöglichst die Heirat der beiden stattfinden kann, damit sich Amelia den Annnäherungen Paolos entziehen kann. Trompeten künden den Besuch des Dogen bei den Grimaldis an. Nur Amelia verbleibt im Garten zur Begrüssung. Die musikalische Dichte steigert sich bei der nun folgenden Begegnung in herrliche Klänge: Amelia gibt Boccanegra zu verstehen, dass sie nicht die Tochter Grimaldis sei, sondern ein Findelkind. Die vom Orchester feinst untermalte Szene gipfelt in der freudigen Erkenntnis, dass sich Vater und Tochter unverhofft gefunden haben. Das abschliessende Harfenspiel, immer stärker pianissimo, begleitet die im Haus verschwindende Tochter Simons, der beglückt seiner «Figlia» nachblickt. Alsdann gebietet er dem wartenden Paolo: «Aus der Verbindung mit Amelia wird nichts». Enttäuscht plant er mit Pietro die nächtliche Entführung Amelias. Vorhang auf zum 2. Bild des 1. Aktes. Wir befinden uns im grossen Ratssaal. Der Doge ist umgeben von seinen Beratern, je zwölf Patriziern und Plebejern (Volksvertreter), darunter Paolo und Pietro. Wichtige Geschäfte liegen dem Rate vor, so geht es um Krieg oder Frieden mit Venedig, letzteres wird von Boccanegra wärmstens empfohlen. Das Geschehen im Ratsaal, vom Orchester eindrücklich unterstützt, überstürzt sich! Ratsmitglieder, die aneinander geraten, Volksaufruhr, Massenszenen, das

Bekanntwerden der missglückten Entführung Amelias. Nun ergreift der Doge kraft seines Amtes gebieterisch das Wort. «Plebe! Patrizi! Popolo!» beschwört Simon Boccanegra die Anwesenden: Vernunft, Friede und Einigkeit für Genua. Der Höhepunkt dieser Massenszene mit schönen Soli, unter anderem von Amelia, schärfste Kontraste der Kontrahenten meisterlich inszeniert, steigert sich bis zur «Selbstverfluchung» des Urhebers der Entführung, Paolos.

Der 2. Akt öffnet uns die Privaträume des Dogen. Paolo Albiani, vom Volk verflucht, sinnt Rache! Im grossen Solo des Geächteten erklingt eine hasserfüllte Tirade gegen den Dogen, in den dunkelsten Farben ausgemalt. Schlussendlich mischt er noch Gift ins Trinkgefäss von Simon. «Zwischen Gift und Stahl soll der Tod seinen Weg wählen», ruft er aus. Noch versucht er, Andrea (Fiesco) zu überreden, den Dogen zu ermorden, was dieser als unter seiner Würde ablehnt, zumal er vom vergifteten Wasser Kenntnis hat, dies wiederum in eine eindrückliche Szene eingebettet. Bevor Paolo ins Gefängnis abgeführt wird, gelingt es ihm jedoch noch, Gabriele

aufzuwiegeln, mit dem Hinweis, Amelia sei beim Dogen. In einer schmerzlichen Arie hintersinnt sich Adorno. Der Auftritt Amelias nährt Gabrieles Misstrauen, dies um so mehr, als sie ihm den wahren Sachverhalt verschweigt. Müde tritt nun der Doge in den Raum, erfährt von Maria (Amelia), dass sie des Dogen Todfeind, Gabriele, liebt. Nachdem Maria Boccanegra verlassen hat, trinkt der Doge enttäuscht vom «Wasser der Quelle, das ihm bitter schmeckt» und schlummert unter den düsteren Klängen des Orchesters ein. Für Adorno vermeintlich der richtige Zeitpunkt, den verhassten Boccanegra zu erdolchen, was im letzten Augenblick von der zurückkehrenden Amelia (Maria) verhindert wird. Der durch den Lärm erwachende Doge rügt nur sehr milde Adorno, der inzwischen den wahren Sachverhalt erfahren hat. Im nachfolgend prächtigen Schluss-Terzett vergeben Vater und Tochter dem vor Scham und Reue erschütterten Gabriele Adorno!
Nur ein kurzes Zwischenspiel leitet über zum 3. Akt. Die Volksvertreter haben die Patrizier besiegt. Der Doge lässt seine Gegner frei, nur Paolo soll hingerichtet werden. Auf Albianis letztem Gang trifft er

nochmals Andrea (Fiesco). Paolo gesteht seine Verbrechen gegenüber Amelia und Simon Boccanegra. Sein Abgang wird von schauerlich erregender, quälender Musik begleitet. Der zurückgebliebene Andrea trifft nun auf den eintretenden, vom Tode gezeichneten Dogen. Er gibt sich Simon als der alte Fiesco zu erkennen. Im Gegenzug kann Boccanegra Fiesco die Bitte von damals im Prolog erfüllen und ihm seine verlorengeglaubte Enkelin vorstellen. Dieses Versöhnungsduett gehört gleichfalls zu den eindrücklichsten Passagen der Boccanegra-Partitur. Maria, Gabriele im Gefolge, Senatoren, Adelige und Volksvertreter betreten nun ebenfalls den Saal. Fiesco trifft seine Enkelin. Simon Boccanegra, zur Handlung fast unfähig, segnet das junge Paar und ernennt Gabriele Adorno zu seinem Nachfolger. Sterbend bittet er Fiesco, dem Volk seinen Nachfolger zu verkünden.

Man darf diese Oper zu Verdis Meisterwerken zählen, vielleicht etwas weniger für das breite Publikum, um so mehr aber für Kenner! Verdi rastet nicht, die Enttäuschungen vom März 1857 vermögen seine Schaffenskraft nicht zu lähmen. In Rimini wünscht man zur Einweihung des neuen Theaters eine Vertonung des durch Dantes «Inferno» berühmt gewordenen Stoffes «Francesca da Rimini». Aber der Vorschlag sagt Verdi nicht zu. Statt dessen unterzieht er den einst abgewiesenen «Stiffelio» einer Umarbeitung. Diese nun halbneue Oper «Aroldo» geht am 16. August 1857 in Rimini über die Bretter; sie wird gut aufgenommen und Verdi mit Ehrungen überhäuft. Sie erweckt durch alle Vorzüge einer trefflichen Aufführung Eindruck, was aber ihren Wert nicht vergrössert. Verdi ist zu selbstkritisch und zu bescheiden, als dass er sich durch Beifallsbezeugungen, die zudem noch seiner politischen Bedeutung beim Volke gelten, darüber hinwegtäuschen lässt, dass der Versuch, dem Werk durch den veränderten Inhalt neues Leben einzuhauchen, beim Publikum wohl auch diesmal wenig Chancen hat. Man nannte es «den aufgewärmten Stiffelio».

Aroldo.

In der Umarbeitung des Stiffelio zu Aroldo hatte Verdi trotz all seiner Bemühungen keine glückliche Hand. Das «geistige Vermächtnis» Stiffelios lässt sich nicht einfach nach Schottland ins 13. Jahrhundert zurückversetzen. Aroldo (Tenor), jetzt der zurückgekehrte Kreuzritter, und Briano (Bass), ein Eremit (ersetzt Jorg), als geistlicher Beistand Aroldos. Egberto (Bariton), Ritter und Vassall von Kent, ist der Vater der Mina (Sopran), die untreue Gattin Aroldos, deren Geliebter nun Godvino ist. Musikalisch bringt Verdi diverse Änderungen an, die zum Teil durchaus Verbesserungen gegenüber Stiffelio (z.B. Grabszene der Mina im 2. Akt) darstellen, aber keine Bereicherung für die Oper sind. Grösstenteils bleibt die Musik dieselbe, wie wir sie im Stiffelio kennen. Neu ist nur der von 3 auf 4 erweiterte letzte Akt, in welchem die Kirchszene ersetzt ist durch eine Landschaft am Meer, was unsere Aufmerksamkeit verdient.

Bei der Uraufführung in Rimini stand der Stardirigent Mariani zur Verfügung, was den Komponisten sicherlich animiert hat, neue Klangeffekte zu er-

Angelo Mariani

proben, welche nun, wo Landschaftsstimmungen gezeichnet sind, sehr schön gelungen sind. Eine davon ist die bemerkenswerte Szene (Angiol di Dio), wo die Stimmung ohne Orchesterbegleitung, nur mit Gesang vermittelt wird. Dann der Sturm, der durch die Hochseelandschaft peitscht, eine Orchestrierung, die bereits Ansätze des Sturmes auf Cypern, 30 Jahre später in Otello, in sich birgt. Nicht unerwähnt sei abschliessend das versöhnliche Quartett der vier Hauptpersonen am Schluss der Oper.

Un ballo in maschera.

König Gustav III. von Schweden, der das Adelsregiment gestürzt hatte, künstlerisch hochbegabt, Freund des Theaters und der Bücher, selbst Maler und Dichter, fiel einem Attentat zum Opfer. In der Nacht vom 16. zum 17. März 1792 wurde er in Stockholm auf einem Maskenball von Hauptmann Anckarström durch einen Rückenschuss so schwer verwundet, dass er am 29. März den Folgen erlag.
Schon Eugène Scribe hatte dieser Stoff zur dramatischen Gestaltung herausgefordert. So war sein Schauspiel «Gustav III. von Schweden» entstanden. Der Funke zündete weiter, und Auber brachte die Tragödie als Oper – Scribe schrieb den Text dazu – im Jahre 1833 auf die Bühne der «Grossen Oper» in Paris. In seiner poetischen Dramatisierung hatte Scribe, in der Oper wie in seinem Schauspiel, den historischen Mord mit einer Liebesgeschichte wirkungsvoll umkleidet. Der Schwerpunkt der Oper Aubers lag in der szenischen und choristischen Ausgestaltung des Maskenballs, dessen Prunk seine Wirkung nicht verfehlte. Nicht verwunderlich, dass Giuseppe Verdi sich auch mit diesem Geschichts-

stoff befasst. Mit dem Dichter und Librettisten
Antonio Somma erarbeitet er eigentlich sein «Liebesgedicht» mit einem tragischen Ende. Die Entstehungszeit dieser Oper erstreckt sich über fast eineinhalb Jahre. Der Weg dahin ist steinig und findet sein Ende nicht, wie zuerst vorgesehen, in Neapel, sondern mit einem Triumph in Rom! Doch zurück ins Jahr 1857. Verdi hatte bereits vor drei Jahren Antonio Somma beauftragt, ein Libretto zu «Re Lear» nach Shakespeare zu verfassen. Der Maestro kann sich aber nicht durchringen, diesen Text weiter zu vertonen. Anderseits hat er einen Vertrag mit dem Teatro San Carlo zu Neapel abgeschlossen, der vorsieht, für 1858 eine neue Oper zu veröffentlichen. Nicht die geeigneten Solisten für «Re Lear» und Zeitnot?! Verdi schlägt dem Theaterdirektor vor, die neue Oper um ein Jahr zu verschieben, verpflichtet sich aber dafür, vorher Simon Boccanegra und Aroldo in Neapel zu dirigieren. Dies wird jedoch vom Impressario abgelehnt. Somit ist eigentlich der Weg zu «Die Rache des Domino» frei. Antonio Somma wird beauftragt, statt ein Bearbeitung des Textes von Scribe eine Neufassung

Antonio Somma

der Vorlage vorzunehmen. Bereits Ende Oktober 1857 lässt der Maestro dem Theaterdirektor den Prosaentwurf zur Prüfung bei den Zensurbehörden zukommen. Antonio Somma und Giuseppe Verdi beeilen sich indessen, das Libretto zu bereinigen, damit dies bis Ende Dezember im Rohbau vorliegt. Aber die Zensur lehnt den Entwurf entschieden ab. Ein Königsmord sei kein Bühnenstoff, um so weniger, da unmittelbar vor der Einreichung des Librettos das Attentat Orsinis auf Napoleon III. ganz Europa in Aufregung versetzt hat. Ohne Verdi zu informieren, wird ein Zensurbeamter beauftragt, einen Text zu verfassen, in dem alles «Verfängliche» vermieden wäre, und dem soll Verdi, so gut es ginge, seine bereits komponierte Musik anpassen. Mitte Januar 1858 kommt Verdi von Busseto nach Neapel zurück. Als er von der Neufassung – «Adelia degli Adimari» erfährt, packt ihn einer der seltenen, aber um so eindrücklicheren Wutausbrüche, der zum Stadtgespräch wird. Neapolitanische Kunstfreunde ergreifen Partei für den Komponisten, es kommt zu einem Gerichtsverfahren. Der Maestro weigert sich, die stark veränderte «Rache des Domino» aufführen

zu lassen. Von den 884 Versen werden in «Adelia» 297 verändert, viel hinzugefügt und noch mehr gestrichen; absolut inakzeptabel für Verdi! Das Gericht zieht sich salomonisch aus der verfahrenen Situation und schlägt einen Vergleich vor, dem beide Parteien zustimmen können. Darnach verzichtet das Theater zu Neapel auf die Rechte einer neuen Oper. Giuseppe Verdi verpflichtet sich stattdessen, im Herbst die in Neapel noch unbekannte Oper «Simon Boccanegra» persönlich einzustudieren und zu leiten (was übrigens ein grosser Erfolg wurde).
In der Zwischenzeit bietet sich für den Komponisten die Möglichkeit, die neue Oper in Rom zur Erstaufführung bringen zu lassen. Der dortige Impressario Jaccovacci legt das ursprüngliche Libretto «Die Rache des Domino» den römischen Zensurbehörden zur Prüfung vor. Auch hier gibt es Beanstandungen. Im Gegensatz zu Neapel aber wird eine Lösung gefunden, welcher auch der Maestro, des Streites um die Oper wohl überdrüssig, zustimmen kann. Grundsätzlich wird das Libretto genehmigt, gefordert wird nur eine Verlegung der Handlung in ein ausser-europäisches Land. Verdi schlägt Nordamerika vor, in der

Zeit um 1700. Er verwandelt den Schwedenkönig «Gustavo Tre» in den Grafen von Warwick, britischer Gouverneur von Boston, und nennt ihn Riccardo. Der Graf Anckarström wird zum Sekretär und Freund Riccardos, mit Namen Renato, ernannt. Die beiden Verschwörer, die Grafen Horn und Ribbing, werden in Tom und Samuel umbenannt. Der endgültige Titel der Oper ist nun: «Un ballo in maschera – Ein Maskenball».

Wenn auch die Verlegung der Oper nach Amerika nicht gerade glücklich erscheint, ist dem gegenüber die Namensgebung der Personen gar nicht so schlecht, weicht doch die Handlung der Oper gegenüber den historischen Tatsachen in Schweden ziemlich stark ab. Man darf füglich sagen: Dank der Verlegung des Schauplatzes und dem Wegfallen der historischen Hintergründe hat das Werk an Verdichtung der Atmosphäre nur gewonnen.

Im heutigen Zeitalter wird der Maskenball wiederum mehrheitlich in der ursprünglichen schwedischen Fassung aufgeführt. Ob der Maestro damit einverstanden wäre, dass man die Handlung ins heutige TV-Zeitalter verlegt, ist fraglich, widerspricht es doch den Absichten Verdis, der die Personen, ihre Gefühle, ihre Freundschaften und ihr Handeln in den Vordergrund und nicht als sensationelles Ereignis zur «Schau» stellt.

Am 17. Februar 1859 geht das neue Meisterwerk im Apollo-Theater in Rom, in demselben Theater, wo auch der «trovatore» seine Uraufführung erlebte, in Szene und wird so enthusiastisch aufgenommen, dass Verdi mehr als dreissigmal vor dem Vorhang erscheinen muss. Es ist ein Werk der so meisterhaft konzentriert durchgeführten dramatischen Entwicklung des Geschehens, mit selbstverständlicher Sicherheit getroffen.

Nach der Aufführung erklingt aus tausend Kehlen stürmisch der Ruf: «Viva Verdi! Viva Verdi!» Aber selbst wenn ein guter Teil dieser Begeisterung auf Rechnung der Zeitverhältnisse geht, so überwiegt das Überzeitliche, die bleibende Geltung des Werkes. Wer denkt an Napoleon I., wenn er Beethovens «Eroica» hört! Wer denkt an die nationale Erhebung Italiens, wenn er den «Maskenball» erlebt! Einzigartig erklingen schon im Vorspiel zum «Maskenball» die drei Grundmotive der Oper: Der Chor der ihrem

Herrn getreuen Offiziere und Höflinge und sogleich das dazu scharf kontrastierende Motiv der Verschwörer, dann als Drittes das Motiv der Liebe in seiner Schönheit. Was das fein abgewogene Vorspiel verspricht, hält die Entwicklung der Handlung dramatisch wie musikalisch: Klar umrissen werden die auf der Bühne gezeichneten Menschen mit ihren Tugenden und Fehlern so lebenswahr, dass ihre inneren, seelischen Konflikte durch die Kraft ihres musikalischen Ausdrucks erschüttern.

Im Melodrama in 3 Akten «Un ballo in maschera – Ein Maskenball» begegnen wir den Interpreten der Uraufführung, das heisst der Version «Boston». Graf von Warwick ist Riccardo (Tenor), Gouverneur von Boston. Sein Sekretär und Freund Renato (Bariton) ist vermählt mit Amelia (Sopran). Ulrica (Alt), Zigeunerin, bekannt als Wahrsagerin. Oscar (koloraterSopran), der wirblige Page des Grafen. Die beiden Verschwörer sind Samuel und Tom (beide Bass) u.a.m.

Das schöne Vorspiel ist verklungen, Vorhang hoch, wir haben freien Blick in den Empfangssaal des Gouverneurspalasts. Schon in der ersten Szene sind die beiden ersten Motive des Vorspiels im Huldigungschor und konträr das der Verschwörer mit Samuel und Tom zu hören. Oscar überbringt Riccardo die Gästeliste des bevorstehenden Maskenballs. Sogleich erklingt in schwärmerischen Tönen die schöne Arie Riccardos, der von der geliebten Amelia träumt, im dritten Grundmotiv. Es folgt die Ensemble-Szene mit den verschiedensten Gefühlsäusserungen der Anwesenden vom Hofstaat. Zu ihnen stösst nun der besorgte Freund Renato. Er informiert den unbekümmerten Riccardo in einer überzeugenden Arie, dass Pläne eines Mordanschlages bestehen, was der Gouverneur in den Wind schlägt. Noch liegt ein richterliches Verbannungsurteil zur Unterschrift vor. In einer ungestümen Arie verteidigt der Page die Zigeunerin, deren Wahrsagungen immer eintreffen. Riccardo beschliesst, die Wahrsagerin inkognito zu besuchen, um sich selbst ein Urteil bilden zu können. In einem Stretta fordert er den Hofstaat auf mitzukommen, was im Chor lebhaften Zuspruch findet. Der Szenenwechsel geht vonstatten, wir befinden uns nun bei der «Zauberin» Ulrica. Schon die einleitende Musik zum Geschehen bei der Wahrsagerin verrät eine ganz neue, geheimnisvolle Atmosphäre. Als Fischer verkleidet gesellt sich der Graf zu Ulricas zuhörenden AnhängerInnen. Ein Matrose sucht Rat bei ihr. Sie verheisst ihm in Bälde Geld und Beförderung. Heimlich gelingt es Riccardo, dem Seemann das soeben Verheissene zuzustecken. Nun meldet sich Amelia bei der Wahrsagerin, sie sucht Rat gegen die Qualen der Liebe, die sie für Riccardo hegt. Nun alleine im Raum entwickelt sich ein Terzett – im wundervollen Gebet verweilend: Amelia. Ulrica gibt ihr Weisungen, während der versteckte mithörende Riccardo erfährt, wo er um die mitternächtliche Stunde Amelia treffen kann. Getröstet verschwindet Amelia, währenddessen sich der Raum mit Schaulustigen füllt. In der neckisch leichtfertigen Arie fordert Riccardo Ulrica auf, ihm die nähere Zukunft zu deuten, was sie jedoch zunächst verweigert. Erst auf sein drohendes Drängen hin eröffnet sie ihm, dass er durch Freundes Hand sterben werde. Sie präzisiert, auf Riccardos Frage hin, wer es sei: «Der erste, dem du die Hand reichst!» Ungläubig scherzend versucht er einen Handschlag bei den Höflingen zu erhalten, was aber nicht eintrifft. Der treubesorgte Freund tritt nun ebenfalls in den Raum. Der «unwissende» Renato reicht Riccardo die Hand! In der Zwischenzeit hat der Matrose sein unverhofftes Glück erfahren und kehrt zu Ulrica zurück, der Graf hat sich der Wahrsagerin zu erkennen gegeben und begnadigt die «Zauberin». Die Anwesenden jubeln in einer grossangelegten Lobeshymne dem Gouverneur zu, womit der erste Akt beendet ist.

Ein heftig bewegtes Orchesterspiel eröffnet uns den zweiten Akt; bald übergeht die Melodie zu einem ruhigeren Thema, demjenigen der Amelia im vorangehenden Bild. Die junge Frau erscheint tief umhüllt um Mitternacht bei der grausamen Richtstätte mit dem Galgengerüst. Dort soll sie nun das von Ulrica verheissene Kraut finden, welches ihr helfen soll, der Liebe zu Riccardo zu entsagen. In der prachtvollen, aber auch von Schrecken erfüllten Arie hinterfragt sich Amelia, wie es denn nachher weitergehen soll. Riccardo überrascht die von Kummer geplagte Amelia durch sein unverhofftes Erscheinen. Es ent-wickelt sich vom leidenschaftlichen Zwiegespräch zum wohl schönsten Liebesduett, ein

Kulminationspunkt eines gegenseitigen Liebesbekenntnisses! Es entrückt das Liebespaar in die Sphäre einer träumerischen Ekstase, hinreissend begleitet von herrlichen Orchestermelodien. Das taumelnde Glück ist von kurzer Dauer, schon nähert sich Renato, er meldet die nahenden Verschwörer, die nach dem Leben des Grafen trachten. Die Liebenden, zutiefst erschrocken, verwickeln sich mit Renato in ein zum Teil «aufgeregtes» Terzett, mit Kleiderwechsel der Freunde, mit dem Versprechen Renatos, nicht nach dem Namen seiner vermummten Begleiterin zu fragen, die er nun an des Grafen Stelle in die Stadt begleiten will. Musikalisch verdichtet sich die Spannung fortlaufend. Kaum ist Riccardo entschwunden, sind bereits die Verschwörer mit Samuel und Tom am Schauplatz. Wütend, dass sie Renato in Riccardos Kleider vorfinden, möchten sie wenigstens wissen, welch «Liebchen» Renato bei sich hat. Renato will es jedoch mit Waffengewalt verhindern. Der Not gehorchend, lüftet Amelia den Schleier. «Che! Amelia!» ruft bestürzt Renato aus, seine Frau erkennend. Der Hohn der Verschwörer (ein unübertrefflich intonierter Spottchor) überschüttet die beiden bis ins

Unerträgliche. Die Schmach Renatos sitzt tief. Er fordert Tom und Samuel auf, am nächsten Morgen in seinem Haus einzutreffen.

Der 3. Akt ist in drei Bilder aufgeteilt. Es kommt zur heftigen Auseinandersetzung zwischen Renato und seiner Gattin, er droht ihr mit dem Tod für diese Demütigung. Amelia versucht in einer ergreifenden Arie, ihre Unschuld darzulegen, um des gemeinsamen Kindes willen fleht sie ihren Mann um Einsicht an. Tief gekränkt schickt er seine Gemahlin weg. Alleine im Zimmer, sich hintersinnend, verflucht er nun seinen «feinen» Freund. Ein Paradestück für jeden Bariton folgt nun, zu recht eine der berühmtesten Arien der Opernliteratur! «Eri tu» – «O, dolcezza perduta» – diese zweiteilige Arie eröffnet Renato die Möglichkeit, seine Verbitterung zu entknoten. Der erste Teil ist geprägt von heftiger Bitterkeit gegenüber Riccardo, doch im zweiten Teil erinnert er sich wehmütig an bessere Zeiten, dies in einem Andante, begleitet von Flötenklang und der Harfe. Die nächste Szene zeichnet sich aus durch puren Hass. Samuel und Tom treten ins Haus. Renato erklärt ihnen unumwunden, dem Komplott gegen den Grafen beitreten zu wollen, was sich in einem kriegerischen Verschwörerterzett ausdrückt. Das Los soll entscheiden, wer den Gouverneur umbringen darf. Die drei Namen werden in ein Gefäss gelegt. In der mit spannungsgeladener und «erschreckender» Orchesteruntermalung beginnenden Szene muss nun Amelia, vom Gatten unmissverständlich dazu aufgefordert, in die Vase greifen. Sie übergibt den Zettel ihrem Gatten; das Los bestimmt Renato! Wie gewünscht erscheint der Page und bringt die Einladung zum Maskenball. In einem Quintett, hier die drei düsteren Männerstimmen, dort die beiden Sopranstimmen im Kontrast, beendet das erste Bild des 3. Aktes; «Mord» ist das Losungswort der Verschwörer. In einer lyrisch instrumentierten Arie, das Liebesthema im Vordergrund, gibt Riccardo seinen Entschluss bekannt, der Liebe zu entsagen. Amelia und Renato sollen wieder nach England zurückkehren. Der Page Oscar übergibt dem Grafen einen anonymen Brief; am Abend soll der Anschlag auf ihn verübt werden. In freudiger Erwartung, noch einmal Amelia am Ball sehen zu dürfen, schenkt er der Warnung keine grosse Beachtung. Bereits die Ballmusik im

Nebensaal hörend, begibt er sich zur letzten Begegnung mit Amelia an den Maskenball, den wir im letzten Bild erleben. Im festlich geschmückten Saal, bei leicht beschwingter Ballmusik, zieht sich unaufhaltsam die Katastrophe zusammen!
Jeder erklingende Notensatz zeigt uns die Genialität Giuseppe Verdis. Tänzelnde Ballmusik – das unbeschwerte «Geschwätz» Oscars, worauf er Renato die Verkleidung Riccardos preisgibt, das Abschiedsgespräch, bei leichter Tanzmusik, zwischen Amelia und Riccardo, welches jäh mit dem Dolchstoss Renatos endet. Allgemeine, grosse Verwirrung herrscht. Noch einmal ertönt die elegante Tanzmusik, um gleich in sich zusammenzufallen. Die schönste jemals von Verdi komponierte Sterbeszene zeigt uns den «vergebenden» Riccardo und den nun von der Unschuld Amelias überzeugten Renato im Verein der entsetzten Ballgäste. Fast in ätherischer, zartester Melodie nimmt Riccardo Abschied. Renato ist verzweifelt und bereut seine Tat. Der Schluss-Vorhang fällt nach einem letzten Aufschrei der Ballgäste. Es war die Rache des Domino!
In Verdis Maskenball, einzigartig in seiner Ge-

schlossenheit, in der feinsten Charakterisierung der Personen, ist es ungemein schwierig, die vielen prächtigen unerwähnten Musikpassagen noch besonders hervorheben zu wollen!

Wachsende Weltgeltung.

«Viva Verdi!» – «Viva l'Italia!» Das waren die Losungsworte, die man schon längst dem Maestro aus begeistertem, dankerfülltem Herzen zurief, der seinem Volke «Nabucco», «I lombardi alla prima crociata», «Ernani», «Attila» und «La battaglia di Legnano» geschenkt hatte, Werke, in denen der Wunsch und die Sehnsucht einer Nation nach Freiheit zum Ausdruck gekommen waren. In Verdis Namen liest man geradezu die verkörperte Verwirklichung dieses Strebens, von dem das ganze Volk erfasst ist. Verdi bedeutet auch: Viva Vittorio Emanuele, re d'Italia! Die Erfüllung der Einheitsbestrebungen Italiens ist nach den Schlachten bei Magenta und Solferino im Jahre 1859 nahe. In der Stille der Weltabgeschiedenheit seiner einsamen «Insel» Sant' Agata lebt Verdi jede Phase des Endkampfes und Sieges mit.

In dieser Zeitepoche Mitte August 1852 unternehmen Giuseppe Verdi und Giuseppina Strepponi die im Frühling verschobene Reise, in aller Heimlichkeit, nach Genève. Von dort geht es ausserhalb der Stadt zum kleinen savoischen Dorf Colonges sous Salève, wo der Genfer Abbé, der später berühmte

Kardinal Gaspard Mermillod, am 29. August in der dortigen Dorfkirche das Paar vermählt. Ihr Bund fürs Leben ist damit zugleich kirchlich wie zivilrechtlich legalisiert und sanktioniert, was damals nur in Savoyen in dieser Form möglich war. Für die tief religiöse Giuseppina muss dieser glückliche Anlass wohl, nach zwölfjährigem Zusammenleben mit Giuseppe Verdi, eine innere Erfüllung sein. Zumal auch die Anfeindungen gegen Giuseppina durch die Bürgerinnen und Bürger von Busseto fortan unterbleiben, die zeitweise sehr demütigend für sie waren, obschon Verdi sie vor den Bewohnern zu verteidigen suchte.

Seine Berührung mit der «grossen Welt» führt den Gutsherrn von Sant' Agata mit bedeutenden Männern zusammen, und mit einigen derselben verbindet ihn dauernde Freundschaften. Diese sind unter anderem: der Ingenieur Giuseppe de Amicis in Genua, der Graf Opprandino Arrivabene, Kunstkritiker am Turiner Regierungsblatt, wie Verdi begeisterter Vorkämpfer des Einheitsgedankens, und auf diesem Fundament fühlt er sich auch dem von ihm hochverehrten, als Mensch wie als Dichter bewunderten Au-

Opprandino Arrivabene

tor der «Promessi sposi» («Die Verlobten»), Alessandro Manzoni, nahe, den Cavour in den Senat des Landes berufen hatte.

Der Name Giuseppe Verdi ist längst über Italiens Grenzen hinaus bekannt. An ihn ergeht von Norden, Osten und Westen der Ruf nach neuen Werken. In London wünscht man von Rossini zur Weltausstellung ein Werk. Wegen seines hohen Alters lehnt dieser ab. Somit erhält Verdi den Auftrag. Er komponiert die «Hymne der Nationen». Mit seiner Gattin reist er nach England und wird dort gebührend gefeiert.

Nach Sant' Agata heimgekehrt, komponiert er zwei Opern. Nach deren Bearbeitung wird der Komponist wieder in die weite Welt hinaus reisen, zuerst nach Petersburg wegen «La forza del destino» und später nach Paris für «Don Carlo». Schon im Jahre 1835 hatte das spanische Drama «Don Alvar» von Angelo de Saavedra in Madrid grossen Erfolg gehabt. Auf der Basis dieses Dramas gestaltet Piave für den Maestro ein Textbuch, das allerdings, wie es Verdis Wunsch ist, «Kühnes» und «Neues» enthält, im ganzen aber den Kern des Themas mit einem derart bunten Gewirr von Zufälligkeiten umstrickt, dass der Titel «Macht des Schicksals» nur schwer verständlich ist. Aber Verdi ist Meister genug, um auch unklaren Situationen zum flammenden musikalischen Ausdruck zu verhelfen und Grauen erweckenden Bildern einen Funken von Wahrheit zu verleihen. Dazu erscheint in dieser Oper ein ihm seit seinem «Un giorno di regno» bis dahin fremd gebliebenes Element: In der Zeichnung des Klosterbruders Fra Melitone, dem eine Predigt nach dem Vorbild der Kapuzinerpredigt in Schillers «Wallenstein» in den Mund gelegt ist, gelingt Verdi die musikalische Gestaltung der Komik vortrefflich.

Die Uraufführung findet am 10. November 1862 in glänzender Aufmachung unter Verdis Leitung in Petersburg statt. Der vierten Aufführung wohnt der Zar selbst bei, und der Meister wird zur Freude seiner Gattin, die ihn begleitet, von den gebildeten Kreisen der Zarenstadt mit Ehrenbezeugungen überhäuft. Aber ihre eigentliche Lebenskraft hat die Oper vorerst nur in Italien. Vom etwas zu lange geratenen Werk nicht ganz befriedigt, sucht der Maestro nach einer Lösung des Problems. Für die Erstaufführung am 20. Februar 1869 in der Scala zu Mailand bearbeitet Ghislanzoni den Text neu, und der Komponist nimmt verschiedene Änderungen und Ergänzungen vor. Dies ist auch die Fassung, die heute meistens auf den Bühnen gespielt wird.

La forza del destino.

Bei dieser Gelegenheit entstand auch die sehr schöne Ouvertüre, welche im Konzertsaal zu hören ist. Sie ist ausgezeichnet instrumentiert und beginnt gleich mit dem «Schicksalsmotiv». Weitere Motive, auf den Inhalt der Oper hinweisend, schliessen sich an, sie klingen in einem rasanten Schluss-Allegro aus.

«La forza del destino» ist ein Melodrama in 4 Akten. Die Handlung spielt sich im 18. Jahrhundert in Spanien und Italien ab. Zwei ganz andersartig gelagerte Schicksale sind eigentlich die Merkmale dieses umfangreichen Werkes. Das erste ist jenes der Leonora di Vargas (Sopran). Durch einen unglücklichen Zufall wird ihr Vater, der Marchese (Bass), von ihrem geliebten Alvaro (Tenor) erschossen. Vom Vater noch verflucht, sind die beiden getrennt auf der Flucht, vom Rache suchenden Bruder Don Carlo di Vargas (Bariton) verfolgt. Während Leonora ihre innere Ruhe im Kloster sucht, dort vom verständnisvollen Prior Pater Guardian (Bass) eingeführt wird, ist Alvaro, der seine Geliebte verloren glaubt, bei Kriegszügen dabei. Don Carlo, sein Widersacher, oh

Schicksal, befindet sich nun ebenfalls bei denselben
Kriegszügen. Im zweiten Schicksal geht es um Menschen und Krieg. Es könnte durchaus sein, dass sich Verdi, von den grausamen Folgen der Kriege in Italien, z. B. Schlacht bei Solferino (24. Juni 1859, mit über 30'000 Toten und Verletzten), beeindruckt, inspirieren liess. Der Patriot Giuseppe Verdi zeigt uns in dieser Oper ein realistisches Bild der demoralisierenden Folgen von Kriegsgeschehen. Im 2. Akt ist es zwar noch die junge Zigeunerin Preziosilla (Mezzo), welche auf ziemlich fragwürdige Weise junge Männer für den Krieg begeistern kann. Im 3. Akt, in den drei Bildern, sieht es dann ganz anders aus! In eindringlichen Szenen vermittelt uns der Komponist die Leere des stumpfsinnigen Söldnerlebens, krampfhaft fröhlicher Soldatengesang, käufliche Liebe, Glücksspiele, Beraubung, heimwehkranke, verletzte Rekruten, das Flehen und Betteln ausgehungerter Bewohner. Der Klosterbruder, Fra Melitone (Bassbuffo), der missmutig die Suppe den Armen verteilen muss und sich dabei in eine «Strafpredigt» versteigt, runden die musikalischen Eindrücke des Jammers und Elends ab. Noch nie wurden auf der Opernbühne

derart realistisch Kriegswirren gezeichnet, wie es uns der Maestro demonstriert. Die Handlung im 1. Akt mit musikalisch schönen Szenen schildert uns, im Hause des Marchese, die heimliche Vorbereitung der Flucht Leonoras und Alvaros, deren Verbindung vom Vater missbilligt wird. Die Verwirklichung des Vorhabens wird vom dazwischentretenden Marchese verhindert, und in der folgenden Auseinandersetzung fällt ungewollt der tödliche Pistolenschuss Alvaros. Vom Sterbenden verflucht, ist nun die nächtliche Flucht der Liebenden zwingend, um sich der Rache Don Carlos zu entziehen.

Im ersten Bild des 2. Aktes, es ist über ein Jahr später, erfahren wir, dass sich die beiden schon kurz nach Beginn der Flucht verloren haben. Don Carlo, als Student verkleidet, weilt unter dem Namen Pereda in einer Schenke des Dorfes Hornachuelos zum Abendbrot. Viel Volk plaudert bei munterer Musik. Die attraktive Zigeunerin Preziosilla fordert die Männer in einem verfänglichen Lied, in dem sie die Kampfeslust preist, auf, sich für den Krieg zu melden. Unterwegs zum nahen Kloster betritt Leonora in Männerkleidern die fröhliche Wirtschaftsszene,

erkennt ihren Bruder und versteckt sich bestmöglich
vor ihm. Die kriegerisch aufgeheizte Stimmung wird
durch den frommen Gesang einer vorüberziehenden
Pilgergruppe unterbrochen, und die Männer stimmen
ins Gebet mit ein. Vor dem «Buona notte» erzählt
der Student den Anwesenden noch lebhaft die
Geschichte vom Tod des Vaters, der vom Liebhaber
seiner Tochter, der nun flüchtig sei, getötet wurde.
Im nächsten Bild desselben Aktes befinden wir uns
mit Leonora (weiterhin in Männerkleidern) vor den
Toren des naheliegenden Klosters. Leonora glaubt
Alvaro verloren und ist fest entschlossen, das weltliche
Leben mit demjenigen der Büsserin in der klösterlichen
Einsamkeit zu vertauschen. Ihr Eintritt
ins Kloster, die Aufnahme des «vermeintlichen Jünglings»
und die Zuweisung zur «Büsserklause» zeigt
uns Verdis überragende Fähigkeit der musikalischen
Schilderung von Gefühlen und Stimmungen in einer
einzigartigen klösterlichen Atmosphäre. Das lyrische
Motiv der Ouvertüre dient der verzweifelten
Leonora zum innigen Gebet: «Madre, pietosa Virgine»,
vor dem Eingang zum Kloster. Von drinnen
hört sie den erhabenen Chor der Mönche, was sie

zunehmend zu beruhigen vermag. Nun bedient sie die Glocke der Eingangspforte. Der schrullige Fra Melitone öffnet die Türe, griesgrämig erteilt er dem «Jüngling» die gewünschte Auskunft und ruft Pater Guardian. Das nun anschliessende Gespräch Leonoras mit dem Prior ist ein Duett, reich an musikalisch herrlichen Einfällen, aufs Feinste gezeichnet. Guardian, um die Identität des Gastes wissend, gewährt im klösterlichen Einzugsgebiet in einer einsamen Klause Gastrecht. Bei den Höhlen soll sie büssen können. Er ruft das Mönchskollegium zusammen. In der folgenden Schlussszene des Bildes erklingt die Orgel in Begleitung zweier Violinen zum Einzug aller Beteiligten in die Kirche. In der feierlichen Zeremonie erläutert der Prior seinen Mitbrüdern die Regeln, welche für den neu aufgenommenen Jüngling gelten: «Kein Mensch darf sich seiner einsamen Klause nähern», was von den Mönchen bestätigt wird. Ein prächtiger Chorgesang der Mönche begleitet nun den neuen «Mitbruder» zur Kirche hinaus, fast schwebend erscheint uns das Pianissimo der begleitenden Sopranstimme Leonoras, die sich der heiligen Jungfrau befiehlt.

Die drei Bilder im 3. Akt versetzen uns ins Kriegsgebiet von Velletri um die Schlachtgeschehnisse. Alvaro, unter dem Namen Calatrava, und Don Carlo (Pereda) sind, das Schicksal will es so, bei der gleichen Truppe im Dienst und dienen als Offiziere. Ein herrliches, von Klarinette begleitetes Vorspiel leitet zur sehr schönen Arie Alvaros über, in der er seine Gefühle darlegt. Kampflärm ertönt. Alvaro eilt seinen Waffenbrüdern zu Hilfe und rettet das Leben von Pereda. Im anschliessenden Duett schwören sich die beiden ewige Freundschaft. Wieder rufen die Trompeten zum Kampf, das Orchester schildert uns das Schlachtgeschehen sehr realistisch. Nun trägt man Alvaro schwer verletzt auf der Bahre ins Krankenzimmer. Er und Carlo (Pereda) stimmen das berühmte und überzeugende Freundschaftsduett «Solenne in quest' ora» an, Bariton- und Tenorstimme vereint in einer innigen Melodie! Alvaro händigt Carlo ein Kästchen aus, welches er nach seinem allfälligen Tod ungeöffnet dem Feuer übergeben soll. Vom Argwohn befallen, öffnet Carlo das Kästchen und entdeckt Leonoras Bild. Sein Freund ist also Alvaro! In einer kämpferischen Arie dankt er Gott für die Fügung des Schicksals, dass der Mörder seines Vaters gefunden ist. Nach der Genesung des Verletzten wird er sich an ihm rächen können! Im dritten Bild, einige Wochen später: Alvaro ist genesen und begegnet Carlo, der sich nun als Bruder Leonoras zu erkennen gibt. In einem erregten Duett versichert er Alvaro, dass Leonora noch am Leben sei, gleichzeitig fordert er ihn nun zum Zweikampf, soll er doch durch seine Hand sterben! In der Nähe verweilende Soldaten verhindern das Duell. Wie bereits anfangs erwähnt, schildert uns nun Verdi recht wirksam die «Wirklichkeit» des Soldatendaseins. Am Schluss, als Fra Melitone seine berühmte urkomische Kapuzinerpredigt gehalten hat, wird er von den Angesprochenen hart bedrängt. Nur der Einsatz der anwesenden Zigeunerin Preziosilla kann Schlimmeres verhindern. Mit der Trommel stimmt sie das «Kabinettstück» Rataplan an, die Anwesenden singen mit und beschliessen den 3. Akt.

Der 4. Akt spielt sich im Hof und dann in der weiteren Umgebung des Klosters ab. Vorerst rügt der Prior Guardian seinen Bruder Melitone. In einer originellen Gegenüberstellung der beiden Bassrollen, dem edlen Prior und dem Buffo von Melitone, muss Letzterer zur Kenntnis nehmen, dass seine in mürrischer Weise ausgeteilte Armensuppe nicht mit christlicher Nächstenliebe zu tun hat! Alvaro ist nun unter dem Namen «Raphael» ebenfalls im Kloster. Don Carlo auf Besuch, begehrt eine Unterredung mit ihm. Immer noch Rache fordernd, betitelt er Alvaro als einen Feigling, was dieser nicht akzeptiert und deshalb die Aufforderung zum Degenkampf annimmt. Im Schlussbild treffen wir Leonora bei der Klause. In ihrer grossen Friedensarie: «Pace, pace mio Dio», einer äusserst schlichten Melodie, schildert sie voller Verinnerlichung ihr trostloses Erdendasein und bittet Gott um baldige Erlösung. Aufgeschreckt vom Waffenlärm und Hilferufen erkennt sie Alvaro, der soeben Carlo schwer verletzt hat. Sie will ihrem Bruder Hilfe leisten; in seiner letzten Aufbäumung ersticht er aber seine Schwester. Der nun ebenfalls herbeigeeilte Prior fordert Alvaro in einem schlichten Terzett zur Busse auf und beschliesst damit die Oper. Zweifellos gehören die letzte Arie der Leonora zusammen mit der Klosterszene im 2. Akt zu den Höhepunkten dieser Partitur!

Von Russland fährt das Ehepaar Verdi über Berlin-Paris nach Madrid, wo «La forza del destino» in der «Heimat» dieser Oper grossen Erfolg hat. Der Meister bewundert die Sehenswürdigkeiten Spaniens, aber das allgemeine Staunen vor der Klosteranlage bei Madrid, St. Lorenzo de El Escorial mit den Gräbern der spanischen Könige, teilt er nicht. Den Eindruck einer kalten, marmornen, erdrückenden Macht, derselben unheimlichen Gewalt, die von seinem Erbauer auf die Menschen ausgegangen war, belastet ihn sehr.

Zum vierten Male ist es ein auf Schillerscher Grundlage entstandenes Textbuch, das für Giuseppe Verdi, diesmal von den beiden französischen Dichtern Méry und Du Locle, zur Vertonung für die «Grosse Oper» in Paris geschrieben wird: «Don Carlo». Mehrere Beweggründe mögen zusammentreffen, dass er sich für diesen grossen Plan entscheidet: Der Wunsch eines bedeutsamen, historischen grossen Geschehens als Grundlage, die Mannigfaltigkeit der Gefühle und Charaktere dieses Stoffes, die Person des für die Freiheit sterbenden Posa, in dem der Komponist seinen eigenen Freiheitsdrang ideali-

siert sieht, vielleicht auch der spanische Schauplatz
der Handlung, nachdem Spanien dem Meister durch
seine Reise dorthin vertraut geworden ist. Die für
die «Grosse Oper» traditionellen fünf Akte schliessen sich, mit Ausnahme des fünften, im wesentlichen
an die Entwicklung des Dramas Schillers an.

Die treibenden Motive des dramatischen Geschehens
der Schillerschen Dichtung bleiben auch die der
Oper: Die unglückselige, durch die kalte Gewalt der
hohen Politik zerstörte Liebe des Don Carlo zu
Elisabeth von Valois, der seelische Kampf dieser
Frau zwischen Neigung und Pflicht, die innere Qual
des nach aussen mächtigen und doch einsamen Monarchen. Des treuen Posa, durch dessen Freundschaft Don Carlo höheren Zielen zugeführt wird.
Die durch verschmähte Liebe rachedurstige Prinzessin Eboli, die Herrschsucht des Grossinquisitors,
der über Leichen hinwegschreitet.

Es entspricht den in der «Grossen Oper» gegebenen
Voraussetzungen sowie den Wünschen Verdis, dass
in die Entwicklung der Handlung auch grosse
Schau- und Hörszenen eingeschaltet werden. So entsteht die Zeremonie der Ketzerverbrennung, Auto-

dafé genannt, vor der Kirche in Valladolid, die in der fünfaktigen Oper das grosse Finale des dritten Aktes bildet. Die beiden Szenen im Kloster von San Yuste sind durch musikalisch meisterhafte Gestaltung so ins Mystische gehoben, dass der vom Schillerschen Drama völlig abweichende theatralische Schluss nicht fremd wirkt.

Die Rolle des Orchesters wird immer wichtiger und bedeutsamer. Ist es in Verdis Frühwerken stellenweise fast nur Begleitung der Singstimmen, die vorwiegend im Vordergrund stehen, so zeigt sich jetzt sein Streben immer deutlicher, das Orchester dramatisch, ja oft symphonisch an der Entwicklung der Handlung gleichwertig teilnehmen zu lassen wie die auf der Bühne aktiv tätigen Personen.

Auf dem Wege eigenen Ringens und ernsten Verantwortungsgefühls um die Kunst nähert er sich immer mehr dem musikdramatischen Stil, der zur Zeit der Entstehung des «Don Carlo» in Richard Wagners «Lohengrin» bereits bahnbrechend begonnen hat, den ein Gounod in seiner «Margarete» an der «Grossen Oper» in Paris den erstaunten und entzückten Zuhörern auf seine Weise vorgeführt hat. Dazu

kommt, dass der aus Mailand hervorgegangene revolutionäre Ansturm einer jungen Generation gegen alles «Alte» als deutlicher Fingerzeig gelten muss, sich mit dem «Neuen» auseinanderzusetzen. Verdi verwirklicht es, indem er dem Orchester bewusst grössere und vielseitigere Aufgaben gibt, welche die Orchester anderer Nationen bereits erreicht haben.
Verdi gibt dem Klangkörper einen breiteren Spielraum und eröffnet damit bis anhin ungeahnte Möglichkeiten. Dem grossen Dirigenten Mariani, mit dem er eng befreundet ist, kommt das Verdienst zu, das italienische Orchester zu dem Instrument vervollkommnet zu haben, damit es den Anforderungen der Zeit gerecht werden kann. Verdi kennt sein Ziel: «Zur neuen musikdramatischen grossen Form»! Diesen Weg geht er parallel mit Richard Wagner, aber unabhängig, selbständig – all'italiana – wie Wagner seinen deutschen Weg beschreitet!

Richard Wagner

Don Carlo.

Der dritte Anlauf, eine Uraufführung in französischer Sprache in der «grossen Boutique und Bretterbude», wie Verdi die alte Grande Opéra von Paris nannte, erwies sich als schwierig. Keine seiner bisherigen 24 geschaffenen Werke bereitete ihm so grosse Schwierigkeiten wie Don Carlo. Noch heute ist man sich nicht im klaren, welche von den schlussendlich sieben vom Komponisten bearbeiteten Varianten die beste sein soll. Aus dem langen Schauspiel Schillers wurde auch eine lange Oper. Bereits vor der für Januar 1867 vorgesehenen Uraufführung sah sich der Maestro genötigt, drei Passagen zu streichen, die man erst später in Pariser Archiven gefunden hat. Nach der sogenannten Generalprobe-Fassung vom 24. Februar 1867 musste nochmals geändert respektive gekürzt werden. Die Hauptprobe fand endlich am 9. März statt. Aber noch nach der zwei Tage später erfolgten Uraufführung wurde nochmals für die zweite Vorstellung gekürzt. In der italienischen Fassung (die italienische Erstaufführung der Pariser Fassung fand am 27. Oktober 1867 sehr erfolgreich unter der Stabführung Marianis in

Bologna statt) vom 10. Januar 1884 in Mailand wurde dieses Werk von fünf auf vier Akte festgelegt, natürlich strich man auch die obligaten Balletteinlagen. Für die Oper in Modena entstand eine weitere Variante, die wohl auch Verdis Zustimmung fand. Der den Kürzungen zum Opfer gefallene erste Akt in Fontainebleue, Frankreich, wurde teilweise verkürzt wieder eingesetzt, dies zum besseren Verständnis der Handlung. Diese Variante dient nun auch als Vorlage der vorliegenden Besprechung.

In der grossen Oper in fünf Akten, deren Handlung sich um 1560 zuerst in Frankreich, dann in Spanien abspielt, kennt folgende Hauptdarsteller: Philipp II. (Bass), König von Spanien, seine Gemahlin Elisabeth von Valois (Sopran), Don Carlo (Tenor), Infant von Spanien, Prinzessin Eboli (Mezzo), Rodrigo (Bariton), Marquis von Posa, sowie der Grossinquisitor (Bass). Ein kurzes Vorspiel, von Jagdhörnern begleitet, leitet den ersten Akt in der Waldlichtung bei Fontainebleue ein. Eine Gruppe von Waldarbeitern beobachtet die vorbeiziehende königliche Jagdgesellschaft mit Elisabeth de Valois. Don Carlo, heimlich nach Fontainebleue gereist, möchte die ihm

versprochene Braut kennenlernen. In seinem Rezitativ berichtet er, ein Bildnis der schönen Königstochter Elisabeth in der Hand, dass er in seine zukünftige Braut verliebt ist. In der einbrechenden Dämmerung erscheint Elisabeth mit dem Pagen, sie suchen den Heimweg. Carlo gibt sich als spanischer Edelmann aus und bietet Hilfe an. In ein schönes Duett eingebunden, entwickelt sich zwischen Elisabeth und Carlo ein Dialog, worin sich der Infant schlussendlich als Verlobter vorstellt. Glücklich vereint hören sie dem Kanonendonner, der den erhofften Frieden zwischen Frankreich und Spanien verkündet und damit den Weg zur Vereinigung der beiden geben soll. Da erscheint im Gefolge der spanische Gesandte. Der Page begrüsst Elisabeth als zukünftige Königin Spaniens. Nicht Carlo, sondern sein Vater Philipp II. wird der zukünftige Gemahl Elisabeths sein, so will es die Staatsräson. Dieser Tatsache sich beugend, müssen die Liebenden fortan ihrer Liebe entsagen; der Friede zwischen den beiden Staaten ist somit gesichert. Das anwesende Volk feiert das für beide Länder glückliche Ereignis.

In den nun folgenden vier Akten befinden wir uns in

Darsteller der Oper «Don Carlos» 1867

Spanien. Der Klang von vier Hörnern eröffnet uns im ersten Bild die Atmosphäre des Klosters San Yuste. Carlo lauscht den Stimmen des Mönchschores, die seines Grossvaters Karl V. gedenken. Ein alter Mönch belehrt ihn, dass der Kummer des Erdendaseins erst im Himmel ein Ende haben wird. Rodrigo, ein Jugendfreund, begrüsst Don Carlo. Er erfährt von der unglücklichen Liebe des Infanten zu Elisabeth, seiner Stiefmutter. Posa überzeugt hierauf seinen Freund, sein Herz dem von Spanien unterdrückten Flandern zu weihen. Die Männer schwören einander die ewige Freundschaft. Dies in einem eindrücklichen Duett, dessen musikalisches Thema zum Leitmotiv ihrer Freundschaft wird. Das zweite Bild spielt sich in den Gärten der Königin ab. Auf ihre Herrin wartend, stimmt Prinzessin Eboli eine Canzone an. In einem brillanten Gesang unterhält sie die Hofdamen mit einer spanisch-orientalischen Weise. Endlich gesellt sich auch Königin Elisabeth zu den Damen. Marquis von Posa überbringt ihr einen Brief ihrer Mutter, zugleich aber auch ein Billett von Carlo, der um eine Unterredung bittet. Die interessante Terzettszene vermittelt uns die

Stimmung der Königin, Posas und Ebolis, die in Carlo verliebt ist. Rodrigo lenkt geschickt Eboli ab, um die Unterredung zwischen Carlo und der Königin zu ermöglichen. Er bittet seine Stiefmutter, sich beim König zu verwenden, dass er als Statthalter von Flandern eingesetzt werde. Von der Liebe übermannt, verliert Carlo die Fassung und gesteht seiner «Mutter» seine Liebe. Die erregende Szene gipfelt mit dem Hinweis Elisabeths, nur der Tod Philipps könne sie jemals noch zusammenführen, Carlo entfernt sich fluchtartig. Philipp, nun auch im Garten erscheinend, verbannt im Zorn die erste Hofdame, Gräfin Arenberg, weil sie sich von der Königin entfernt hatte. Wehmütig tröstet die Königin die Bestrafte in einer schönen Arie, begleitet vom Solo des Englischhorns, und muss sich von ihr verabschieden. In eine weitere musikalisch sehr interessante Szene sind der König und Marquis von Posa verwickelt. Zwar ist der König von Rodrigos Idealismus gegenüber den unterdrückten Flandern zuerst erbost, doch dann auch beeindruckt. Immerhin vertraut er Posa seinen Verdacht einer heimlichen Liebe zwischen seiner Gemahlin und seinem

Sohn Carlo an. Ja, sogar vage Hoffnungen für Flandern lässt er durchblicken. Die ganze Szene ist musikalisch einzigartig vom Orchester untermalt. Nochmals befinden wir uns im ersten Bild des dritten Aktes in den nun nächtlichen Gärten der Königin. Carlo erhielt eine anonyme Einladung zu einem Stelldichein. Im festen Glauben, die verkleidete Dame sei Elisabeth, bestürmt er sie mit einer Liebeserklärung, die erwidert wird. Doch als der Schleier fällt, erkennt Carlo seinen Irrtum, er hat sich verraten. Voller Eifersucht droht Eboli, die Angelegenheit dem König zu enthüllen. Aus dem Duett wird nun ein Terzett. Auch dem hinzugetretenen Rodrigo gelingt es nicht, die Rachegefühle der Lady zu besänftigen, die nun empört davoneilt. Im Gespräch der Freunde über Flandern erklingt wiederum vom Orchester das Freundschaftsmotiv. Grossen Szenenwechsel gibt es nun im zweiten Bild des dritten Aktes. Wir befinden uns auf dem grossen Platz vor der Kathedrale von Valladolid. Feierliche Orchesterklänge und Glockengeläut eröffnen die grosse «Schlussszene» des Autodafé, welches Verdi ganz «à la Grande Opéra» zu einem musikalischen Prachtsgemälde ausgestattet hat. Die Menge hat soeben den grossen Festchor angestimmt, als zum dumpfen Trauermarsch die zum Tode verurteilten «Ketzer» vorgeführt werden. Weiter geht's unter festlichen Klängen mit dem Einzug der Geladenen, die geistlichen Würdeträger und die Königin mit Gefolge. Zuletzt tritt majestätisch der König mit Fanfarenklängen aus der Kathedrale, um sich dem Geschehen anzuschliessen. Da treten sechs flandrische Abgeordnete, angeführt vom Infanten, vor den König. Begleitet von dunklen Streicherklängen flehen sie um Milde für ihr unterdrücktes Land. Die markante Szene wird vom wütenden König übertönt, der die sofortige Abführung der Abgeordneten fordert. Nun bittet Carlo seinen Vater, ihm zum Statthalter von Flandern zu ernennen. Vom König verächtlich abgelehnt, zieht der Infant den Degen gegen seinen Vater, niemand wagt, ihn zu entwaffnen. Rodrigo tritt hervor, das Freundschaftsmotiv erklingt, er nimmt seinem Freund den Degen ab und übergibt die Waffe dem König, der ihn sogleich zum Herzog ernennt. Das Fest kann nun weitergehen, die «Ketzer» werden zum Scheiterhaufen gebracht. Eine himmlische Stimme verheisst den armen Seelen himmlischen Frieden! Nach dem grossen Höhepunkt vor der Kathedrale erleben wir gleich weitere Höhepunkte der Partitur, gleichsam dem Meisterwerk im Meisterwerk!

Eine ganz andere Atmosphäre empfängt uns im ersten Bild des vierten Aktes, im Arbeitsraum des Königs Philipp II. Das einleitende Orchesterspiel mit dem Solo eines Cellos öffnet das Seelenleben des Herrschers mit einer Eindringlichkeit ohnegleichen. Nach der durchwachten Nacht klingt es wehmütig: «Ella giammai m'amó – Sie hat mich nie geliebt». In dieser wohl schönsten Bassarie voll innerem Schmerz und Trauer überdenkt der König sein Leben, einsam und verlassen. Die prachtvolle, eigenständige Musik des Orchesters verdichtet die ganze Atmosphäre ungemein. Doch alsbald in die Wirklichkeit versetzt, erscheint der Grossinquisitor, welcher auf Wunsch Philipps eingetreten ist. Aus der Sicht des Geistlichen will der König die Meinung über die Rebellion des Infanten Carlo erfahren. Von unheimlich gigantischer Grösse erklingt die eindrückliche Auseinandersetzung der beiden Herrscher zweier Welten! Die beiden Bass-Stimmen werden durch das Orchester packend dargestellt. Das politische Ringen der beiden Mächtigen findet in der Forderung, Carlo und Rodrigo seien dem Scheiterhaufen zu überantworten, den Höhepunkt. Dunkle Akkorde unterstreichen die «eiskalte» Stimmung. Dem Ansinnen des Geistlichen kann der König nicht zustimmen und protestiert heftig. Schlussendlich söhnen sich die beiden Giganten aus, die Einsicht der gegenseitigen Koexistenz hat gesiegt, der Grossinquisitor verlässt wohl als Sieger den Raum. Kaum hat der Geistliche die Türe hinter sich geschlossen, stürzt die Königin ins Zimmer. Sie beschwert sich über die Entwendung ihres Schmuckkästchens. Betroffen muss sie feststellen, dass der König im Besitz der Schatulle ist. Gegen ihren Willen öffnet er das Kästchen und findet darin ein Bildnis des Infanten. Wütend bezichtigt er seine Gemahlin des Ehebruchs. Die Unglückliche fällt in Ohnmacht, und als der König um Hilfe ruft, eilen Eboli und Rodrigo herbei. Im eindrücklichen Quartett wirft Posa dem König unberechtigte Härte vor, während dieser Reue bekennt. Die wieder zu sich gekommene Elisabeth beweint ihr

Unglück, währenddessen Eboli von Schuldgefühlen geplagt ist. Alleine zurückgelassen, gesteht die Prinzessin ihrer Herrin, dass sie das Kästchen geraubt, dem König aus Eifersucht übergeben und selbst Ehebruch begangen habe. Würdevoll, aber bestimmt überlässt die Königin der Prinzessin die Wahl, ihr zukünftiges Leben entweder im Kloster oder in Verbannung zu verbringen, um dann gekränkt das Zimmer zu verlassen. Eboli ist verzweifelt. In einem vehement jähen Ausbruch: «O don fatale, o don crudel – O, verhängnisvolle, abscheuliche Gabe», beginnt ihre grosse dramatische Arie, in welcher sie ihre Eitelkeit und Schönheit verwünscht, Abschied vom Hof nimmt und den Entschluss fällt, ins Kloster zu gehen. Noch wünscht sie sich, den zum Tod verurteilten Don Carlo retten zu können. Der Infant sitzt nun im 2. Bild des 4. Aktes gedankenverloren im Gefängnis. Rodrigo reisst ihn von seinen traurigen Gedanken los. Der Marquis ist entschlossen, sich für seinen Freund zu opfern. Er erzählt Carlo in einem Rezitativ, dass er alles Belastende über Flandern auf sich genommen habe, so dass der König nun ihn für den Anführer halten wird und er daher mit dem Tod rechnen müsse. Schon trifft ihn die tödliche Kugel der staatlichen Allmacht! In der ergreifend lyrischen Arie wünscht er sterbend, dass sein Freund als Statthalter nach Flandern gehe, um dem Volk Hoffnung und Freiheit zu bringen. Seine Mutter wisse alles und erwarte ihren «Sohn» zum Abschied im Kloster San Yuste. Noch einmal erklingt das Freundschaftsmotiv, und Carlo beweint seinen toten Freund. Der König erscheint im Gefängnis und gibt ihm die Freiheit zurück. Doch Carlo beschuldigt seinen Vater des Mordes an Rodrigo.

Das letzte Bild der Oper im 5. Akt spielt sich im Kloster San Yuste ab. Das schöne Vorspiel leitet zur grossen Arie der auf Carlo wartenden Königin über. Sie erinnert sich an die schönen Zeiten in Frankreich, an die erste Begegnung mit dem Infanten in Fontainebleue. Don Carlo erscheint zum letzten Lebewohl im Kloster. Noch ermuntern sie sich gegenseitig für eine bessere Zukunft. Für ewig Lebewohl tönt es noch einmal zum Abschied, als Philipp dazwischentritt und das Lebewohl für immer bestätigt mit dem Nachsatz: «Ein doppeltes Opfer muss gebracht werden, ich werde meine Pflicht tun, und

Ihr?» – sich an den Inquisitor wendend. Seine Antwort: «Das Heilige Offizium wird das Seine tun!» Aber es kommt nicht dazu. Der alte Mönch erscheint wieder. Er nimmt den Infanten Don Carlo zu sich und verschwindet ins Klosterinnere. Der Vorhang schliesst sich über einem Meisterwerk. Zum ersten Male sind Musik und grossartiger Gesang ebenbürtig, im Gleichgewicht vereint!

Mit grossen Erwartungen sieht man in Paris der Uraufführung des «Don Carlos» entgegen. Verdi weilt schon lange zuvor mit seiner Frau in der französischen Hauptstadt, um alle Vorbereitungen zu überwachen. Als die Oper am 11. März 1867 über die Bretter geht, ist alles, was Paris an grossen Persönlichkeiten des Kunst- und Staatslebens aufzuweisen hat, anwesend, der Kaiser und die Kaiserin an der Spitze. Wenn auch ein geräuschvoller Erfolg diese Aufführung krönt, so ist Verdi doch sehr unbefriedigt. Der Kaiserin Eugénie missfallen die Szenen des Königs und des Grossinquisitors sowie die des Aufstandes. Einige Kritiker sind von vornherein verstimmt, weil Verdi von Napoleon III. schon wieder auserlesen ist, eine Festoper zur Weltausstellung zu schreiben. Zurück in der Heimat, in Sant'Agata! Der Maestro wird mit der Tatsache konfrontiert, mit der er auch fertig werden muss: Den Vater kann er nicht mehr sehen, er verstarb, während Giuseppe mitten in den Vorbereitungen zur «Don Carlo»-Aufführung war. Der zweite Vater und Wohltäter Verdis, Antonio Barezzi, ist zum Tode erkrankt. Er kommt an sein Bett. Der Sterbende liegt in tiefem Schlummer. Im Sterbezimmer steht jenes Klavier, das in Verdi so viele teure Erinnerungen weckt. Er spielt ganz leise einige Melodien aus «Nabucco». Barezzi wird wach, und indem er Verdi erkennt, haucht er mit matter Stimme: «Mein Verdi, o mein Verdi!» Dann sinkt er zurück und stirbt. Zu alledem kommt noch, dass Piave vom Schlag gelähmt ist; auch ihn wird der Meister bald verlieren. Giuseppe Verdi veranlasst eine Stiftung, Piaves Familie zu unterstützen, insbesondere finanziert er auch die Ausbildung der Tochter Piaves.

Zwei Sterne am Kunsthimmel erlöschen: dem Tode Meyerbeers folgt 1868 Gioacchino Rossini nach, Rossini, von Verdi so sehr verehrt! Ihm soll ein Requiem geschaffen werden, dessen einzelne Sätze die bedeutendsten Komponisten Italiens zu vertonen hätten: eine Huldigung der Lebenden an den grossen Toten. Giuseppina bietet alle ihre Kraft auf, um ihren Gatten von seinen Depressionen zu befreien. Da dem Ehepaar Verdi Kinder versagt blieben, nimmt sie 1866 das 7jährige Töchterchen eines Vetter Verdis, Filomena Verdi, als Kind an. Es erhält später den Vornamen Maria und wird Erbin des Verdischen Nachlasses.

Eine ganz grosse Freude wird dem Meister durch die Vermittlung seiner Gattin bei Alessandro Manzoni beschieden: Frau Peppina kennt seine grenzenlose Verehrung, die er dem greisen Dichter entgegenbringt. Durch die gemeinsame Freundin Clarina Maffei in Mailand wird Verdi persönlich bei ihm eingeführt. Schon die Aussicht auf den Besuch ergreift ihn so tief, dass der sonst so stolze und wortkarge Maestro zu tiefst gerührt ist. Als nun gar die persönliche Bekanntschaft zustande kommt, ist Verdi von der Schlichtheit und Wahrhaftigkeit des 82jährigen sehr beeindruckt. Ist dies nicht ein bedeutsames Zeichen für die Grösse von Verdis Charakter? Dem Wunsch seiner Gattin ist es hauptsächlich zuzuschreiben, dass Verdi mit ihr einen Teil des Jahres, vorwiegend im Winter, in Genua zubringt, um der «Einöde», wie Frau Peppina bei allzu ausgedehntem Aufenthalt «Sant' Agata» empfindet, zu entfliehen.

Durch Mariani tritt dessen Verlobte Therese Stolz, eine böhmische Sängerin, in Verdis engeren Freundeskreis. Sie verhilft bei der Erstaufführung der durch Antonio Ghislanzoni vollzogenen Neubearbeitung der «La forza del destino» in der Mailänder Scala am 27. Februar 1869 dem Werke zum Erfolg. Das von Verdi angeregte «Requiem» für Rossini wird vollendet, aber an der Interesselosigkeit Marianis scheitert die Aufführung, die auf Verdis Wunsch im Dom zu Bologna stattfinden sollte. Wenn auch nicht ein stilistisch einheitliches Werk, so wäre es doch eine würdige Totenfeier für den «Schwan von Pesaro». Die Worte, die Verdi an Mariani richtet, zeugen von seiner grossen, edlen Kunstauffassung: «Wenn diese Feier stattfinden wird, haben wir zweifellos ein gutes künstlerisches Werk getan. Wenn nicht, werden wir wieder einmal bewiesen haben, dass wir uns nur bemühen, wenn unsere Eigensucht und Ei-

telkeit belohnt werden, wenn wir in Zeitungsartikeln und Biographien beweihräuchert und umschmeichelt werden, wenn unser Name im Theater ausgeschrieen und durch die Strassen geschleift wird wie bei den Gauklern auf dem Rummelplatz. Wenn aber unsere Persönlichkeit hinter einer Idee verschwinden soll, hinter einer vornehmen, grossmütig schenkenden Tat, machen wir uns aus dem Staub unter dem Deckmantel ichsüchtiger Gleichgültigkeit, welche die Geissel und der Ruin unseres Landes ist.» Es ist umsonst, dem eiteln Dirigenten bietet die Aufführung zu wenig Gelegenheit zu glänzen; sie kommt nicht zustande. Die langjährige Freundschaft der beiden Männer zerschlägt sich. Zugleich löst sich auch die Verbindung Marianis mit Therese Stolz. Therese bleibt aber dauernd mit dem Ehepaar Verdi befreundet.

Therese Stolz wurde im böhmischen Elbekastelez 1834 geboren. Die Familie war sehr musikalisch, fünf der acht Geschwister wurden BerufsmusikerInnen. So auch «La Stolz», wie sie von den Italienern genannt wurde. Therese war Sopranistin und gab ihr Debüt 1856 in Triest. Über Tiflis kam die Primadon-

Therese Stolz

na absoluta nach Nizza, wo sie 1863 in Verdis «Il trovatore» überwältigende Erfolge verzeichnete. Sie träumte zwar auch davon, an der Mailänder Scala singen zu dürfen. Vorerst aber war sie in Bellinis «Norma», wiederum in Nizza, die Sensation. An der Oper zu Bologna sang sie unter dem Stardirigenten Angelo Mariani, mit dem sie verlobt war; sie verzeichnete auch dort grosse Erfolge. Von hier gelang ihr 1865 der Sprung an die Scala. «La Stolz» galt als sehr attraktiv, und sie hatte auf der Bühne eine starke Ausstrahlung. In Wahrheit war Therese ein grosser «Verdi-Sopran» und wurde schliesslich auch Verdis erste Aïda.

Die Diva wurde, vielleicht sogar gegen ihren Willen, zur «Femme fatale» in Verdis bewegtem Leben. Schon vor 130 Jahren gab es auch «Klatschautoren», die alles versuchten, um des Maestros Beziehungen zu Therese Stolz zu ergründen. Dementsprechend entstanden auch Berichte, die unverantwortlichem Journalismus eigen sind und zum Teil jeglicher Wahrheit entbehren. Giuseppina Verdi musste wohl zwischen 1870 und 1876 stark darunter gelitten haben, dass sich ihr Giuseppe wohl etwas zu intensiv

und einseitig mit Therese befasst hatte. Es gibt genügend Hinweise in Äusserungen und Briefen, in denen Giuseppina ihre Ungewissheit und Einsamkeit kundtat. Die Vermutung liegt nahe, dass sie mit viel Taktgefühl und Klugheit um ihren liebsten Giuseppe gekämpft haben musste. Demgegenüber sei aber auch erwähnt, dass «La Stolz» eine grandiose Darstellerin von Figuren in Verdis Werken war. Sicherlich musste Verdi von ihr beeindruckt sein, vielleicht sogar verblendet von ihren Darbietungen. Die Rolle Aïdas hat er mit ihr einstudiert. Es gilt aber auch als sicher, dass Verdi diese Rolle nicht für Therese geschrieben hat, vielleicht mit der Ausnahme der herrlichen «Nilszene» im 3. Akt, denn der Maestro beugte sich praktisch nie den Sonderwünschen von Solisten und Stars der Bühnen. Beenden wir nun die Schattenseiten in Verdis Eheleben. Das Geheimnis um die Beziehungen konnte nie aufgedeckt werden, es bleiben nur Vermutungen. So werden auch wir weiterhin Mutmassungen darüber anstellen dürfen, wie dem schon in den vergangenen 130 Jahren geschehen ist. Es sei hier noch ein Antwortbrief von Giuseppina wiedergegeben, in dem sich Verdis Frau in klugen

Therese Stolz in Aïda

Worten an Therese wendet nach einer infamen Veröffentlichung eines Journalisten in Sachen «Stolz-Verdi»: «Beruhigen Sie sich, wenn Sie zornig sind ... Dass Sie uns lieb haben, weiss ich, oder eigentlich wissen wir. Wir glauben es und freuen uns, es zu glauben, und wir sind zuversichtlich, dass wir Ihretwegen niemals eine Enttäuschung erleben werden. Für Sie werden wir dieselben bleiben, solange wir leben. Daher, meine liebe Therese, ist die Furcht, 'im Weg zu stehen', weil Sie mich in einem Anhauch von Traurigkeit erleben, eine Furcht, die Sie beiseite lassen können ... Uns werden Sie nie im Wege sein, solange Sie und ich die aufrichtigen und loyalen Menschen bleiben, die wir sind. Und damit und mit einem Kuss schliesse ich diesen Absatz.»
Therese Stolz bleibt dem Ehepaar in Freundschaft erhalten. 1877 tritt die begnadete Sängerin von der Bühne zurück und lebt vorwiegend in Mailand. Nach dem Tode Giuseppinas kümmert sie sich verstärkt um den einsam gewordenen Verdi. Sie überlebt ihn nur um kurze Zeit, denn bereits 1902 stirbt sie in Mailand.

Jene Mailänder «Reform-Bewegung», die von der

jungen Generation der Künstler ausgeht, deren
Wortführer der Komponist Franco Faccio, der dichterisch und musikalisch talentierte Arrigo Boito und der Schriftsteller Emilio Praga sind, kann Maestro Verdi nicht erschüttern und an seinen Zielen wankend machen, ist aber ohne Zweifel mitbestimmend in seinem Bemühen, eine strenge «musikalische Nacherziehung» an sich zu halten. Er interessiert sich auch für Richard Wagners Schriften in der französischen Ausgabe. Aber nach wie vor steht es für ihn fest, so sehr er seinem grossen deutschen Kunstgenossen in vielem zustimmen kann, die Voraussetzungen der Wege beider sind grundverschieden, wie der Himmel Italiens von dem Deutschlands sich unterscheidet, so dass auch die Ziele der beiden niemals dieselben sein können.

Es ist eine merkwürdige Fügung, dass zu derselben Zeit, in der Giuseppe Verdi seine «Aïda», in der er seine hohen künstlerischen Ziele wohl vollkommen errungen hat, in Bologna Richard Wagners «Lohengrin» die erste italienische Aufführung erlebt und damit des deutschen Meisters Ruhm in Italien begründet wird, und zwar durch denselben Mann, den lange Freundschaft mit Verdi verbunden hatte, durch Angelo Mariani! Verdi besuchte eine «Lohengrin»-Aufführung, die kritischen Bemerkungen auf den Notenblättern bezeugen es.

Wie durch den grossen deutschen Genius mit seinem «Lohengrin» die Bahn zum Musikdrama gebrochen ist, so erringt Verdi mit «Aïda» den Stil des musikalischen Dramas. Der italienischen Oper ist die alte Machtstellung in der Welt wieder gesichert, ein strahlendes Kleinod, ein Edelstein von seltener Schönheit ist den Menschen aller Nationen und kommenden Jahrzehnte geschenkt!

Aïda.

Die kolossalen Umrisse einiger Pyramiden grüssen uns und erzählen stumm und ehrwürdig von Jahrtausenden. Hinter ihnen aber dehnt sich das unabsehbar weite Sandmeer der Wüste. Fast könnten wir über diesem Anblick der Grösse der Natur und der Schöpfung menschlicher Kunst vergessen, dass in unserer Nähe ein Strom vorbeifliesst, denn seine Strömung ist ebenso ruhevoll, ebenso erhaben wie das Bild der Wüste. Breit und majestätisch ziehen die Fluten des Nils dahin. Kein Luftzug bewegt sich, in feierlicher Stille und Erhabenheit steht das Bild vor unserm Auge und weckt die Erinnerung an Zeiten, die längst ins Meer der Ewigkeit versunken sind.

Aber das Bild bleibt nicht tot, die Vergangenheit ersteht, das Reich der Pharaonen wird lebendig, die Priester bringen der Gottheit ihre Opfer dar, der König erscheint in seinem Reichtum, gross an Macht. Krieg, das ewig unheilvolle Erbe der Völker, zerspaltet die Nationen, und in diesem grossen Geschehen soll sich die Tragik der Herzen abspielen, angesichts des weiten Hintergrundes klein, und

doch von so erschütternder Bedeutung, dass dadurch erst der grosse Rahmen in hellem Licht erscheint.
In dieser Vergangenheit entsteht eine Musik, dessen Grösse dieser Vergangenheit würdig ist. In Musik aber auch erscheinen die zartesten Regungen des Herzens, daneben die dunkelsten Schattenseiten der Gefühle: Eifersucht, Hass und Rache. Über dem Ganzen schwebt das tiefe, nimmer ruhende Sehnen nach der Heimat und einer Liebe, welche zum Tode bereit ist. So ist «Aïda» ein Werk geworden, wie Giuseppe Verdi es in solchem Ebenmass noch nie geschaffen hatte. Folgerichtig reiht sich Szene an Szene, kein Takt ist zuviel oder zuwenig, keinen Augenblick vermindert sich die Spannung der Handlung, kein toter Punkt hemmt die Entwicklung, die zielbewusst zum Ende führt.
Um die grosse Auseinandersetzung der beiden einander feindseligen Stämme der Ägypter und Äthiopier handelt es sich, vor allem aber um das Schicksal der Liebe, die in Radames und Aïda sich verkörpert. Das offenbart jenes feine, zarte Thema, das, wie das innerste Bekenntnis einer Seele, von den hohen Streichern vorgetragen, das Vorspiel einleitet: Es ist das

Thema, das «Aïdas Liebe» heisst. Was verkündet das zweite, das die tiefen Streicher anstimmen und bis zum Fortissimo fortführen? Es ist das Thema der Verurteilung des Radames. Wie aber ist dieses exotisch anmutende Werk entstanden?

Der Vizekönig von Ägypten, Ismael Pascha, ein grosser Kunstfreund, hat Kairo mit einem prachtvollen neuen Theater beschenkt. Zur Eröffnung des Suezkanals soll eine Oper komponiert werden, deren Kolorit ägyptisches Gepräge tragen soll. Der berühmte Ägyptologe Mariette-Bey, der seinen Wohnsitz in Theben aufgeschlagen hat, schreibt eine rührend einfache Geschichte zweier Liebenden aus den Zeiten der Pharaonen. Aber welcher Komponist wäre imstande, diesem Bild das entsprechende musikalische Gewand zu geben, die Farben so zu zeichnen, dass das Land der Pharaonen aus der Musik lebendig wird? Die Wahl fällt auf Giuseppe Verdi. Man fragt ihn an, ob er bereit sei. «Aus welchem Grunde sollte ich schreiben? Welches wäre das Ergebnis, und was würde ich dabei gewinnen? Das Resultat wäre recht dürftig. Ich würde mir von neuem sagen lassen müssen, dass ich 'nicht zu schreiben verstände', oder

dass ich 'Anhänger Wagners' geworden sei. Schöner Ruhm! Nach vierzigjähriger Laufbahn als 'Nachahmer' zu enden!» war seine Antwort.

Aber man lässt sich nicht so leicht abweisen. Der französische Dichter Du Locle gestaltet den Stoff. Verdi lernt das Buch kennen, sofort ist seine Phantasie angeregt.

Aïdas grosse Liebe, die nicht minder leidenschaftliche der Rivalin Amneris, der daraus entspringende, heillose Zwiespalt, die für Radames so verhängnisvolle Eifersucht der ägyptischen Königstochter auf ihre Nebenbuhlerin, die «Sklavin», die Liebe Aïdas zu Radames, dem Feind ihres Vaterlandes, der Kampf zwischen dieser Liebe und der zur Heimat, zum Vaterland in Aïdas Seele, endlich der Liebestod beider – ja, das sind Motive, die einen Verdi begeistern müssen!

Mit Eifer geht der Maestro ans Werk. Er studiert die ägyptische Landschaft, die Sitten, Bräuche, Trachten, Musikinstrumente der alten Ägypter. Im Juni 1870 kommt der Dichter Antonio Ghislanzoni, der die französische Vorlage Du Locles in italienische Sprache und Verse umsetzt, nach Sant' Agata.

Antonio Ghislanzon

Dieses Werden vollzieht sich zügig unter der Obhut des Maestro, der dauernder Mitgestalter des Librettos ist. Mitte November, in kaum fünf Monaten, ist die Urfassung der Oper samt Instrumentierung vollendet. In Paris werden auf Veranlassung des Theaterintendanten des Khediven die Kostüme und Dekorationen angefertigt. Zugleich mit der Planung der Uraufführung in Kairo wird auch die erste Aufführung im Teatro alla Scala in Mailand vorbereitet, die bald nach jener stattfinden soll. Verdis einstiger Schüler und Freund, Emanuele Muzio, soll in Kairo die Einstudierung der neuen Oper besorgen. Da bricht 1870/71 der Deutsch-Französische Krieg aus, die Belagerung von Paris durch die deutschen Truppen macht eine Entsendung der Opernausstattung unmöglich, auch Mariette-Bey bleibt in Paris eingeschlossen. Verdi aber arbeitet in dieser unfreiwilligen Wartezeit weiterhin an seinem neuen Werke, verbessert und feilt, wo es nach seiner künstlerischen Überzeugung noch zu vervollkommnen ist. Der Krieg ist zu Ende, in Frankfurt wird Friede geschlossen, und am Heiligen Abend, am 24. Dezember 1871, ist man in Kairo zur Aufführung bereit.

Eine erlauchte Gesellschaft hoher Gäste aller Länder, die bedeutendsten Kritiker sind zugegen, Musikfreunde aller Welt. Einer fehlt – Maestro Verdi! Warum? Sein Magen sei zu empfindlich, um mitzuerleben, was nach seiner Überzeugung mit reiner Kunst nichts mehr gemein hat. Deutlich sagt es sein Brief an den Mailänder Kritiker Dr. Filippo Filippi: «Sie in Kairo? – Das ist eine Reklame für 'Aïda', wie sie sich kaum wirksamer denken lässt! – Aber mir kommt es so vor, als wäre die Kunst unter solchen Verhältnissen nicht mehr Kunst, sondern ein Handwerk, eine Vergnügungspartie, eine Jagd, irgend etwas, hinter dem man herläuft, dem man, wenn nicht Erfolg, so doch mindestens Publizität um jeden Preis geben möchte! ... Das Gefühl, das ich dabei empfinde, ist das des Ekels, der Erniedrigung! Ich erinnere mich immer mit Freude an die Zeit meiner Anfänge, in der ich fast ohne einen Freund, ohne dass jemand von mir sprach, ohne Vorbereitung, ohne bestimmte Einflüsse mich mit meinen Werken dem Publikum vorstellte, bereit, die 'Flintenschüsse' aufzufangen, und überglücklich, wenn es mir gelingen konnte, einige günstige Eindrücke hervorzuru-

fen. Jetzt aber – welch ein Aufgebot um einer Oper willen! ... Journalisten, Künstler, Choristen, Direktoren, Professoren usw. Sie alle müssen ihr Steinchen zum Gebäude der Reklame beitragen und so einen Rahmen von lauter Winzigkeiten bilden, die dem Wert einer Oper nichts hinzufügen, ja vielmehr ihren wahren Wert verdunkeln. Das ist bedauerlich, tief bedauerlich! ... Ich wünsche für diese Oper nur eine gute und vor allem eine 'verständnisvolle' Aufführung in bezug auf den gesanglichen und instrumentalen Teil und auf die Inszenierung. Im übrigen: Gott befohlen! Denn so habe ich meine Laufbahn begonnen, und so will ich sie zu Ende gehen.» Verdi könnte keinen besseren Beweis davon geben, wie wichtig ihm seine Aufgabe als schaffender Künstler ist. Er sollte recht behalten: «Aïda» würde wohl auch ohne allen Nimbus an Aufwand und Propaganda den unerhörten Eindruck in Kairo wie auch bei der Erstaufführung in Mailand am 8. Februar 1872 machen, dem sich kein Besucher dort wie hier verschliessen kann. Es sind die Anfänge eines Siegeszuges durch die Welt!
Memphis und Theben in Ägypten zur Zeit der Pha-

raonenherrschaft um 1000 v.Chr. sind die Schauplätze der Oper «Aïda» in 4 Akten. Der Pharao von Ägypten (Bass) mit seiner Tochter Amneris (Mezzo) sowie Amonasro (Bariton), König Äthiopiens, mit seiner Tochter Aïda (Sopran), die als Sklavin bei der Königstochter dient, haben sich mit dem Feldherrn Radames (Tenor) zu beschäftigen. Ramphis (Bass) ist Oberpriester in Ägypten. Seit den Ätherklängen des traviata-Vorspiels hat Verdi keine Opereinleitung von ähnlicher Feinheit mehr geschaffen. Mit noch verfeinerter Kunst der Harmonik und der Instrumentierung hat er dieses Vorspiel der Oper als den Auftakt vorausgeschickt, der die ganze Handlung in wenigen genialen Strichen charakterisiert. Bereits befinden wir uns im ersten Bild in Memphis. Der Oberpriester Ramphis teilt dem jungen Feldherrn mit, dass die Göttin Isis den ägyptischen Heerführer gegen die Äthiopier bestimmt hat. Kaum hat die Oper begonnen, wird das Können des Tenors bereits auf die Probe gestellt. In einer schwierigen aber grossartigen Arie, «Celeste Aïda», hofft er als Heerführer siegreich und mit Lorbeer bekränzt zurückzukehren, um seine im Geheimen geliebte Aïda vom Sklavendasein zu befreien. Allzu gerne möchte Amneris, die ihrerseits in Radames verliebt ist, herausfinden, ob er ihre Liebe erwidert: Im Zusammentreffen mit ihm und der hinzukommenden Aïda entsteht in ihr, aus dem Verhalten der beiden schliessend, der Verdacht von Liebe zwischen Aïda und Radames, was in einem bemerkenswerten Terzett dargestellt wird. Fanfaren kündigen den König in Begleitung von Priestern an. In der nun folgenden prächtigen Ensembleszene ernennt der Pharao Radames zum Anführer Ägyptens gegen die im Süden des Landes unter der Führung Amonasros einfallenden Äthiopier. Für Aïda ist dies eine schreckliche Situation: Ihr Geliebter kämpft gegen ihren Vater. Begleitet von der Melodie eines Kriegsmarsches wünscht der Pharao Ramades baldigen Sieg und fordert ihn auf, sich im Tempel des Vulkans zu bewaffnen. Aïda ist entsetzt, Amneris überreicht Radames das Kriegsbanner und ruft freudig aus: «Als Sieger kehre heim!», was von den Anwesenden siegesbewusst wiederholt wird. Nur Aïda ist zurückgeblieben und wiederholt den soeben erklungenen Siegesruf. In der grossen Arie erkennt sie die Bedeutung der

Lage. Der Zwiespalt der Gefühle zwischen Sieg und Niederlage des Geliebten und des Vaters beziehungsweise der Brüder wird in einer ergreifenden musikalischen Darstellung verdeutlicht. Mit einem ausdrucksreichen Gebet an die Götter schliesst die Szene. Inzwischen befinden wir uns im Vulkantempel. Priesterinnen und Priester rufen, von Harfenspiel begleitet, den Gott Phta an. Es entsteht eine orientalisch anmutende Atmosphäre im geheiligten Raum; der Weiheakt nimmt mit dem Tanz der Priesterinnen seinen Fortgang. Zum Schluss übergibt Ramphis Radames das heilige Schlachtschwert; daraus entwickelt sich ein Duett der beiden Männer, worin sie den Schutz des Himmels erflehen. Die Anwesenden stimmen nun ebenfalls ein und beschliessen die majestätisch religiöse Zeremonie im Tempel. Das erste Bild des 2. Aktes spielt sich einige Monate später ab. In den Räumen der Königstochter besingen Amneris und ihre Sklavinnen den Sieg Ramedes über die Äthiopier. Mit sinnlicher Glut träumt die Prinzessin von der Liebe mit dem siegreichen Feldherrn. Der Tanz der Mohrenknaben ergänzt die aufgeräumte Stimmung der Frauen. Weniger Grund zum Feiern hat Aïda, die von der Niederlage ihres Volkes erfahren hat. In einem dramatischen Duett entlockt Amneris der verzweifelten Aïda das Geständnis ihrer Liebe zu Radames. Verlogen berichtet sie vom Tod des Geliebten, um dann genüsslich das Gegenteil zu bestätigen. Ein dramatischer Umschwung der Gefühle zu Aïda kommt zutage. Als stolze Siegerin fordert sie siegesbewusst ihre Rivalin Aïda heraus und befiehlt ihr, dass sie sich als Sklavin an den sich bereits ankündigenden Siegesfeierlichkeiten zu beteiligen hat. Aïda, alleine zurückgelassen, beschliesst die Szene mit demselben erhabenen Gebet an die Götter wie im 1. Akt. Wer kennt Verdis Triumphmarsch aus Aïda nicht? Im 2. Bild: Aus dem Triumph des Siegers Radames entwickelt sich wohl die spektakulärste Massenszene, die der Maestro je für die Bühne geschrieben hat! Er liess sogar eigens für diesen Anlass pseudoägyptische Trompeten anfertigen. Vor den Toren der Stadt Theben zieht das siegreiche Heer mit dem Jubel des Volkes bei den Klängen des grossartigen Triumphmarsches vor dem Pharao, seiner Tochter Amneris, dem Hofstaat und Priestern vorbei. Es ist ein unglaubliches Schauspiel, welches noch mit einer glänzenden Balletteinlage unterstrichen wird! Nun erscheint auch der grosse Sieger, begleitet von Gloria-Rufen des begeisterten Volkes. Amneris darf ihn voller Stolz mit Lorbeeren bekränzen. Der König verheisst dem Gefeierten, ihm jeden Wunsch zu erfüllen. Radames lässt die Kriegsgefangenen vorführen. Aïda erkennt ihren Vater, der König der Äthiopier, der inkognito bleiben will. Für seine Mitgefangenen erbittet Amonasro um Gnade. Eine grandiose Massenszene, worin all die verschiedensten Gefühle zum Ausdruck kommen, spielt sich ab. Zum Entsetzen der Priester, aber unter Beifall der Menge wünscht sich nun Radames vom König die Freilassung aller Gefangenen. Überraschend wird dem Wunsch stattgegeben. Der Pharao stellt aber die Bedingung, dass Aïda und ihr Vater als Friedenspfand bleiben müssen. Sodann trägt der König Radames die Hand seiner Tochter an, um einst über Ägypten herrschen zu können. Noch einmal erklingen nun die Trompeten, das Orchester und der Chor mit all seinen Akteuren im Fortissimo zu dem den 2. Akt abschliessenden glorreichen Finale!

Im 3. Akt, am Ufer des Nils in der Nähe des Isistempels, erleben wir in einem einzigartigen Vorspiel die nächtlich orientalische Atmosphäre der Flusslandschaft. Chöre der Priesterinnen und Priester ertönen aus der Ferne, während Amneris mit dem Oberpriester zum Isistempel emporsteigt, um am Vorabend der Vermählung mit Radames zu beten. Heimlich erscheint Aïda, sie erwartet Radames. Im Glauben, dem Geliebten Lebewohl sagen zu müssen, spielt sie mit dem verzweifelten Gedanken, sich in den Nil zu stürzen. Dieser rezitative Gesang von unübertrefflich musikalischem Gefühlsausdruck leitet über zur Arie: «O cieli azzurri – strahlender Himmel». Vom Heimweh übermannt, gedenkt sie der Orte ihrer glücklichen Kindheit, der Heimat, die sie wohl kaum mehr wiedersehen kann. Diese Melodik übertrifft alle musikalischen Eingebungen, die nun vom Orchester in einzigartiger Stimmung zu Ende geführt werden. An Stelle des erwarteten Radames erscheint ihr Vater, der gegenüber Ägypten einen neuen Feldzug inszeniert hatte, ganz unerwartet vor seiner Tochter Aïda. Er verspricht ihr mit Radames eine glückliche Zukunft in ihrer Heimat. In einer psychologisch überzeugenden Szene versucht er, um die Liebe der beiden wissend, Aïda zu überreden, Radames zu Vaterlandsverrat zu veranlassen. Die Tochter lehnt dieses Ansinnen ab, und der Vater verflucht sie deswegen im Zornausbruch. Sie fleht um Erbarmen, er malt ihr die düstersten Zukunftsbilder aus, so dass Aïda – ihrem Vaterland zuliebe – in die Tat einwilligen muss. Der Vater versteckt sich in unmittelbarer Nähe, als Radames erscheint. Aïda erinnert den Geliebten an die bevorstehende Hochzeit mit der Königstochter, von dem Radames gar nichts wissen will, nur Aïda ist sein Lebensziel! Mit wunderbaren lyrischen Passagen hören wir nun ein Liebesduett, wie die beiden zusammen Fluchtpläne schmieden. Zuletzt kommt die verhängnisvolle Frage an den Geliebten: Welchen Weg wählen die Truppen Ägyptens? «Durch die Schlucht von Naputa!» – «Dort werden die Meinen sein!» ruft Amonasro aus und gibt sich dem konsternierten Ramades als König der Äthiopier zu erkennen. Amneris, aus dem Tempel kommend, entdeckt die Liebenden. Aïdas Vater will die Königstochter erdolchen, Radames kann es verhindern, verhilft Aïda und Amonasro noch zur

Flucht und lässt sich dann von den Ägyptern entwaffnen. Amneris übergibt den Verräter dem Oberpriester Ramphis zur Aburteilung.

Im ersten Bild des 4. Aktes befinden wir uns mit Amneris im unterirdischen Gewölbe mit Gerichtssaal und Gefängnis. In einem Vorspiel wiederspiegelt das Orchester den erregten Gemütszustand Amneris, im daran anschliessenden Rezitativ schildert sie, dass die verhasste Rivalin entflohen sei und ihr Vater von den Verfolgern getötet wurde. Die Priester werden nun Radames wegen Verrats bestrafen. Aber trotz Hochverrats und Fluchtversuchs mit der Rivalin liebt Amneris ihn gleichwohl. Sie lässt den Gefangenen zu einem Gespräch vorführen, denn sie will ihn vor dem Tod retten. Im Dialog mit Radames kann sie keinen Sinneswandel erkennen. Trotz leidenschaftlicher Beschwörungen und Liebesbezeugungen ist ihr Vorhaben vergebens. Verzweifelt überlässt sie den Gefangenen den Wachen. Vom Gerichtsraum hört sie dreimal, Radames solle sich zur Anklage rechtfertigen, dreimal schweigt er. Das Urteil wird gesprochen: «Lebendigen Leibes einmauern!» Die Prinzessin ist erzürnt. In der leidenschaft-

Darsteller der Oper «Aïda» in Triest

lichen Arie verwünscht sie die gnadenlosen Richter, die Rache des Himmels soll auf die Priester herabkommen. In zwei Ebenen unterteilt ist das letzte Bild der Oper. Radames, eingeschlossen im Kellergewölbe, gedenkt seiner verschwundenen Aïda. Auch sie hat sich heimlich einschliessen lassen, um mit ihrem Geliebten sterben zu können. Im äusserst innigen Duett: «O terra, addio, addio», in zartesten Tönen untermalt, beschliessen sie gemeinsam ihr Leben, währenddessen über dem Gewölbe die trauernde Amneris, von Priesterinnen begleitet, um den Frieden der Seele betet. So fällt der Vorhang.

Zweifelsohne hat Verdi mit dieser Oper seinen Höhepunkt erreicht. Zu Recht ist dieses Werk zum populärsten Bühnenstück emporgestiegen! Musik und Handlung stimmen überein!

Mancher seiner bisherigen Verehrer allerdings kann nicht mehr so ganz mitkommen. Als «Aïda» unter des Meisters Leitung auch in Parma aufgeführt wird, entschliesst sich ein junger Mann aus Reggio Emilia, zur Aufführung nach Parma zu fahren, weil er viel Lobenswertes über die neue Oper seines geliebten Maestro gehört hat. Bitter enttäuscht kehrt er zurück. Da aber alle, die das Werk erlebt haben, voll Begeisterung davon sprechen, versucht er sein Heil ein zweites Mal, vielleicht versteht er nun mehr davon. Wieder vergeblich. Da setzt er sich hin und richtet an Verdi einen Brief, in dem er ihm sagt, er habe wohl die Dekorationen, die Sänger und Sängerinnen bewundert, die Musik jedoch könne ihm nicht gefallen, sie klinge matt und fessle ihn nicht. Mit diesen «verblühten Jugendreizen» könne er sich nicht befreunden. Die Ausgaben seien ihm, dem nicht begüterten Familienvater, sehr schwer gefallen. Dies laste nachts wie ein Alptraum auf seiner Seele und quäle ihn in seinen Träumen. Er bitte daher, ihm die Kosten vergüten zu wollen:

Eisenbahnfahrt hin	Lire	2.60
Eisenbahnfahrt zurück	Lire	3.30
Eintrittskarte	Lire	8.–
Schlechtes Abendbrot	Lire	2.–
	Lire	15.90
	zweimal Lire	31.80

Verdi besitzt gesunden Humor. Er beauftragt Ricordi, dem Bittsteller 27.80 Lire zu senden. Vier Lire soll er kürzen, denn für das schlechte Abendbrot sei er nicht verantwortlich. Ausserdem müsse der Mann sich verpflichten, künftig keine Oper Verdis mehr zu hören, denn der Maestro wolle ihm keine unruhigen Nächte mehr verursachen.

Das ist ein Biedermann aus Reggio Emilia. Aber auch manche «Kritiker» kommen noch nicht recht mit, sonst würden sie dem Komponisten nicht eine gewisse Abhängigkeit von Wagner, Meyerbeer und Gounod ankreiden. Also doch «nach vierzigjähriger Laufbahn ein Nachahmer»? Ganz sicher nicht! Durch «Aïda» wird Giuseppe Verdis Weltruhm unsterblich!

Sant' Agata.

In der Fremde bleiben? Für alle Zukunft? Fern von seinem Italien? «Und wenn ich es auch wollte – es ist unmöglich! Ich liebe zu sehr meine Einsamkeit und meinen Himmel!» So schreibt Verdi aus Paris an seine Freundin Clarina Maffei. Ihn treibt «eine wilde Sehnsucht, nach Hause zu kommen.»
Das ist der «Himmel», und das ist die «Einsamkeit», die der Maestro liebt, denn ganz in der Nähe des Stromes Po, der die oberitalienische Tiefebene beherrscht, erstrecken sich Verdis heimatliche Gefilde: Zwischen Piacenza und Parma liegt Busseto, nahe dabei der Ort, wo seine Wiege stand, Le Roncole, und unweit davon sein Gut Sant' Agata, das er sich dank seiner materiellen Erfolge 1848 erworben hat. Es ist und bleibt sein Heim, in das er sich immer wieder zurückzieht. Den Namen trägt es nach einer kleinen, der heiligen Agata geweihten Kapelle.
Wir nähern uns dem herrschaftlichen Gut des Komponisten durch eine riesige mit Pappeln bepflanzte Allee. Das Gittertor wird geöffnet, und vor uns erhebt sich in vornehmer Einfachheit das Haus, von Gebüsch reich umwachsen. Über der Haustüre grüsst

Frontansicht der Villa Sant´ Agatá

uns der Satz «Homo sum, humani nihil a me alienum puto», welcher für den Meister charakteristisch ist. Er kann wahrhaft von sich sagen wie Terenz: «Mensch bin ich, nichts, was menschlich, acht' ich mir als fremd.» Wir treten in Verdis Arbeitszimmer ein, das zur ebenen Erde liegt: Ein Flügel aus der berühmten Werkstätte Erard in Paris, darüber ein Bild des nie vergessenen Schwiegervaters Barezzi, ein Schreibtisch, eine kleine Bibliothek, das ist der Inhalt des Raumes. In einem Nebenraum erinnert uns das alte Spinett an die ersten Fingerübungen des kleinen Giuseppe. Die übrigen Räume sind einfach eingerichtet.

So früh wir am Tage hierher gekommen sind – den Maestro finden wir nicht im Hause. «Der Gutsherr ist längst draussen im Garten, in den Ställen», erklärt uns Frau Giuseppina Verdi freundlich. Verdis zweite Gattin, welche die Wege der Kunst mit feinem Verständnis ebenso treu mit ihm geht, wie sie die Angelegenheiten des Hauses auf das sorgfältigste verwaltet. «Ja, das ist so!» bestätigt sie nachdrücklich, indem sie in unsern Gesichtern das Staunen liest, «der Maestro, der so viele Opern komponiert

Park der Villa

hat, kennt sich hier auf seinem Landgut nicht weniger gut aus als in seinen Partituren. Kein Kalb, kein Rind darf ohne seine Zustimmung verkauft werden. Jetzt, in der Erntezeit, hat er vollauf zu tun. Und, Signori, er bleibt nicht beim Hergebrachten stehen. Erst vor kurzem hat er neue Maschinen gekauft. Ich glaube, wir dürfen bald von einer 'Musterwirtschaft' sprechen!» – «Die Razza Verdi ist berühmt», ergänzen wir, um zu beweisen, dass wir nicht ganz ohne Kenntnis sind. «Das will ich meinen!» fällt Frau Giuseppina sofort ein, «seine Pferde gehen dem Maestro über alles. Nicht umsonst rühmen Fachleute das Verdische Gestüt. Signori, vielleicht sehen Sie sich draussen im Garten um? Da werden Sie den Meister irgendwo finden.» – «Und dürfen wir ihn ansprechen?» – «Gewiss», sagt sie herzlich lachend, «wer sich für sein Gut interessiert, ist ihm stets willkommen.». Über diese Aussicht erfreut, verlassen wir das Haus. Draussen empfängt uns das Bild eines wohlgepflegten Gartens mit Zypressen, lichte, freundliche Rasenplätze, blühende Sträucher. Wir stehen unter dem schattenspendenden Blätterdach einer ehrwürdigen Baumgruppe, und unser Blick verliert sich träumend über den kleinen See. Da kommt ein alter Bedienter des Weges und mustert uns streng: «Mit oder ohne Erlaubnis, Signori?» – «Mit Erlaubnis der Padrona», seine Miene verzieht sich zu jener verbindlichen Freundlichkeit, die dem Italiener so wohl ansteht. «Va bene, unser Maestro wird auch bald erscheinen. Dort drüben sehen Sie ihn im Kahn!» über den See hindeutend. «Das ist so seine Gepflogenheit an warmen Tagen, das tut ihm wohl, unserem Maestro. Hier, in Gottes Natur, spricht er zwar mehr als sonst, er ist nämlich ausserordentlich wortkarg», fügt er mit wissendem Augenzwinkern hinzu, «und», geheimnisvoll flüsternd, «wenn er abends drinnen in seinem Arbeitszimmer bei der Studierlampe sitzt und seinen Flügel geöffnet hat – oh, dann darf ihn niemand stören; denn in solchen Stunden entstehen seine schönsten Melodien!» Ein Leuchten gleitet über die Züge dieses einfachen Mannes, während er so von seinem Herrn spricht. Wir haben infolge unseres Gespräches die Ruderschläge ganz überhört. Verdi landet, und lachend fragt er uns, indem er an Land steigt und seinen Kahn festbindet: «Hat Ihnen mein guter Alter von meinen Opern erzählt?» – «Gewiss, er kennt ja 'alle' meine Melodien und ist davon so begeistert, dass er keine andere Musik gelten lässt. – Er ist mein Treuester seit Jahren, der einstige Droschkenkutscher aus Mailand! – Aber lassen wir das jetzt – nichts weiter von Opern!». Den Maestro, von aller Welt hoch verehrt, vor uns zu sehen – da steht er, nicht eben gross von Gestalt und dennoch imponierend in seiner hageren Figur, mit gütigen, lebensprühenden Augen, die in dem feinen, von markanten Linien durchzogenen Gesicht, in dem der Vollbart den Ausdruck der Freundlichkeit noch betont. «Sehen Sie hier auf diesem schönen Fleckchen Erde, ich bin stolz darauf und dem Himmel dankbar, wenn etwas gedeiht ... Hätten wir nur mehr verständige Bauern!» fährt er mit ernster Miene fort. «Dem armen Italien sind gute Ackerbauern besser als mittelmässige Musiker, Dichter, Advokaten und Politiker. Aber schauen Sie weiter, dorthin, ans Ende des Parks, wo die Parkanlage ins freie Ackerland und Feld übergeht! Dort beginnt der Teil meines Gutes, der andern Menschen Nutzen bringt. Wie mancher arme Pächter hat dadurch seinen Lebensunterhalt

und mit ihm viele andere Menschen! – Aber das alles, Signori, war nicht so einfach, es musste erobert, dem Po abgerungen werden. Der ist nämlich nicht immer so 'moderato' wie heute. Wenn in den Bergen die Schneeschmelze einsetzt oder wenn die herbstliche Regenperiode nicht aufhören will, haben wir Überschwemmungen. Wir mussten Dämme bauen, und erst dann konnten wir unsere Ackerbaupläne verwirklichen.» Nun lädt er uns ein, mit ihm seine Ställe und Scheunen zu besuchen, in welche die Ernte bereits eingefahren ist. Er wird nicht müde, alles zu erklären. Die Ehrfurcht verbietet uns, neugierige Fragen zu stellen. Wir nehmen Abschied, der alte Diener geleitet uns zum Tore. «Sehen Sie, Signori», flüstert er, «dort» – dabei deutet er geheimnisvoll auf die Fenster des Arbeitszimmers – «dort drinnen wird es lebhaft; sobald hier die Dämmerung hereinbricht, wird es in seinem Zimmer hell, es ertönen oft neue Melodien! Ja, Signori, wir sind immer die ersten, die seine neuen Opern hören!», verneigt sich höflich und verschwindet, vor sich hinpfeifend, wieder ins Haus. Wir verlassen den Garten und Sant' Agata. Während wir durch die lange Pappelallee zu-

Arbeitszimmer

rückwandern, kommt es uns vor, als ob wir aus dem Geflüster der Baumblätter ganz leise Verdische Töne wahrnehmen könnten.

Requiem.

Verdi lebt wieder in der Stille von Sant' Agata. Der Maestro ist nicht nur als Künstler der Vollkommenheit entgegengereift, sondern auch als Mensch. Zum Nachdenken von früher Jugend an geneigt, hat er jene philosophische Tiefe der Seele erlangt, die ihn durch Ruhm ebensowenig überheblich werden lässt, wie sie durch Ablehnung und zersetzende Kritik im Kern nicht erschüttert werden kann. Ihm haben gerade die letzten Jahre durch den Verlust teurer Menschen die Vergänglichkeit des Irdischen mit zwingender Unerbittlichkeit gezeigt.

Nun tritt im Mai 1873 ein neuer, bitter schmerzender Verlust: Alessandro Manzoni stirbt! Nicht, dass er vom Meister wie ein Heiliger verehrt von der Erde scheidet, ergreift Verdi im Innersten seines Herzens – er zählt sechsundachtzig Jahre, sondern dass der Mann, der nur liebte und wohltat, in seinem ehrwürdigen Alter seinen Sohn zum Grab begleiten musste und unter diesem Schmerz allmählich selbst dahinwelkte. Giuseppe Verdi komponiert zum Gedächtnis des grossen Toten ein «Requiem». Er, der noch vor zwei Jahren den Gedanken eines «Requiems» abgelehnt hat, da es «viele Totenmessen» gebe, der durch den bei Rossinis Heimgang an menschlicher Schwäche kläglich gescheiterten Plan eher noch weiter davon abgekommen sein müsste, plant nun eine Vertonung aller Sätze. Ein «Requiem» von höchster Schönheit und Würde entsteht. Dem erschütternden Tongemälde der von den Schrecken des Weltgerichts aufgewühlten Seele stehen Gesänge voll beseligender Hoffnung auf Gnade und Erbarmen gegenüber. Seine Orchesterbehandlung beleuchtet mit feinster Schattierung alle Regungen einer Menschenseele angesichts der letzten ewigen Dinge. Die «Gedenkmesse» ist in sieben «Sätze» eingeteilt:

I   *Requiem*
II   *Dies irae*
III *Offertorium*
IV   *Sanctus*
V   *Agnus Dei*
VI   *Lux aeterna*
VII *Libera me*

Die Sequenz «Dies irae» ist das Kernstück des ganzen Requiems. Es umfasst etwa ein Drittel des Werkes. Aber nicht nur sein Umfang macht es zum

Bruchstück aus der «Messa da Requiem»

Schwerpunkt der Totenmesse, sondern aus der Art, wie der Maestro es gestaltet, leuchtet deutlich ein, dass für ihn das Hauptgewicht auf der musikalischdramatischen Zeichnung der Furchtbarkeit des Jüngsten Gerichtes liegt. Mit Tiefe und Verinnerlichung lässt Verdi die religiöse Lyrik zum Klang werden, wie er das musikalische Gemälde des Weltgerichts mit grandiosen Strichen zu unvergesslichem Eindruck zu gestalten vermag. Wenn das «Dies irae» verklungen ist, stehen wir unter dem erschütternden Eindruck des Weltgerichts, wie es der Pinsel eines Michelangelo nicht gewaltiger hätte zeichnen können. Die Entstehung der Dichtung wird dem Franziskanermönch Thomas von Celano zugeschrieben, der im 13. Jahrhundert lebte. Jedenfalls aber ist diese sich mit den letzten Dingen befassende Sequenz seitdem als festliegender Teil einer Liturgie in das Requiem aufgenommen worden. Ein Mozart, ein Cherubini, ein Berlioz haben sie vertont. Ihnen reiht sich Verdis «Dies irae» ebenbürtig an. In mystisch zarten Modulationen, von tremolierenden Violinen sanft umschlungen, erhebt sich das Flehen des Solo-Alt: «Lux aeterna luceat eis». Der letzte

Satz «Libera me, Domine, de morte aeterna!» ist die Keimzelle des ganzen Werkes, er ist der Teil, den der Meister schon als Beitrag des für Rossini geplanten Requiems geschaffen hat. In diesen Texten sind noch einmal die in der Totenmesse wesentlichen Grundzüge enthalten: Die Erinnerung an das Weltgericht mit seinen Schrecken sowie das inständige, demütige Gebet für die Verstorbenen und für die eigene Seele. Eine gewaltige Schlussfuge von tiefer Eindruckskraft krönt das Werk, eine Fuge, die durch ihre meisterhafte Gestaltung wie durch die geniale Ausdeutung der ihr zugrunde liegenden Worte («Libera me, Domine, de morte aeterna in die illa tremenda») erschüttert. Der zwingenden Wirkung der Bitte, die in den eisernen Fortissimo-Akkorden des Chores und Orchesters zum Himmel stürmt: «Domine, Domine, libera, libera, libera me de morte aeterna!» kann sich wohl kein Herz verschliessen, in dem nicht jeder Glaube an die letzten Dinge erstorben ist.

Dass nicht etwa ein Werk im Stile Palestrinas entsteht, wird wohl niemanden überraschen. «Wie ich's habe, so geb' ich's», sagte einst Joseph Haydn, «und da Gott mir ein fröhlich' Herz gegeben hat, so wird

er mir schon verzeihen, wenn ich ihm auch fröhlich diene». Nun, liesse sich nicht dasselbe von Verdi sagen, in seinem Sinne, unter seinen Voraussetzungen? Ist dieses Requiem wirklich theatralisch? Ist der Vorwurf berechtigt? Wollen wir dem Meister der Oper und des Theaters verübeln, dass der Stil seines Requiems nicht streng kirchlich oder gar cäcilianisch ist? Kann man dieses ernste Werk etwa deshalb «theatralisch» nennen, weil Verdi mit Hilfe seiner dramatischen Kunst die Schrecken des Jüngsten Gerichts mit erschütternder Tonsprache zeichnet?
Die Uraufführung des Requiems leitet Verdi am Jahrestage des Todes Alessandro Manzonis, am 22. Mai 1874, in der Kirche San Marco zu Mailand. Zahllose Aufführungen folgen in ganz Europa, die er zum Teil selbst dirigiert. Das Requiem blieb bis heute erfolgreich.

Wie es seinem künstlerischen Streben entspricht, versucht Verdi es auch mit der in dieser Zeit in Italien immer üblicheren Beschäftigung der Kammermusik. Die Früchte dieses Gelegenheitswerkes sind keine schlechten: Das 1873 entstandene Streichquartett beweist es. Es ist ein Werk, das bei allen von aussen gekommenen Einflüssen echt Verdisches Gepräge trägt, wie dies stets für den Genius kennzeichnend ist. Diese Verfeinerung des Stils und der Kunstmittel bis ins kleinste ist auch das musikalische Fundament dieses Streichquartettes, welches am 1. April 1873 erstmals in Neapel aufgeführt wurde.

Verdi hat sich selten damit abgefunden, ein von der Presse oder gar vom Publikum abgelehntes Werk fallen zu lassen, um so weniger, wenn er der Überzeugung war, mit diesem etwas geschaffen zu haben, welches mit seinem künstlerischen Verantwortungsbewusstsein übereinstimmt. Daher folgt er im Jahr 1880 dem Wunsch Giulio Ricordis, den «Simon Boccanegra», der vor dem «Maskenball» im Jahr 1857 entstanden ist und sich nie richtig durchsetzen konnte, jetzt neu zu bearbeiten, zumal er in Arrigo Boito den genialen Mann neben sich hat, der fähig ist, den Text Piaves erfolgreich zu verbessern. Es fällt dem Meister nicht schwer, die innere Verbindung mit dem Werk wieder aufzunehmen, weil schon in jener ersten Fassung Wege eingeschlagen sind, die er seitdem zielbewusst weiter gegangen ist. Die Aufführung im März 1881 in der Scala zu Mailand findet eine begeisterte Aufnahme.

Zwei Jahre später ist auch der «Don Carlo» umgestaltet, von fünf auf vier Akte reduziert. Er wird in der Scala aufgeführt. Dasselbe Jahr 1883 bringt am 13. Februar die Trauerbotschaft, dass Richard Wagner in Venedig gestorben ist. Wie aufrichtig Verdi seinen genialen Zeitgenossen bewundert und wie frei sein Wesen von jeglichem Neid ist, beweist sein Brief an Giulio Ricordi: «Traurig, traurig, traurig. Wagner ist tot! Als ich gestern die Depesche las, war ich, das darf ich wohl sagen, völlig niedergeschmettert. Hier schweigt jede Erörterung. Uns entschwindet eine grosse Persönlichkeit. Ein Name, dessen Spur in der Geschichte der Kunst nicht untergehen wird.»

Angesichts der grossen Opern Verdis erscheinen kleinere Kompositionen aus seiner Feder leider oft nur allzu sehr in deren Schatten. Ein schönes fünfstimmiges «Pater noster», a cappella, und ein «Ave Maria» für Sopransolo mit Streichorchester, im Jahre 1879 entstanden, geben Zeugnis von der engen geistigen Verbindung Verdis mit seinem grossen

Richard Wagner

Landsmann Dante, denn beide Texte haben nicht die
lateinischen Worte, sondern die von Dante geschaffene italienische Umdichtung ist der Vertonung zugrunde gelegt. Die Uraufführung des «Ave Maria» und «Pater noster» war am 18. April 1880 in Mailand. Auch die «Composizioni da camera» für Gesang mit Klavierbegleitung sind es wert, bekannt zu werden: «L'esule», «La seduzione», «Il poveretto», «Stornello» sowie die «Sechs Romanzen» von 1838, unter denen sich zwei Goethesche Texte befinden, und die «Sechs Romanzen» von 1845.

Otello.

Shakespeare! In seinem Banne war und blieb Giuseppe Verdi seit der ersten Begegnung: Verdi, der Musikdramatiker – Shakespeare, der Dramatiker der Dichtkunst! Hat er sie nicht schon in «Macbeth» gefunden, im «König Lear», in «Hamlet»? Wenn diese beiden nicht zur Aufführung reiften, so lag es an der Wucht, an der Überfülle an der grandiosen Kühnheit, vor denen Verdi zurückschreckte und sie deshalb schlussendlich ad acta legte. Seitdem konnte er sich aber von dem grossen Briten nicht mehr «befreien». Shakespeare liess ihn nicht mehr los. In Verbindung mit ihm werden nun in der Vollreife des Genius zwei weitere überragende Denkmäler seines Bühnenschaffens zeitigen.

Was könnte den auf höchster Warte des Schaffens stehenden Komponisten zur künstlerischen Gestaltung drängen als die grosse Tragödie menschlicher Leidenschaften, die sich in Shakespeares «Otello» abspielt? Dazu noch nachgestaltet von einem Tondichter, der auch als Schöpfer des Librettos weit über Verdis frühere Mitarbeiter herausragt. Arrigo Boito hat, selbst Musiker und erfolgreicher Bühnen-

komponist – sein «Mephistopheles» war nach der Überarbeitung erfolgreich – die Fähigkeit, Maestro Verdi den Text zu bieten, der die Grundlage zur genialen Grösse der Tondichtung bildet.

Sechzehn Jahre sind dahingegangen, seitdem die orientalisch inspirierte Oper «Aïda» ganz Europa berauscht. Lange hat Verdi geschwiegen; hat er uns nichts mehr zu sagen, fragt sich mancher Verehrer des 74jährigen. Doch der weite Bogen, vom Maestro vor vierzig Jahren als Grundstein gelegt, der uns über «Simon Boccanegra» führte, nähert sich seiner Vollendung. Da und dort dringt ein Gerücht durch: Eine neue Oper des «Vecchio di Sant' Agata»! Ob es wohl wahr ist? Ja, es stimmt: Die Plakate der Scala melden für den 5. Februar 1887: «Otello, dramma lirico in quattro atti». Gespannt sind die Erwartungen der rund 2800 Besucher der Scala an jenem Februarabend, als der Dirigent Franco Faccio ans Pult tritt und zu dirigieren beginnt.

Dreizehn Takte, und schon ist die Stimmung der Natur mit wenigen kräftigen Strichen gezeichnet, bis der Vorhang sich hebt und die Bühne das aufgepeitschte Meer zeigt. Blitze zucken unaufhörlich,

Boito und Verdi in Sant'Agata.

der Donner rollt: Chromatische Sextakkorde, Triolen, chromatische Sechzehnteltonleitern – ein Bild des Orkans auf brausendem Meer ist mit einfachen Mitteln treffend gezeichnet; es versetzt uns nach Zypern, Ende des 15. Jahrhunderts. Der Mohr Otello (Tenor) ist der Befehlshaber der venezianischen Flotte und Statthalter. Jago (Bariton), Fähnrich, Cassio (Tenor), Hauptmann, Montano (Bass), früherer Statthalter Zyperns, Rodrigo (Tenor), ein edler Venezianer, sowie der Gesandte der venezianischen Republik, Lodovico (Bass), heissen die männlichen Hauptdarsteller. Ihnen gegenüber sind die beiden Frauen Desdemona (Sopran), Otellos Gattin, und jene Jagos, Emilia (Mezzosopran).

Der bereits im Vorspiel fulminant einsetzende Gewittersturm versetzt die auf Otello wartenden Einwohner in helle Aufregung, da sie befürchten, das Schiff der Heimkehrer sei im Begriff zu kentern. Die Glaubwürdigkeit dieser grossen Chorszene ist beklemmend, all die verschiedenen Ängste gipfeln in dieses prachtvolle Klanggemälde in der Beschreibung des Geschehens mit anschliessenden Fürbitten bei Gott um Rettung. «È salvo» tönt es plötzlich in

der sich allmählich beruhigenden Naturszene. Der siegreiche Befehlshaber Otello tritt an Land und verkündet den Sieg über die Türken, was vom Volk in brillanter Weise gefeiert wird. Unterdessen erfahren wir in einem Dialog Jagos mit Rodrigo, dass er den Mohren hasse, weil er Cassio an seiner Statt zum Hauptmann ernannt habe, er werde die Situation jedoch noch zu ändern wissen! Derweilen haben die Feiernden ein Freudenfeuer angezündet, um Otellos Sieg in einen fulminanten Chorgesang zu feiern. Vom Orchester vernehmen wir dazu das Knistern der Flammen. Im angriffigen Trinklied fordert Jago den zögernden Cassio zum Mittrinken auf. Dem Hauptmann wird dies zum Verhängnis. Zuviel getrunken und von den Anwesenden aufgewiegelt, verstrickt er sich in eine wilde Schlägerei mit der Wache. Vom Lärm alarmiert, erscheint der Mohr, mit souveräner Autorität befiehlt er Ruhe. Von Jago lässt er sich berichten, was geschehen sei; natürlich fällt dessen Schilderung zu Ungunsten Cassios aus. Kurzerhand wird der Hauptmann vom erzürnten Otello degradiert, worauf sich die Menge zerstreut. Desdemona ist nun ebenfalls auf der Schlossterrasse

Desdemonas Haus in Venedig

erschienen und nähert sich ihrem Gatten. Gemeinsam beschliessen sie unter dem Sternenhimmel den Abend. In der grandiosen Liebesszene entwickelt sich ein Zwiegespräch der Liebenden von unnachahmlicher Intensität, in den zartesten Farben ausgemalt. Es steigert sich im wunderbar sinnlichen Verlangen; «Ancora un bacio», im ausklingenden Pianissimo der Geigen und zuletzt Violoncelli. Unendlich friedlich endet das erste Bild.

Im 2. Akt sind wir in einem Schlossaal mit angrenzender Gartenanlage. Kurz hören wir noch das Ende der Unterhaltung zwischen Cassio und Jago, der dem Degradierten rät, Desdemona um Fürsprache bei ihrem Gatten zu bitten. Der sonst stets liebenswürdig auftretende Fähnrich erweckt allgemein nur Sympathie. Aber jetzt, nur ein einziges Mal, enthüllt uns der allein zurückgebliebene Jago in seinem Credo ein erschreckendes Seelenbild, kräftig, ja fast hämisch-diabolisch vom Orchester untermalt. Im dämonischen Glaubensbekenntnis preist er das Böse, singt die Hymne an den Hass, verleugnet die Menschlichkeit in unerhört eindringlicher Abscheulichkeit! Seine hämische Offenbarung lässt nichts Gutes erwarten! Durch scheinbar harmlose Bemerkungen werden der Verdacht und die Argwohn dem Mohren sachte «eingetröpfelt», bis das Gift der Eifersucht zur Explosion durchbrechen wird. Desdemona weilt im Garten, Cassio trägt ihr sein Anliegen vor, währenddessen Jago Otello, der nun auch im Saal weilt, einen Wink gibt, was sich im Garten abspielt, dies in einem sich dramatisch verdichtenden Dialog. Die herrschende Spannung wird wunderbar unterbrochen durch die Huldigung der zypriotischen Frauen, Kinder und Seeleute, die Desdemona Geschenke zu Mandolinen- und Dudelsackbegleitung überreichen, die von der Beschenkten mit einem beglückenden Solo verdankt werden. Die ahnungslose Gattin versucht hierauf beim Gemahl das Anliegen Cassios vorzubringen. Kopfschmerzen vortäuschend, geht Otello nicht darauf ein. Besorgt reicht sie ihm zur Linderung ihr kostbares Taschentuch, gereizt wirft er dieses zu Boden, Emilia nimmt es an sich, der hinzutretende Jago reisst es ihr aus den Händen. Hier gelingt dem Komponisten wiederum ein Quartett mit grosser ineinander einwirkenden Synthese. Nachdem die beiden Ehefrauen den Saal verlassen haben, fordert der Mohr Jago auf, seine Verdächtigungen mit Beweisen zu belegen. Im spannungsgeladenen Dialog schürt Jago den Argwohn Otellos. Die Szene verdichtet sich zunehmend, der Fähnrich versteigt sich in einem Traumbericht, worin der schlafende Cassio im Traum angeblich zu Desdemona Liebesbezeugungen spricht. Der Höhepunkt in seinen Indizien ist die Behauptung, er glaube in Cassios Besitz ein gewisses Taschentuch gesehen zu haben. Für Otello zuviel, inszeniert er mit Jago das Racheduett, meisterhaft vom Orchester kommentiert, welches den 2. Akt beschliesst.

Der folgende Akt spielt sich im Hauptsaal ab. Der Herold kündigt die Ankunft des venezianischen Gesandten an. Nachdem Jago seinem Herrn weitere Beweise versprochen hat, erscheint Desdemona. Es folgt eine Passage, wo sich eine geballte Ladung musikalischer Schönheiten abwechselt. Ohne Argwohn plädiert sie nochmals beim Gemahl für Cassio. Otello weist ab, will aber das besagte Taschentuch sehen, welches sie einst von ihm als Geschenk entgegennahm. Sie hat es nicht bei sich und vertröstet ihn auf später. Nochmals versucht die ahnungslose

Frau, das Anliegen Cassios zu erwähnen, womit ein Beweis der Untreue für den Mohren gegeben ist. Er bezichtigt seine Gemahlin des Ehebruchs und jagt sie aus dem Saal. Allein im Raum sinnt er in einem bemerkenswerten Monolog seines «unverdienten» Schicksals. Schon ist Jago wieder zur Stelle! Er verwickelt Cassio in ein Gespräch, soweit vom Mohren entfernt, dass dieser es nur teilweise verfolgen kann, was die Eifersucht noch schürt. Zu guter Letzt bringt es der Intrigant fertig, das Taschentuch Desdemonas von Cassio zeigen zu lassen. Otello, ausser sich vor Wut, schwört, noch am selben Abend seine Frau umzubringen. Inzwischen kündigen Trompeten den Auftritt des Gesandten an. Nachdem die venezianischen Vertreter, Damen und Herren, sowie Desdemona mit Emilia eingetreten sind, erkundigt sich der Gesandte Lodovico nach dem Verbleib Cassios und vernimmt, dass dieser in Ungnade gefallen sei. Der Mohr liest die erhaltene Botschaft. Der Doge hat ihn befördert, deshalb ruft er ihn nach Venedig zurück und ernennt Cassio zum Statthalter. Das grossangelegte Finale des 3. Aktes ist eine weitere musikalische Glanzleistung Verdis. Zuerst stösst der wütende Otello seine Gemahlin gewaltsam zu Boden, unglücklich beweint sie in einer sehr schönen Melodie ihr Schicksal. In einem grossartigen Vokalensemble bringen Emilia, Cassio, Rodrigo, Lodovico, Jago und Otello ihre unterschiedlichen Emotionen zum Ausdruck. Die übrigen Anwesenden mit ihren Gedanken schliessen sich den Solisten an. Otello, in höchster Erregung, jagt alle Gäste hinaus. In einem verzweifelten Aufschrei verflucht er alle, insbesondere seine Frau Desdemona, unbeherrscht stürzt er zu Boden und bleibt ohnmächtig liegen. Von draussen tönt's: «Evviva Otello, Ehre dem Löwen Venedigs!». Drinnen entgegnet Jago hämisch: «Da liegt der Löwe!». Da die Tragik im Verlauf der Handlung wächst, steigert sich auch die Musik zum Höhepunkt der Oper: Der Liebe namenloses Leid, des Hasses Glut, der Eifersucht verzehrendes Feuer, Rachedurst – das sind die Grundmotive, mit solcher Überzeugungskraft Klang geworden, dass Meister Verdi sich wahrlich selbst übertroffen hat. Seine Musik erschliesst die geheimsten Kammern der Seelen in Liebe und Hass. Es gelingt ihm, den Kampf der Gegensätze ins Gigantische zu steigern. Ein

Motiv voll unsäglichen Leides klagt zu Beginn des Vorspiels zum letzten Aufzug. Verlassenheit und tiefe Betrübnis liegen über der Stimmung dieser Klänge. Cis-moll-Einsamkeit! Wir vergessen die triumphale Huldigung, wie sie Otello dargebracht wurde, wenn nun der Vorhang sich hebt und uns Desdemona zeigt. Nichts von einer Spur des Hasses, aber auch kein «Dolcissimo» der Liebe dringt aus dieser Musik an unser Ohr, nein, nur unsagbare Wehmut, Todesnähe, stille Ergebenheit. Hier, in ihrem Schlafzimmer, soll Desdemona den Gatten empfangen. Angst vor dem Ungewissen durchbebt ihre Seele. Erfüllt von Todesahnung singt die unschuldig Gedemütigte ihrer Dienerin Emilia das traurige Lied von der Weide, währenddessen Emilia ihr bei der Nachttoilette Hilfe leistet. Nach Emilias Weggang ein erschütternder Ausbruch namenloser Angst: «Buona notte, an Emilia, addio!». Wieder beruhigt, beginnt sie zu beten: «Ave Maria ...». Dies ist wohl die subtilste Gebetsszene, die der Maestro je komponiert hat. In ihrem Schlafgemach erwartet Desdemona ihren Gatten. Ihr Gewissen ist ohne Schuld, in Angst vor dem Unbestimmten schlummert sie ein. Nun nimmt das Verhängnis seinen unaufhaltsamen, tragischen Verlauf. Der Auftritt Otellos im Schlafraum ist von beklemmender Atmosphäre, das Orchester trägt das Seinige dazu bei. In äusserster Konzentration vollzieht sich das grausige Geschehen. Nachdem Otello seine schlafende Frau noch einmal geküsst hat, erklärt er zielbewusst seiner Gattin, warum sie jetzt sterben müsse. Verzweifelt beteuert sie ihm ihre Unschuld, doch er zieht sein Vorhaben durch und erdrosselt seine Desdemona. Vom Lärm aufgeschreckt kommt Emilia ins Zimmer und ruft um Hilfe. Im Beisein von Montano, Lodovico und Cassio klärt sie Otello auf, welchen skrupellosen Machenschaften er ihrem Ehemann Jago erlegen ist. Otello stellt den nun auch anwesenden Jago zur Rede. Er soll sich verteidigen: «Nein!» ruft Jago und flüchtet blitzschnell. Der Mohr, seinen fatalen Irrtum einsehend, sieht nun für sich keinen Lebenssinn mehr. An der Seite seiner Desdemona stösst er sich einen Dolch in seine Brust. Noch einmal möchte er seine Frau küssen: «Ancora un bacio», aber – er stirbt, ohne seinen letzten Wunsch erfüllt zu haben ... Das Liebesmotiv des Orchesters begleitet den Sterbenden. Der letzte Ton verhallt. Stürmischer Beifall umbraust den Meister, den Textdichter, den Dirigenten und die Künstler. Zur Ovation gewachsen, setzt er sich auf der Strasse fort. Die begeisterte Jugend spannt die Pferde vom Wagen, der Verdi zum Hotel «Milan» bringen soll, und zieht ihn selbst. Dort wird ihm von Tausenden gehuldigt, und lange muss der Gefeierte sich immer wieder auf dem Balkon des Hotels zeigen: «Il vecchio di Sant' Agata!»

Giuseppe Verdi glaubt, dass mit Aïda der krönende Abschluss seiner Opernkompositionen erreicht ist. Eine Zeitlang dirigiert er noch seine erfolgreiche Oper in den verschiedensten Theatern, und das Requiem erlebt unter seiner Stabführung weitere erfolgreiche Aufführungen. Sant' Agata ist aber vorwiegend sein Daheim. Zwischendurch unternehmen die Eheleute Verdi nebst den alljährlichen Badekuren diverse ausgedehnte Reisen ins Ausland, wobei Paris immer wieder ein Reiseziel ist. Des milden Klimas wegen verbringt man die Wintermonate meistens in Genua. Aber etwa um 1881 beginnt Giulio Ricordi im stillen Einvernehmen mit Giuseppina mit

dem Versuch, Giuseppe Verdi für eine neue Opernkomposition zu begeistern. Sein grosses Anliegen ist dabei, eine Annäherung zwischen dem talentierten Arrigo Boito und dem Maestro herbeizuführen, was schliesslich gelingt. Es ist ein grosser Glücksfall für die Opernliteratur, dass der geniale Boito seine guten Dienste vollumfänglich und mit Begeisterung dem Komponisten Verdi zur Verfügung stellt. Nach der geglückten Überarbeitung von «Simon Boccanegra» gelingt es ihm auch, den Maestro für Otello zu begeistern. Unter Geheimhaltung, langsam im Vorgehen, die Gesundheit berücksichtigend, entsteht in bester Zusammenarbeit der beiden diese prachtvolle Oper! Ein Meisterwerk sowohl im Libretto wie auch in der Komposition! Über diese erspriessliche Zusammenarbeit existiert ein reichhaltiger, aufschlussreicher Briefwechsel, der sich über zwei Jahrzehnte hinzieht. Nur dank diesen glücklichen Umständen sind weitere zwei Meisterwerke, eben «Otello» und zuletzt noch «Falstaff» entstanden.

Arrigo Boito in seinem
Studierzimmer in Mailand.

Falstaff – eine moderne Oper.

Der weite Bogen von «Macbeth» über «Simon Boccanegra» und «Otello» endet nun bei «Falstaff». Eine völlig neue «Sprache» spricht die Musik! Einmal nur, zu Beginn seiner Karriere, hat Verdi eine Opera Buffa geschrieben, «Un giorno di regno», die ihm eine schmerzliche Niederlage eingetragen hatte. Jetzt aber: «Vergnüglicher Typ eines Schuftes, ewig wahr unter verschiedener Maske, zu jeder Zeit und an jedem Ort!» Liegt nicht in dieser bündigen Zeichnung seines Titelhelden das enthalten, was Verdi sein Leben lang suchte und in jedem Werk der Reife erstrebte? Typen, wahre Typen wollte er schaffen, nicht diese oder jene Einzelpersönlichkeit als solche, sondern es galt, in ihr das Allgemeingültige ans Licht zu heben und mit plastischer Eindringlichkeit in Wort und Ton lebendig werden zu lassen. Greifbar wahr muss die Innengestaltung der Persönlichkeit werden, sei es nach der guten oder schlechten Seite des Handelns. Nicht erstaunlich daher, dass Verdi wiederholt Stoffe vertonte oder zu vertonen beabsichtigte, die der grosse Brite vor ihm im Wortdrama auf die Bühne gebracht hatte. Warum aber wurde

«König Lear» trotz des vorliegenden Librettos und Skizzen wieder vernichtet? Es sind Fragen, die schliesslich unbeantwortet bleiben.

Welch glückliche Fügung, dass Verdi in seinem Landsmann Arrigo Boito einen ihm an Begeisterung für Shakespeare wie an Fähigkeit dramatischer Gestaltung ebenbürtigen Librettisten zur Seite hat! So sehr ist der Komponist der «Mephistopheles» und «Nero» dem Schöpfer des «Otello» zugetan, dass er sein eigenes kompositorisches Schaffen zurückstellt. Seit einiger Zeit spukt der dicke Ritter Sir John Falstaff aus Shakespeares «Lustigen Weibern von Windsor» in Verdis Kopf umher. Boito fördert die Absicht, den «vergnüglichen Schuft» einmal auf die Bühne zu bringen. Im Brief vom 9. Juli 1889 findet Boito die richtigen Worte, um Verdi zur endgültigen Entscheidung zu bringen: «Ich glaube nicht, dass es Sie anstrengen wird, eine Opera comica zu schreiben ... Sie haben grosse Lust zu arbeiten. Das ist zweifellos ein Beweis Ihrer Gesundheit und Kraft. Ihre 'Ave Maria' genügen Ihnen nicht, Sie brauchen etwas anderes. Sie haben Ihr ganzes Leben lang ein schönes Thema für eine komische Oper gewünscht. Das

ist ein Zeichen dafür, dass die Ader von künstlerisch hohem Humor in Ihrem Hirn existiert. Der Instinkt ist ein guter Ratgeber. Es gibt nur einen Weg, um noch besser als mit Otello zu endigen, der glorreiche Abschluss mit Falstaff! Nachdem Sie alle Schmerzensrufe und Klagen des menschlichen Herzens haben ertönen lassen, es nun mit einem mächtigen Ausbruch der Heiterkeit zu enden. Das wird alle in höchstes Erstaunen versetzen!» Aus dem Badeort Montecatini (in der Nähe von Lucca und Pisa) folgt Verdis Antwort bereits einen Tag später: «Amen, so sei es! Machen wir also Falstaff! Denken wir im Augenblick nicht an die Hindernisse: das Alter, die Krankheiten!» Dieses köstliche Urbild aller Taugenichtse, dieser aufgeblasene, versoffene, witzige, verschuldete Ritter, zu jeder Zeit zu jedem Liebesabenteuer aufgelegt, kommt ja geradewegs von Shakespeare her. Wie treffend ist er dort, in seiner nordischen Heimat, vom grössten Dramatiker charakterisiert worden.

Schon einmal hatte Falstaff, der «vergnügliche Typ eines Schuftes», die Feder eines schaffenden Musikers gereizt: «Die lustigen Weiber von Windsor» von

Giuseppe Verdi in Montecatini

Otto Nicolai weckten schon lange vor Verdis Oper Heiterkeit durch die urwüchsige Frische und Natürlichkeit ihrer Melodik. Mit jugendlichem Feuer und mit frischer Arbeitslust geht es weiter ans Werk, er studiert den Fugenbau, um in einer burlesken Fuge den erlösenden Schlussakkord, die letzte Lebensweisheit zum Ausdruck zu bringen:
«Alles ist Spass auf Erden,
wir sind geborene Toren.
Glauben wir, weise zu werden,
dann sind wir dümmer noch als zuvor.
Besser lacht wohl keiner,
als wer am Ende noch lacht!»
Hatte Giuseppe Verdi nicht unerschöpfliche Gelegenheit, vor und hinter dem Vorhang der Bühne die Intrigen, die erbärmlichsten Gefühle, kleinlichen Hass und Neid zu erfahren, alle jene tausend wichtigen Dinge, die den Alltag «würzen» und den Höhenflug hemmen? Von der hohen Warte des abgeklärten Geistes aber rückblickend, erscheinen sie alle als Farce. Wir lachen darüber, wir lachen über unsere eigene Beschränktheit. So macht sich Verdi ans Werk. Ganz für sich selbst nur will er den «Falstaff»

schreiben, ohne an die Öffentlichkeit zu denken, in aller Ruhe, in der Stille von Sant' Agata. Er wünscht von niemandem über den Fortgang der Komposition gefragt zu werden, möchte gar nicht an eine Aufführung denken, solange er daran arbeitet; er meint, die feinen, kammermusikalischen Wirkungen könnten in einem grossen Theaterraum nicht zur Geltung gelangen. «Ich glaube, man müsste ihn statt in der Scala in Sant' Agata darbieten!» Mit viel Spass und nicht minder genialen Einfällen stellt Meister Verdi seinen prahlerischen, schwerfälligen, geckenhaften Ritter bereits mit den ersten Takten seiner Oper auf die Bühne. Bei einem Essen im Hause Ricordi wendet sich Arrigo Boito in einem Trinkspruch an Verdi, um ihn zur Geburt des «Dickwanstes» zu beglückwünschen. Dies ist die erste Ankündigung seiner neuen Oper «Falstaff». Wie ein Lauffeuer durcheilt diese Nachricht Italien, und Verdis Freunde, darunter der Marchese Monaldi, fragen bei ihm an, ob es damit seine Richtigkeit habe. Verdi antwortet:

«Mein sehr verehrter Marchese Monaldi!
Was soll ich Ihnen sagen? Es sind vierzig Jahre, dass ich eine komische Oper zu schreiben wünsche, und fünf-

zig Jahre, dass ich ‚Die lustigen Weiber von Windsor' kenne. Indes – die gewohnten ‚Aber', die sich überall einstellen, haben sich stets meinem Wunsch widersetzt. Nun hat Boito all die 'Aber' beseitigt und für mich eine lyrische Komödie geschrieben, die sich mit keiner andern vergleichen lässt. Es macht mir Vergnügen, die Musik dazu zu schreiben, ohne irgend einen Entwurf, und ich weiss auch nicht, ob ich damit zu Ende kommen werde.

Bemerken Sie wohl: Es macht mir Vergnügen.

Falstaff ist ein böser Geselle, der schlimme Streiche aller Art macht – aber unter einer belustigenden Form. Er ist ein T y p u s ! Sie sind so selten, die Typen!

Die Oper ist vollständig komisch. Amen – Seien Sie meiner steten Ergebenheit versichert.

Giuseppe Verdi.»

Im Juli 1891 begegnet Monaldi dem Meister wieder im Badeort Montecatini und erkundigt sich nach dem «Falstaff». «Wissen Sie», antwortet Verdi, «ich kann Ihnen nun eine vertrauliche Mitteilung machen: Der 'Falstaff' ist fertig, ja, aber noch nicht instrumentiert.» – «Das wird Ihnen, verehrter Maestro, gewiss keine Mühe machen», wendet Monaldi

Giuseppe Verdi, 1893

ein. Aber der Meister erwidert: «Früher, ja, da wäre es so gewesen, wie Sie sagen. Aber heute ist es anders. Die Instrumentierung meiner Oper ist jetzt eine Mühe für mich und zugleich eine Anstrengung, eine Mühe wegen der Wichtigkeit, die heute die Instrumentierung für eine lyrische Oper hat, und wegen der Bedeutung, die ich ihr zu geben gedenke. Eine Anstrengung, weil ich alt bin und meine Augen und meine Hand mir nicht mehr immer gehorchen wie früher. – Sehen Sie, wenn ich zwei Stunden täglich arbeite, wie das jetzt meine Gewohnheit ist, könnte ich Ihnen in diesem Augenblick ganz genau die Zeit angeben, die ich noch zur Fertigstellung meiner Arbeit brauche; aber kann ich die zwei Stunden ganz dazu haben und jeden Tag? Darum kann ich Ihnen nicht sagen, ob und wann ich den 'Falstaff' fertig haben werde.«Und wieder kommt Monaldi einige Zeit später auf den «Falstaff«zurück, worauf er von Verdi folgenden Brief erhält:

«*Genua, 18. Januar 1892.*

Mein sehr verehrter Marchese Monaldi!

Nein, nein, nein – Lassen Sie sich wirklich nicht mit Künstlern wegen des ‚Falstaff' ein! Ich habe vieles von dieser Oper fertig – aber auch noch viel daran zu tun. Seit drei Monaten arbeite ich nicht mehr daran! Ich bin unwohl gewesen und bin es noch, meine Frau gleichfalls. Ermessen Sie darnach, ob ich an den ‚Falstaff' denken kann – wer weiss, ob ich überhaupt noch daran denken kann! – Ach, das Theater, das Theater! Seien Sie meiner steten Ergebenheit versichert. Giuseppe Verdi.»

Ein Jahr darauf ist die Oper vollendet. Für den 9. Februar 1893 wird die Uraufführung in der Mailänder Scala festgesetzt. Am 4. Januar beginnen unter der Leitung des Meisters die Proben. Noch hat der nun Achtzigjährige die Kraft und geistige wie körperliche Elastizität, täglich stundenlang zu arbeiten, noch entzündet das Feuer seines Genius wie einst Musiker und Sänger. Wer sollte nicht staunen, wenn er Verdi in seiner straffen Haltung vor dem Orchester stehen sieht! Augen des «ehrwürdigen Geistes von Sant' Agata»! Vor der körperlichen wie geistigen Leistung dieses «Greises« staunen nicht nur die Künstler, sondern nicht weniger grosse Fachleute der Medizin wie Cesare Lombroso. Die Uraufführung leitet Edoardo Mascheroni vor dem vollbesetz-

ten Haus der Scala. Gäste der verschiedensten Nationen, hohe Vertreter Italiens, Giacomo Puccini, Pietro Mascagni und der Dichter Giosué Carducci befinden sich unter den Besuchern. Noch dringender als je zuvor fordert Verdi eine völlig einwandfreie Wiedergabe seiner Oper. Der Erfolg entspricht seinem Wollen und krönt das Streben der Künstler, dem Werke des Meisters gerecht zu werden. Die Kenner und Wissenden sind über die Beweglichkeit dieser Tondramatik überrascht und über den einmaligen, von Verdi bis dahin ungewohnten Stil. Die grosse Menge der Zuhörer allerdings vermag sich in die Eigenart dieser Musik nicht so schnell einzuleben. Aber auch sie besitzt Ehrfurcht genug, vor Verdi und seinem Werk sich zu neigen und zu bewundern.

Giacomo Puccini

Falstaff.

Kaum zu glauben, welch eine musikalische Wandlung Giuseppe Verdi zwischen seiner ersten Oper von 1839, «Oberto», praktisch Belcanto, und dem 54 Jahre später entstandenen Alterswerk «Falstaff», welches er im 79. Lebensjahr vollendet, durchwandert hat! Eine Tatsache, die ziemlich einmalig in der Opernliteratur ist.

Der «Falstaff«ist eine Commedia lirica in 3 Akten. Verdis letzte Oper also ist ein «Lustspiel», worin das Libretto, der Gesang und das Orchester gleichwertig auf höchstem Niveau miteinander kommunizieren. Arrigo Boito schrieb das ausgezeichnete Textbuch nach Shakespeares «The Merry Wives of Windsor» und einigen Passagen aus «Henri IV». Die Namen der Hauptdarsteller sind: Ritter Sir John Falstaff (Bariton) mit seinen Dienern Bardolfo (Tenor), Pistol (Bass). Mr. Ford (Bariton), seine Frau Alice (Sopran) und deren Tochter Nannetta (Sopran). Es verbleiben noch die Damen Mrs. Meg Page und Mrs. Quickly (beide Mezzo) und die Herren Dr. Cajus (Tenor) und Fenton (Tenor), Nannettas Geliebter. Natürlich spielt sich die wirblige Handlung, in sechs

Bilder unterteilt, in Windsor ab. Die Musik ist phantastisch! Das Orchester hat eine eigenständige Rolle nicht nur als Stimmbegleitung, nein, es kommentiert das Geschehen sehr einprägsam, sei es kichernd, polternd, dann aufregend oder auch Stimmungen zeichnend wie bei den Dämonen und Elfen im nächtlichen Park von Windsor. Die Oper «Falstaff» ist ein ausgesprochenes Ensemblewerk, eigentliche Arien und Duette (keine Regel ohne Ausnahme) gibt es kaum. Der Melodienreichtum ist verblüffend, die Erfindungsgabe des Genius unglaublich! Immer in Gespräche oder Monologe verwickelt, werden die Melodien wie im «Ping-Pong» einander gegenseitig zugespielt. So schnell geht dies vor sich, dass es dem Zuhörer kaum gelingt, sich eine Musikpassage einzuprägen. Die lyrische Atmosphäre, fein nuanciert, ist durchsichtig und locker gehalten. Eine Delikatesse fürs Ohr! Die hervorragende Textgestaltung bedingt auch, dass die Sängerinnen und Sänger gute Schauspieler sind. Dies gilt insbesondere für die Rolle des trotz allem liebenswürdigen Sir John Falstaff, eine Komödiantenrolle erster Güte. Es erübrigt sich bei diesem köstlichen Werk, detaillierte

Victor Maurel

Hinweise auf Musik und Gesang zu geben. Alles wirkt «en parland», Sprache, Gesang und Orchester; flexibel sind der Rhythmus und die Melodik. Man muss dies erlebt haben!

Es verbleibt hiermit nur noch die kurze Inhaltsbeschreibung: Ritter Sir John Falstaff hofft, seine Börse bei Liebesabenteuern wieder äufnen zu können und schreibt Alice Ford und Mrs. Meg Page gleichlautende Briefe, die von einem Pagen überbracht werden. Derweil hält er seinen beiden Dienern eine Standrede über die Ehre (ein Bravourstück der Oper), worauf er sie mit dem Besen fortjagt. Das 2. Bild: Die beiden Frauen, den Brief erhaltend, durchschauen das Ansinnen Falstaffs und beschliessen mit Mrs. Quickly, dem Möchtegern-Schürzenjäger eine kleine Lektion zu erteilen.

Im 1. Bild des 2. Aktes meldet sich Mrs. Quickly bei Sir John und überreicht ihm eine Einladung zu einem Nachmittags-Stelldichein bei Alice. Der eifersüchtige Ford, verkleidet als Mr. Quell, Weinhändler, ersucht John, an seiner Stelle die «spröde» Alice Ford zu erobern, ein praller Geldbeutel ist der Preis. Falstaff, hocherfreut, nimmt das Angebot dankend entgegen. Geschmeichelt erzählt er Ford, dass Alice ihm bereits am Nachmittag erwartet. Während Falstaff sich für das Rendez-vous umzieht, tobt Ford vor Eifersucht. Im nächsten Bild befinden wir uns im Hause der Fords. Mrs. Quickly berichtet vergnügt vom Erfolg bei Sir John, währenddessen Alice und Meg die Vorbereitungen zum Empfang des «vecchio John» treffen. Zwischendurch müssen sie noch die weinende Nannetta trösten, weil ihr Vater sie gegen ihren Willen mit Dr. Cajus verheiraten will. Nachdem noch der grosse Wäschekorb zum Fenster gestellt wird, beschliesst ein kurzes, brillantes Quartett die Frauenszene. Entzückt betritt nun Falstaff das Zimmer mit der alleingelassenen Alice. Selbstbewusst nähert sich John Alice, die sich ihm elegant entziehen kann. Beim zweiten Annäherungsversuch meldet die aufgeregte Mrs. Quickly, dass Mr. Ford mit Begleitung, aufgebracht, ins Haus eingedrungen sei. Die Männer durchsuchen das Haus nach dem «bestellten Eindringling». Im allgemeinen Trubel finden sich Nannetta und Fenton; hinter einem Wandschirm sind sie beglückt beisammen. Falstaff wird unter der schmutzigen Wäsche im Korb versteckt. Beim vergeblichen Suchen des Ritters stösst Ford auf die Liebenden hinter dem Paravent und jagt Fenton aus dem Hause. Diesen Moment ausnützend, kippen die Frauen den Korb mit der Wäsche in den Wassergraben, wo nun Falstaff unter dem allgemeinen Gelächter im Wasser umherfuchtelt.

Im ersten Bild des 3. Aktes finden wir den durchnässten John im Wirtshaus «zum Hosenband». In einem Monolog philosophiert er über sein Ungeschick und die Schlechtigkeit seiner Umwelt. Während er sich an einem Glas Glühwein erlabt, taucht Mrs. Quickly wieder auf. Sie kann ihn von der Unschuld Alices überzeugen. Zu einem neuen Stelldichein um Mitternacht im Park ist die neue Einladung, mit zwei Hörnern von der Stirn spriessend soll er bei der Eiche erscheinen. Die Männer haben dieses Gespräch belauscht und beschliessen, den alten Ritter dort zu bestrafen. Ford verspricht Cajus die Hand Nannettas, welche als Elfenkönigin auftreten werde, er solle als Mönch verkleidet erscheinen. Mrs. Quickly hat dies wiederum auch mitgehört und meldet es den Frauen. Im letzten Bild der Oper im mitternächtlichen Park von Windsor entwickelt sich

eine Melodie in Arienform, worin Fenton, ebenfalls als Mönch verkleidet, von der Liebe zu Nannetta träumt, die sich bald auch zu ihm gesellt. Das mitternächtliche Treffen mit Alice misslingt Sir John abermals. Die nächtlichen Geister, Dämonen und Elfen erscheinen. Die Elfenkönigin singt die einzige echte Arie dieser Oper, eine vom Orchester herrlich untermalte Zaubermelodie. Falstaff, erschrocken am Boden liegend, wird von den Geistern und Dämonen böse verprügelt. Er muss erkennen, dass er abermals reingelegt wurde. Ford hat sich auch täuschen lassen, Alice bittet ihn, den Bund der beiden gleich verkleideten Paare zu segnen. Zuerst hat er Cajus mit Bardolfo unwissend «vermählt». Wohl oder übel musste er nun dem echten Paar auch seinen Segen geben. Falstaff fragt Ford, wer denn jetzt der Gehörnte sei. Ford seinerseits kann nun gute Miene zum bösen Spiel machen. Die grosse Schlussfuge: «Alles ist Spass auf Erden» kann beginnen!
So gestaltet sich auch diese Uraufführung wieder zu einem unerhörten Triumph. Dem Jubel im Theater, wo Verdi am Schluss mit Boito vor dem Vorhang erscheint und gefeiert wird, folgt die Ovation auf der

Strasse und im Hotel «Milan». Aufführungen in Rom, Venedig, Triest, Wien, Berlin, Neapel finden innerhalb des ersten Jahres statt, grossteils durch die Mitglieder der Scala unter Mascheronis Leitung.
«Die letzten Noten des 'Falstaff'. Alles ist vollendet! Geh' deinen Weg, solange du kannst ... Vergnüglicher Typ eines Schuftes, ewig wahr unter verschiedener Maske, zu jeder Zeit und an jedem Ort! Geh' ... geh' ... Mach dich fort ... Addio» So der Zettel, den Arturo Toscanini in der Originalpartitur findet, als er sie 1918 durchblättert. Arrigo Boito schreibt nach der Uraufführung einem Freund über die Oper Falstaff: «Was Sie sich nicht vorstellen können, ist das immense, intellektuelle Vergnügen, das diese romantische, musikalische Komödie auf der Bühne bereitet ... Kommen Sie! Kommen Sie, um dieses Meisterwerk zu hören, um zwei Stunden in den Gärten Decamerone zu verbringen!» Ja, niemand bezweifelt, dass Giuseppe Verdi ein grosses Meisterwerk gelungen ist. Vergleiche der Musikkritiker mit Richard Wagners Werken gab es keine mehr!
Falstaff lebt immer noch. Die Popularität von «Aïda», «Rigoletto», «Traviata» und anderen wird

dieses Kleinod kaum jemals erreichen. Diese musikalische Komödie ist zu anspruchsvoll! Richard Strauss formulierte in einem Brief an den Musikschriftsteller Edgar Istel den Unterschied zwischen den beiden Opern Otto Nicolais und Giuseppe Verdis folgendermassen: «'Die lustigen Weiber' sind eine hübsche Oper, der'Falstaff' aber eines der grössten Meisterwerke aller Zeiten!» Recht hat er!

Andante – moderato.

In einem Werke von bisher unerreichter Originalität gipfelt der erhabene Welthumor des Philosophen: «Alles ist Spass auf Erden!». An was gibt es jetzt noch zu denken? «Erinnern Sie sich an den dritten 'Falstaff'-Abend?» schreibt Verdi einige Monate nach der Uraufführung an Emma Zilli, eine der Darstellerinnen der lustigen Weiber. «Ich verabschiede mich von Euch allen, und Ihr alle seid ein wenig bewegt, besonders Sie und Giuseppina Pasqua. – Stellen Sie sich vor, was mein Abschiedsgruss für mich zu bedeuten hatte: Er sollte sagen: Als Künstler werden wir uns nicht mehr wiedersehen! – Alles ist zu Ende. Glücklich Ihr, die Sie noch eine lange Laufbahn vor sich haben!» – Was also gibt es nun noch zu schaffen? Ist wirklich alles «zu Ende»? Nein, der Genius hat sich noch nicht völlig erschöpft. «Wunder» ist vielleicht zu viel gesagt, wenn ein Achtzigjähriger einen «Falstaff» komponiert und er in den ihm noch beschiedenen Jahren in seinen «Heiligen Gesängen» sich in Sphären überirdischer Weihe erhebt und zu jenen Himmelshöhen dringt, zu denen uns 600 Jahre früher sein grosser Landsmann, Italiens grösster

Dichter, einst führte, Dante Alighieri. Von der ersten komischen Oper «Un giorno di regno» bis zur zweiten, zum «Falstaff» – welch ein Weg! Von jenem niederschmetternden Misserfolg zum ruhmvollen Ende seines Bühnenschaffens – welche Summe von Leiden, Enttäuschungen, Feindseligkeiten, von unermüdlicher Arbeit und Mühe! Wie viele Stunden aber auch des Glückes im Gefühl der gelungenen und anerkannten Tat, der Triumphe, der Erfolge, die alle Enttäuschungen wieder vergessen liessen! Ja, Meister Verdi hat den «Schreien und Klagen des Menschenherzens«nicht nur in seiner Kunst unsterbliches Leben verliehen, er hat sie am eigenen Leib erfahren!

Das Leben geht weiter, in der schönen Jahreszeit im stillen Heim von Sant' Agata, im Winter im «Palazzo Doria» zu Genua oder im «Hotel Milan«in Mailand. Er ist dem Leben nicht fern, empfängt seine Freunde und Getreuen, macht regelmässige Spaziergänge, freut sich der Geselligkeit beim Mahle, liest eifrig die Berichte über Musik, Literatur, Kunst und verfolgt mit Interesse ihre Entwicklung. Nach wie vor verweilt der Maestro mit seiner Gattin alljähr-

lich im Bad von Montecatini, «dessen Wasser ihm wohlbekommt, der Wein aber noch besser mundet»! «Il vecchio», der ehrwürdige Alte, ist immer noch jene markante, einnehmende Persönlichkeit, dessen Eindruck man nie vergisst. Verdi lässt sich nicht blenden. Er empfängt dankbar jedes Jahr als ein Geschenk des Himmels.

Der lang gehegte Plan, in Mailand ein «Altersheim für Musiker», eine «Casa di riposo», zu stiften, wird mit Zustimmung seiner «Peppina» verwirklicht. Dort sollen hundert Musiker das Gastrecht geniessen. Dort auch – so will es der Stifter des Hauses – sollen Giuseppe und Giuseppina Verdi im Tode ruhen. Einige Jahre vor Verdis Ableben wurde der Greis gefragt, welches seiner Werke er am meisten liebe. Er antwortete: «Unter all meinen Werken ist mir am liebsten das Heim, welches ich in Mailand errichten lasse, für alte Künstlerinnen und Künstler, die nicht vom Glück begünstigt und nicht mit der Tugend der Sparsamkeit begnadet sind, arme liebe Lebensgefährten. Glauben Sie mir, mein Freund, das Heim ist mir wirklich meine schönste Oper!». Das Projekt stammt aus dem Jahre 1889. Verdi kauft ein Grund-

Altersheim für Tonkünstler,
eine Stiftung von Verdi

stück am Piazza Michelangelo Buonarroti. Die Pläne des Altersheims werden vom Architekten Camillo Boito, dem Bruder Arrigos, entworfen und liegen 1895 endgültig vor. Die «Casa di riposo» wird 1899 fertig errichtet. 40 Plätze für Frauen, deren 60 für Männer bietet es. Am 10. Oktober 1902 kann das Heim offiziell eingeweiht werden. Noch heute wird die «Casa di riposo» im Sinne Giuseppe Verdis geführt. Da die Autorenhonorare nach Ablauf der Urheberfrist versiegten, haben Wohltäter, Gönner, die Stadt Mailand sowie der Staat Italien die Aufgabe übernommen, dieses Altersheim finanziell zu stützen, um es im Sinne des wohltätigen Gründers weiter zu erhalten.

Immer mehr versetzt sich Verdi in das Erlebnis der «letzten Dinge» des Menschen. Welcher Meister der Tonkunst käme ihm auf diesem Weg näher als der «Fürst der geistlichen Musik», Giovanni Pierluigi da Palestrina? Im reinen polyphonen Stil seiner Chorwerke sieht der Maestro das Ideal für den musikalischen Ausdruck religiöser Gedanken und Gefühle. Zu Palestrinas Höhe, die alles Erdgebundene weit unter sich lässt, strebt Verdis Geist. Ohne Zweifel, denn er sagt es deutlich in einem Briefe an den Mailänder Domkapellmeister Giuseppe Gallignani: «Palestrina ist der wahre Fürst der geistlichen Musik und in Ewigkeit der Ahnherr unseres italienischen Musizierens.»

Quattro pezzi sacri.

Mit 79 Jahren hat Giuseppe Verdi sein umfangreiches Werk mit 28 (30?) Opernkompositionen abgeschlossen. Das prächtige Requiem zu Ehren des grossen Staatsmannes und Dichters Alessandro Manzoni bevölkert weiterhin die Kirchen, Theater und Konzertsäle. Aber der Maestro ist nicht untätig geblieben. Ende 1896 vollendet er seine «Vier geistlichen Stücke», die er im Oktober 1897 an sein Verlagshaus Ricordi sendet, um sie zwar zu drucken, aber den Wunsch äussert, dieselben nicht zu veröffentlichen.

Das erste Stück ist «Ave Maria» für vierstimmigen Chor a cappella. Verdi interessierte sich bereits 1889 für diese Kompositionsaufgabe in der «Gazzetta musicale» über eine rätselhafte Tonleiter. Der Maestro behandelt das Abendgebet nach der vorgegebenen Tonfolge, er erreicht damit eine harmonische musikalische Geschlossenheit, vollendet ist es 1896. «Stabat mater», das zweite Werk, beginnt Verdi im gleichen Jahr zu komponieren, für einen vierstimmigen Chor und Orchester, wobei der Einfluss von Palestrina nicht zu überhören ist. «Laudi alla Vergine Maria», der Text aus Dantes «Divina commedia», aus dem Gesang «Paradiso», für je zwei Sopran- und Altstimmen und Orchester ist das dritte Werk. Der Komponist überarbeitet hier eine Komposition von 1886, ein schönes Beispiel für Kontrapunkt und Harmonie mit besonderen Klangschönheiten, wo die vier Stimmen mit dem Orchester gemeinsam zu hören sind. Das «Te Deum» ist das letzte Werk, für Sopransolo, vierstimmigen Doppelchor und Orchester, ebenfalls 1896 komponiert. Es ist ein eindrücklich intoniertes Chorwerk von hoher Qualität! Mit diesem «Te Deum» hinterlässt uns Verdi sein musikalisches Testament; mit den drei anderen Pezzi zusammen ein verklärter Abgesang, ein Abschied voll inneren Friedens!

Noch einmal weilen Giuseppe und Peppina Verdi zusammen in Montecatini. Der Sommer neigt sich dem Ende zu und mit ihm Peppinas reiches Leben. Nach Sant' Agata zurückgekehrt, erkrankt die schon sehr Geschwächte an Bronchitis, die in Lungenentzündung übergeht, und am 14. November 1897 hat sie ausgelitten. Ihre letzte Fahrt geht nach Mailand, dort, auf dem Monumentalfriedhof, wo Verdi für

Giuseppina Strepponi, 1890

sich und die Gattin Gräber erworben hat, wird sie beigesetzt, ohne Blumen, ohne Reden, ohne Musik; so lautete ihr letzter Wunsch. Aber dort wird ihres Bleibens nicht sein. Der Wille des Gatten, mit ihr künftig in der «Casa di riposo» zu ruhen, wird sich erst fünf Jahre später erfüllen. Der hinterbliebene Giuseppe Verdi ist nun im 85. Lebensjahr, die Einsamkeit lastet schwer auf ihm. Wohl besucht Frau Maria, seine Pflegetochter, welche seit fast zwei Jahrzehnten mit Alberto Carrara in Busseto vermählt ist, mit ihrer Tochter und Therese Stolz oft Sant' Agata, um dem Hochverehrten die Stunden des «Alleinseins» zu verkürzen. Aber seine Lebenskraft lässt nach. Die Sehkraft und das Gehör haben nachgelassen, das Gehen fällt ihm schwer.

Es ist Weihnachten 1897. Arrigo Boito sucht den Maestro in seinem Heim auf. Im Banne der grossen Eindrücke, die ihm die geistlichen Gesänge gemacht haben, wünscht er eine Aufführung. Doch Verdi wehrt ab: «Nein, lieber Freund, ich habe sie eigentlich nicht mit der Absicht geschrieben, sie zu veröffentlichen. Wollt Ihr etwas tun, so bitte ich Euch, mir das 'Te Deum' unters Haupt zu legen, wenn ich einmal meiner Peppina folge.» Botio schweigt. «Ihr zu folgen ist mein Wunsch», fährt Verdi fort, «in ihrem Testament bittet sie Gott, mir beizustehen im Leben und im Tode und mich in der anderen Welt wieder mit ihr zu vereinigen.» Da der Freund die sichtlich grosse Erregung des alten Meisters fühlt, bemüht er sich, ihn abzulenken, und aufs neue wiederholt er seinen Vorschlag, die Gesänge zu veröffentlichen. «Verehrter Maestro, ich habe dem Pariser Dirigenten Paul Taffanel diese Werke gezeigt, und es bedurfte darauf keiner besonderen Überredung, ihn zur Aufführung zu gewinnen. Maestro, ich bitte herzlich, entziehen Sie diese Perlen der Welt nicht!» Verdi besinnt sich eine Weile. «Sie wissen, lieber Boito, wie sehr ich abgeneigt bin, der Öffentlichkeit noch einmal in meinem Leben zu begegnen, und nun?» – «Ich weiss es, aber tun Sie es mir zuliebe, tun Sie es all denen zuliebe, die Ihr 'Requiem' zu schätzen wissen! Ich werde für eine durchaus würdige Wiedergabe Sorge tragen, dessen seien Sie versichert. Die ‚Société des Concerts' wird kaum Erhabeneres erleben können.» – «Also – sei es, ich vertraue Ihnen! Wann soll die erste Aufführung denn stattfinden?» fragt der Meister. «In der Karwoche.» Da wird er sehr ernst und wiederholt nachdenklich, langsam: «In der Karwoche!».

Die Uraufführung kommt am 7. April 1898 im Raume der «Grossen Oper«in Paris zustande. Arturo Toscanini leitet die erste italienische Aufführung im Mai in Turin, und bis zur Jahreswende erklingen die «Quattro pezzi sacri» in Mailand, London, Wien, Berlin, Dresden, München, Hamburg. Giulio Ricordi ist stolz darauf, dem würdigen Lorbeerkranze seines verehrten Maestros noch ein Blatt hinzufügen zu dürfen. Er reiht auch das «Ave Maria» ein, das Verdi zuerst 1889 komponiert hat, und gibt die «vier heiligen Gesänge«heraus: «Ave Maria», «Stabat mater», «Laudi», «Te Deum». Sie ergreifen uns als letzter Gruss des Meisters, als Vorahnung ewiger Verklärung, als Strahlen der «Lux aeterna».

Diese über aller Erdgebundenheit schwebenden, erhabenen «Heiligen Gesänge» verklären das Ende des Künstlers Verdi mit demselben Licht, in dem der Mensch Verdi, durch die Taten grosszügiger Nächstenliebe geadelt, von uns Abschied nimmt. Die «Casa di riposo» geht ihrer Vollendung entgegen.

Auch auf dieses Werk zurückzuschauen ist dem Meister noch vergönnt. Um jede Phase seines Werdens, vom Bau des Fundamentes bis zur genauen Ausarbeitung der Satzung des Hauses bekümmert er sich voll hingebender Freude. Nie vermochten ihn die Ehrungen der Welt zu blenden. Seine Bescheidenheit lehnt es ab, dass das Mailänder Konservatorium nach ihm benannt werde, wie er auch den ihm vom König zugedachten Annunziaten-Orden nicht annimmt, mit dem der Titel «Exzellenz» verbunden wäre.

Noch besucht er in den Sommermonaten der Jahre 1898 und 1899 das Bad Montecatini. Er fühlt, dass sein Dasein nicht mehr lange weilen wird. Aus der Einsamkeit von Sant' Agata treibt es ihn noch einmal nach Mailand, um dort das Weihnachtsfest 1900 mit seinen engsten Freunden zu feiern. Im Hotel «Milan» bewohnt er wie immer die für ihn stets zur Verfügung stehenden Zimmer.

Sein Wunsch, bald nach Genua, nach dem wärmenden Süden zu kommen, kann sich nicht mehr erfüllen. Am 21. Januar befällt ihn ein Schlaganfall, der die ganze rechte Seite lähmt. Der Meister lebt noch, hat aber das Bewusstsein verloren. Der Propst von

San Fedele erteilt ihm am 24. Januar die letzte Ölung, am 26. Januar abends betet er an Verdis Lager die Sterbegebete. Die Mitternacht naht. Maria Carrara und Therese Stolz wachen bei dem Sterbenden. Sie bemerken, wie der Atem stockt, bisweilen aussetzt, und rufen die Ärzte und Freunde des Meisters, die im Haus sind. Arrigo Boito, Giuliano Ricordi, der Hotelbesitzer Spatz. Sie folgen jeder Regung, jedem Atemzug des Sterbenden, bis Professor Grocco, der berühmte Florentiner Arzt, den Tod feststellen muss. – Es ist der 27. Januar 1901, gegen 3 Uhr in der Nacht.

Nicht nur die nächsten Verwandten und Freunde, nicht Mailand, nicht Italien allein, nein, eine ganze Welt ist erschüttert und trauernd an der Bahre des grossen, seltenen Menschen und Meisters. Die ersten Komponisten Italiens halten die Ehrenwache. Man findet das Testament: «Ich bestimme, dass mein Begräbnis ganz bescheiden sei und bei Tagesanbruch stattfinde oder beim ‚Ave-Maria-Läuten', ohne Gesang und Musik. – Am Tage nach meinem Ableben sollen an die Armen des Dorfes Sant' Agata tausend Lire verteilt werden.« So geschieht es: Am 30. Januar

Giuseppe Verdi auf dem Sterbebett.

1901, früh morgens 7 Uhr, setzt sich der Trauerzug «zweiter Klasse» in Bewegung und geleitet den Kondukt vom Hotel «Milan» zur Kirche San Francesco di Paola, wo die «sterbliche Hülle» ausgesegnet wird. Dann geht es über die «Bastionen» zum Monumentalfriedhof. Der Priester und die Ministranten schreiten voran, der Leichenwagen folgt, dann einige 20 Menschen, die engsten Freunde des Meisters; kein Kranz, kein Blume, keine Musik. So will es sein letzter Wunsch. Und doch: Welch ergreifender Anblick! Die nach Hunderttausenden zählenden Menschen zu den Seiten der Strasse, die zum Friedhof führt, werden durch das Spalier der Soldaten in Ordnung gehalten. Eine ehrfurchtvoll schweigende Menge, Symbol einer grossen Trauergemeinde. Das Grau des kalten Wintermorgens, der schmucklose Leichenzug – ist das nicht der Ausdruck der schmerzlichen Gefühle derer, die wahrhaft um Giuseppe Verdi trauern?!

«Ich wünsche inständig, in Mailand begraben zu werden, neben meiner Frau in der Kapelle, die in dem von mir gestifteten Altersheim für Musiker erbaut werden soll.» So lautet des Meisters ausdrückli-

Zweite Leichenfeier

cher Wille in seinem Testament. Dies wird erfüllt, der Senat des Königreiches bewilligt die Überführung in die Kapelle der «casa di riposo». Es geschieht am 26. Februar 1901. Diese allerletzte Fahrt Giuseppe Verdis und seiner Lebensgefährtin gestaltet sich zu einer würdigen Nationalfeier. Mailands Bewohner, ein Prinz als Vertreter des Königs, Abordnung aus verschiedenen Städten Italiens, Vertreter der Regierungen umliegender Staaten geben den monumentalen Leichenwagen mit den beiden Särgen das Geleite. Während der Zug den Friedhof verlässt, singen 900 Sänger, von Arturo Toscanini geführt, den Chor aus «Nabucco», «Flieg', Gedanke, auf goldenen Schwingen!«Es ist der Chor, dessen Text Verdi einst nach dem Misserfolg «Un giorno di regno», nach dem Zusammenbruch seines Familienglücks, wieder zu neuem Schaffen ermutigt hat; jene Oper, an deren Erfolg Giuseppina Strepponi wesentlichen Anteil hatte und die als erster bedeutsamer Markstein am Anfang der künstlerischen Erfolge des Meisters steht.

Giuseppe Verdi und Frau Giuseppina ruhen nun in der stillen Gruft der Kapelle, ihren Gästen nahe, so wie es ihr Wunsch gewesen ist. Die Königin-Mutter Margherita hat den Auftrag gegeben, dort auch eine Gedenktafel für Margherita Barezzi anbringen zu lassen. An ihrer Seite reifte Verdi zum Künstler heran, aber dessen Vollendung zu erleben war nicht ihr, sondern einer anderen vorbehalten. So wollte es «La forza del destino». Über der Gruft wölbt sich die Decke als sternüberdeckter Himmel.

Nackte Zahlen haben nichts Weihevolles an sich. Und doch stehen wir voll Ehrfurcht vor den Zahlen, die in Verdis Testament mehr besagen, als Bände schildern könnten. Das erste handgeschriebene Testament wurde fast 3 Jahre vor seinem Tode an Caval. Dott. Angiolo Carrara gesandt, mit der Bitte, er möge als Testamentvollstrecker dies unmittelbar nach seinem Tode öffnen.

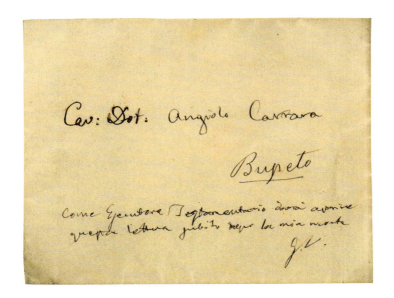

Dr. Angiolo Carrara, Maria Carrara Verdi

Milano 25 Aprile 1898.

a mia nipote Maria Carrara Verdi.

Credo bene avvertirti per tua norma che coi Denari che troverai nelle mie Casse forti di Genova, di S.ᵗ Agata, od in altri mobili ~~e colle Azioni Ferroviarie che sopravanzeranno a quelle destinate per il Ricovero che sto ora costruendo fuori di Porta Magenta~~ potrai soddisfare ai diversi legati del testamento. —

Nella Cassa forte di S.ᵗ Agata troverai quattro lettere suggellate dirette ~~a quattro~~ a quattro amici, ai quali consegnerai religiosamente tali lettere. —

Ordino che i miei funerali sieno modestissimi, e sieno fatti o allo spuntar del giorno, o all'Ave Maria di sera senza Canti e Suoni. Basteranno due Preti, due Candele, ed una Croce. —

Non voglio nissuna partecipazione della mia morte colle solite formole. —

Si distribuiranno ai Poveri del Villaggio di S.ᵗ Agata Lire mille nel giorno dopo la mia morte. —

G Verdi   Voltare

Milano, 25. April 1898

an meine Enkelin, Maria Carrara Verdi

Ich halte es für richtig, Dich zu Deiner Information darüber in Kenntnis zu setzen, dass Du mit dem Geld, das Du in meinen Geldschränken in Genova, in Sant' Agata und in anderen Möbelstücken finden wirst (und mit jenem Teil der Eisenbahnaktien, der nicht für den Bau des Altersheimes ausserhalb der Porta Magenta gebraucht wird), den verschiedenen Legaten meines Testamentes Rechnung tragen kannst.

Im Panzerschrank zu Sant'Agata findest Du vier versiegelte Briefe, adressiert an vier Freunde, denen Du diese Briefe gewissenhaft aushändigen wirst.

Ich ordne hiermit an, dass meine Beisetzung ausserordentlich bescheiden sein soll, bei Tagesanbruch oder zur Zeit des Ave Maria am Abend, ohne Gesänge und Musik; es reichen zwei Priester, zwei Kerzen und ein Kreuz.

Ich will keine Todesanzeige mit den üblichen Phrasen. Den Armen des Dorfes Sant'Agata möge man nach meinem Tode tausend Lire im Tage verteilen.

G. Verdi

Pro Memoria

Lascio al Ricovero di Milano

L. 30,000 di Rendita Italiana nominale f... Nett: L 6,000
L. 6,000 id. al Portatore L. 5,000
50 azioni Banca d'Italia circa L. 4,500
L. 200,000 nella Ditta Ricordi Rendita L. 8,000
L. 100,000 Depositole alla Banca Popolare, la Rendita L. 4,000
... Dividendo d'autore prelevare all'anno
per primi dieci anni, soltanto L. 5,000
Cinquecento azioni Banca Commerciale L. 12,500
                                                      7,500

G Verdi

In questa memoria [giorno] 25
nov. 1899 i titoli in parola
rimasti alla cassa di Risparmio
ed alla Banca Popolare, e nella nota
...

Zur Erinnerung

Ich hinterlasse dem Altersheim in Milano:

LIT	*50'000*	*Italienische Nominalrendite, Wertpapiere*	*LIT*	*40'000*
LIT	*6'000*	*Rendite für den Aktienbesitzer*	*LIT*	*5'000*
LIT	*50*	*Aktien der «Banca d'Italia»*	*LIT*	*4'500*
LIT	*200'000*	*Zinsen der Firma «Ricordi»*	*LIT*	*8'000*
LIT	*100'000*	*Einbezahlt bei der «Banca Popolare»+ Zinsen nach Urheberrecht jährlich abzuheben (nur während den ersten zehn Jahren)*	*LIT*	*4'000*
		Fünfhundert Aktien	*LIT*	*12'500*
			LIT	*79'000*

G. Verdi

Darin fehlen/25. November 1899/auf der Sparkasse, auf der «Banca Popolare«und in meinem Haus.
G. Verdi

Zur Erinnerung an mich bitte ich Dich, Folgendes zu übergeben:
1. Dem Coman. Giulio Ricordi das grosse hölzerne Möbelstück mit Verzierungen aus vergoldeter Bronze aus dem Esszimmer; dazu die Etagere aus demselben Holz und die Bronzensickel mit der Marmortafel darüber. Ausserdem noch einen Esstisch, geschmückt mit Bronze, mit einem wunderschönen Fuss und samt den zwölf Stühlen. Alles zusammen befindet sich im Esszimmer meines Hauses in Genova.
2. Frau Teresa Stolz: vier Boulle-Möbel: Brett, Spieltisch und zwei Schränke; dazu zwei grosse Leuchter mit Sockel und zwei ovale Spiegel mit vergoldeten Rahmen im Rokokostil.
Alle diese Gegenstände befinden sich im Roten Saal. (Ferner eine antike Boulle-Penderluhr, die an der Wand im Speisezimmer hängt.)
3. Arrigo Boito: ein antikes Möbel im Stile des Maggiolino, das sich in meinem Zimmer befindet. Dazu ein kleiner Tisch, bei dem nur die Platte im Maggiolinostil gefertigt wurde, und eine Boulle-Penderluhr auf dem Cheminée in meinem Zimmer. Ausserdem die beiden Kandelaber mit gebrochenen Formen, die

sich im Roten Saal befinden; ferner ein Abbild Otellos in Bronze mit Sockel, das sich im Türkischen Saal finden lässt.

4. Camillo Boito: die beiden grossen Spiegel mit vergoldetem Rahmen, die in meinem Schlafzimmer einander gegenüber hängen. Zudem zwei kleinere Schlachtgemälde, mein Porträt [Einschnitt] von Baldini und eine orientalische Figur aus der Feder Morellis.

5. Dem Coman. Giuseppe De Amicis: eine metallene Blumenvase, sie sich im Roten Saal befindet, und die Pendeluhr am Kamin im Zimmer meiner seligen Frau; ferner die zwei kleinen Bilder, Reproduktionen von Beato Angelico und die zwei Ginori-Vasen im Türkischen Saal.

All diese Gegenstände (von 1 bis 5) befinden sich in meiner Wohnung in Genova.

Folgende sind die im Testament genannten Bilder, die ich dem erwähnten Altersheim in Milano überlasse:

1. Die ... von Morelli befindet sich in Sant'Agata
2. Die «Foscari» von Morelli befindet sich in Sant' Agata
3. Die «Sklavin» von Morelli befindet sich in Genova

Per mia memoria ti prego di consegna[re]
1.° al comm. Giulio Ricordi il grande mob[ile]
in legno delle isole con ornati in bronz[o]
dorato della sala di pranzo. Più il Dresf[oir]
dello stesso legno e bronzi con sopra u[na]
tavola di marmo. Più il tavolo per pran[zo]
ornato di bronzi con bellissimo piede,
fa dodici sedie. Il tutto esiste nella s[ala]
di pranzo nella casa di Genova; —

2.° Alla Sig.ª Teresa Stolz i quattro mobili bo[ule]
cioè tavola, tavolo da giuoco, due arma[di]
Più due grandi lampade col piedistallo.
Due specchi ovali con cornice Rococò dor[ata]
Più la pendola antica boule appesa
muro nella sala da pranzo; —

3.° Ad amico Boito un mobile antico maggio[lica]
che trovasi sopra l'armò della mia sta[nza]
da letto. Più un tavolino che ha sott'acqu[a]
il coperchio maggiolica, e la pendola bo[ule]
che trovasi sul camino della mia stanza.
i due candelabri traforati che sono nel
vaso, ed il ritratto in bronzo d'Otello col
piedistallo che trovasi nella Sala turca.

4.° A Camillo Boito i due grandi specchi, credo di M[urano]
con cornice Rococò dorata che sono l'uno i[n faccia]
dell'altro nella mia stanza da letto. Più due
quadri battaglie, il mio ritratto (incisione) X
ed una figura orientale a penna di Morel[li].

5.° Al comm. Giuseppe De Amicis un vaso d metal[lo]
fiori che è nel salone rosso, la pendola del
nella stanza della povera mia moglie, i d[ue]
piccoli quadri copia del B. Angelico, ed i
vasi di Ginori nella sala turca.

Tutti questi oggetti dal n.° 1.2.3.4.5 sono nell'appart[amento]
di Genova.

G. Ve[rdi]

B°
I quadri accennati nel testamento, che
lascio al detto Ricovero di Milano, sono;

Li Zingari di Morelli esiste a S'Agata
I Doganieri d° Morelli id. a S'Agata
L'Odalisca di Morelli id. a Genova
Testa di vitello di Palizzi id. a S'Agata
Le capre di Palizzi id. a S'Agata
Figura di contadina di Michetti id. a S'Agata
Casa ove son nato di Formis id. a S'Agata
Venere al Bagno di Tiziano
 grande e più antica   id. a Genova
Il mio ritratto a olio di Boldini id. a S'Agata
Direttore d'orchestra di Boldini id. a S'Agata
Il mio ritratto in bronzo di Gemito id. nel giardino
                                         di S'Agata
Il ritratto del mio benefattore
   Antonio Barezzi esiste a S'Agata

G. Verdi

Tutti questi oggetti esistono nel Salone rosso.

G. Verdi

4. Das «Kalbshaupt» von Palizzi befindet sich in Sant' Agata

5. Die «Ziegen«von Palizzi befindet sich in Sant' Agata

6. Eine «Bauernfigur» von Michetti befindet sich in Sant' Agata

7. «Mein Geburtshaus» von Formis befindet sich in Sant' Agata

8. «Venus beim Bad» von Tizian befindet sich in Sant' Agata (grossartige antike Reproduktion)

9. Mein Portrait in Öl von Boldini befindet sich in Genova

10. Der «Orchestermeister» von Boldini befindet sich in Sant' Agata

11. Mein Portrait in Bronze von Gemiti befindet sich in Sant' Agata

12. Das Portrait meines Wohltäters, Antonio Barezzi befindet sich in Sant' Agata

G. Verdi

In einem späteren, diktierten Testament ist die Verteilung seines Nachlasses von 7 050 000 Lire vorgesehen:

3'500'000 Lire für die Adoptivtochter
        Frau Maria Carrara
2'000'000 Lire für das Musikerheim in Mailand
  400'000 Lire für ein Kinderasyl in Genua
  200'000 Lire für ein Stummeninstitut in Genua
  200'000 Lire für ein Taubeninstitut in Genua
  200'000 Lire für eine Blindenanstalt in Genua
  400'000 Lire für ein Krankenhaus in Villanova
  150'000 Lire an die Stadt Busseto.

Sämtliche Autorenhonorare für die Aufführungen der Werke in Italien und anderen Ländern sollen dem «Casa di riposo» in Mailand zufliessen. So will es sein Testament.

Verdis Grösse als Künstler und als Schöpfer unvergänglicher Werke dürfte wohl allgemeiner bekannt sein, als die ebenso seltene Grösse seines Menschentums. Schätzen wir uns glücklich, dass wir unsere Bewunderung, Verehrung und Liebe beiden ungeteilt entgegenbringen dürfen: Verdi, dem Komponisten, und Verdi, dem Menschen!

Verdis Handschrift – Ein Deutungsversuch
Urs Imoberdorf, Dr. phil. I
Giuseppe Verdi, für viele der Komponist wunderschöner Melodien und Harmonien! Seine Handschrift wirkt, zumindest auf den ersten Blick, weder schön noch harmonisch. Allzu stürmisch jagt die Feder über das Papier. Verschliffene Formen sind die Folge, die sich im hohen Tempo aufzulösen scheinen. Um so interessanter ist die Tatsache, dass einzelne Buchstaben, Buchstabengruppen und Wörter klar und deutlich lesbar bleiben, während andere verschliffen sind und sich manchmal nur mit Mühe entziffern lassen.

Das erste, was uns ins Auge fällt, ist diese lebendige Unruhe, dieses wogende Hin und Her, das jede Regel und Ordnung zu sprengen und unserem Vorurteil von Verdi, dem Künstler schöner Harmonien, auf stärkste zu widersprechen scheint. Verdis Schrift ist das Gegenteil einer gefälligen, schön gemachten Fassade, die herkömmlichen Konventionen genügen will. Sie ist auf eine geradezu provokante Art individuell, eigenwillig, unregelmässig – ein Gegenpol zum Geschmäcklerischen, Eleganten, Manierierten.

Bewegung, Form und Raum in Verdis Schrift

Doch stimmt das wirklich: Ist Verdis Schrift weder schön noch harmonisch? Wir unterscheiden drei Kategorien, unter denen sich die Handschrift untersuchen und interpretieren lässt: Bewegung, Form und Raum. Die Schrift als Bewegung hat es zu tun mit dem «Status Nascendi», dem Moment ihres Entstehens. Und gerade bei Verdis Schrift wird dieser Fluss des Schreibens deutlich, in den der Betrachter hinein gerissen wird vom Tempo und der Intensität der dahineilenden Feder, so sehr, dass ihm im Strudel des Geschehens schwindlig werden kann. – Die Schrift als Form zeigt das Ergebnis der Schreibbewegung, die fertig erstellten Buchstaben und Wörter. Bei der Mehrzahl der Musiker, doch bei Verdi in akzentuierter Weise, dominiert beim Schreiben die Bewegung über die Form. Diese muss sich dem inneren Tempo-Diktat unterordnen. In die Länge gezogene, zum Teil zerstückelte Buchstaben sind die Folge. Scheinbar «unschön» und «chaotisch» sind in Verdis Handschrift des öfteren diese Bewegungen und die daraus entstehenden Formen, nicht jedoch die Gestaltung des Schreib-Raumes. Wenn wir nämlich bewusst Abstand nehmen vom einzelnen Detail und unseren Blick auf die Seite als Ganzes richten, entdecken wir eine vorerst kaum beachtete Ordnung und Harmonie im Grossen: in der Art nämlich, wie sich die Wortkörper auf der Zeile verteilen und wie die einzelnen Zeilen einander folgen und die Seite füllen. Und diese Harmonie des Schreibraumes steht in einem eigenartigen Kontrast zu dem scheinbaren «Durcheinander», in dem sich die einzelnen Teile befinden.

Was sagen uns diese Beobachtungen über die Persönlichkeit von Giuseppe Verdi? Die Dominanz der Bewegung und das daraus entstehende Schwanken sämtlicher Elemente der Schrift – Druckstärke, Neigungswinkel, Verbundenheit und Völle – weisen auf die ungeheure Emotionalität des Schreibers hin, seinen Gefühlsreichtum, sein Temperament, seine vielseitige Ansprechbarkeit, aber auch auf seine Erregbarkeit und Impulsivität. Wie seine Schrift schwanken kann zwischen fein vibrierenden, fast hingehauchten Strichfolgen auf der einen und kantig-festen Abstrichen, sogenannten Verfestigungs-

Nächste Doppelseite: (Abb. 1) Giuseppe Verdi, Mailand, 2. Dezember 1845

Milan – 2 dbre 1847
Verdi

Monsieur Escudier
6, rue neuve... neuve
Paris

C. M. —

Milano 2 X.bre — 1845

Chi vi porterà questa lettera è il giovine Sig.r Raffaele Parravicini maestro di musica e mio amico: è allievo di due rinomati maestri italiani, Vaccaj e Basily; è molto dotto nella scienza armonica, e scrive assai bene — Egli è a Parigi per esercitare la professione: ha bisogno del vostro appoggio e de' vostri consigli, e perciò ve lo presento e raccomando onde le siate utile in tutto ciò che potete —

Parto a giorni per Venezia: se m'occorrerà d'un vostro scritto indirizzatelo lai —

Pregopi che essendo giovane il mio raccomandato me ne anticipi i miei ringraziamenti e mi dica

V.ro Aff.mo
G Verdi

zügen auf der anderen Seite, so schwanken seine seelischen Reaktionen zwischen zartem und feinfühlendem Mitschwingen und markanter Selbstbehauptung. Feinste Sensibilität und Empfindsamkeit können abgelöst werden von trotzigem Widerstand und schroffer Ablehnung. Als Beispiel einer besonders

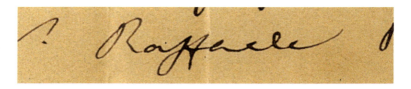

zarten Schreibweise möge der Name «Raffaele» in der 4. Zeile von Abb. 1 gelten, noch deutlicher sichtbar in der Vergrösserung von Abb. 2: das schlicht und fein geformte «R» am Anfang, das offen gestaltete «a» in der Mitte, schliesslich das weich und weit ausschwingende «e» am Ende dieses Wortes. Wie abwehrend oder wegstossend wirkt dagegen das nach rechts unten gepresste «s» von «consigli» in der 8. Zeile von unten in Abb. 1.

In der Bewegung – in Tempo, Druckstärke und Expansion – zeigt sich etwas von der inneren Natur des Schreibers, von seinem inneren Antrieb und Gefühlsleben. In der Form der Schrift kommt das zum

Abb. 2: Vergrösserung aus dem Brief vom 2. Dezember 1845

Ausdruck, was aus einem Menschen geworden ist, aber auch etwas von seinen Idealen und Leitbildern. Die Behandlung des Raumes schliesslich weist auf das Verhältnis zur Umwelt hin, auf das Bedürfnis von Nähe und Distanz, auf die Welt der Kontakte und Begegnungen und auf Aspekte der Lebensplanung. Die dramatischen Gegensätze und Spannungen in Verdis Handschrift zeigen sich in den Kategorien von Bewegung und Form, in der Welt der Emotionen und Ideale, während die Harmonie und Ordnung des Schreibraumes gewahrt bleiben. Äussere Lebensplanung und -gestaltung, Kontakte und Umweltbeziehungen scheinen diejenigen Gebiete zu sein, in denen Verdi am ehesten Ruhe, Harmonie und Ausgleich finden konnte.

Die Schrift Verdis wirkt eigentlich nie gewandt, weltmännisch oder gar geschliffen, immer aber echt, natürlich und unverstellt. Trotz feiner Sensibilität hat sie nichts Süssliches an sich – eher etwas, das man als herben Charme bezeichnen könnte. Obwohl viel Leidenschaft und Feuer in ihr steckt, ist sie keineswegs zu vergleichen mit den Schriften eines J.S. Bach oder Händel, die vor Kraft strotzen. Die

Nächste Seite: (Abb. 3) Giuseppe Verdi, Genua, 13. Februar 1877

Genova 15 Deb: 1877

Egregio Signore

Mi fò un dovere di
restituire il libretto Spartaco che
ella mi inviò a nome del Sig.
Marchese Sindaco Negrotto.
Quantunque io l'abbia attentamente
letto sono obbligato ripetere a
Lei in iscritto quanto dissi al Sig.
Sindaco a voce; che mi è impossi-
bile, per moltissime ragioni, di
accettare nuovi impegni per
comporre altre opere.

Mi creda con stima

G. Verdi

Al Sig.r E. Danielli
Gabinetto del Sindaco
Genova.

feine, beinahe zittrige Schrift Verdis wirkt zuweilen fast brüchig und fragil. Es gibt ein Wort in der Handschrift des 63-Jährigen, in der Mitte von

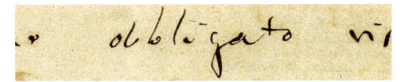

Abb. 3 «obbligato» – noch deutlicher in der Vergrösserung von Abb. 4 zu sehen –, in dem ein rührender Aspekt der Persönlichkeit von Verdi zum Ausdruck kommt: die einzeln und in dünnen Strichen gesetzten Buchstaben von «o-b-b-l-i», die etwas einsam, zugleich aber klar und fest im Raum stehen, bevor im «ga-to» je zwei Buchstaben miteinander verbunden werden. Es ist, als ob dieses Wort symbolisch die «tapfere Einsamkeit» des Künstlers ausdrücken würde – etwas Schlichtes, Echtes, Kindliches, ja fast Unbeholfenes.

Verdis Handschrift ist zwar höchst emotional, aber im Grunde genommen nicht pathetisch, weil im Pathos immer eine Übersteigerung und Übertreibung steckt. Man kann Verdis Schriftzüge unter Hunderten von Schriften sofort wiedererkennen, denn sie

Abb. 4: Vergrösserung aus dem Brief vom 13.Februar 1877

sind auf ihre Art einmalig. Doch die Einmaligkeit ist nicht gesucht oder konstruiert, sondern ungekünstelt, direkt, spontan und authentisch, gewissermassen ein «Hier bin ich und ich kann nicht anders!»

Der Rhythmus in der Handschrift

Anfangs habe ich geschrieben, dass Verdi zwar nicht schön schreibt im herkömmlichen Sinne des Wortes, dass sich jedoch die Frage stellt, ob nicht eine andere Art von «Schönheit» oder innerer Stimmigkeit in seinen Schriftzügen liegt. Die Graphologie versucht diese Stimmigkeit mit dem Begriff des Schreibrhythmus zu erfassen und zu erklären. Wenn man nämlich eine handgeschriebene Seite von Verdi länger auf sich wirken lässt, kann man die Entdeckung machen, dass das wogende, unregelmässige Hin und Her, so wild und unberechenbar es anfänglich scheinen mag, mit der Zeit doch eine lebendige und organisch gewachsene Struktur erkennen lässt, in der «Ähnliches in ähnlichen Zeitabständen auf eine ähnliche Weise wiederkehrt».

Der Rhythmus von Musikerschriften kann deutliche «Störungen» aufweisen und insgesamt dennoch sehr stark sein. Durch den Rhythmus können grosse Gegensätze in einem übergeordneten Ganzen integriert werden. Das Geheimnis der schöpferischen Kraft liegt unter anderem in der Fähigkeit, solche widerstrebenden Tendenzen – etwa den Gegensatz zwischen persönlicher Hingabe und Selbstbehauptung, zwischen Bescheidenheit und Stolz, zwischen Weichheit und Härte – in einem höheren Ganzen, etwa in einem Werk fruchtbar werden zu lassen. Wir wissen auch, dass sich die geniale Schöpferkraft aus der Handschrift nicht mit Sicherheit eruieren lässt. Verdi war im Grunde genommen ein zartbesaiteter und verletzlicher Mensch, der sich ständig gegen seine innere Empfindsamkeit zur Wehr setzen musste. Er war nicht besonders belastbar. Mit seinem Enthusiasmus, seinem Eifer und seiner Hingabe drohte er die eigenen Kräfte fortlaufend zu überfordern und zu strapazieren. Dass er ein so umfangreiches und bedeutendes Werk schaffen konnte, ist bei seinem begrenzten Kräftepotential mehr als erstaunlich.

Nächste Doppelseite: (Abb. 5) Giuseppe Verdi, St. Agata, 25. November 1899

S.t Agata 25. Nov: 1899

Caro.s Dottore

A Lei, che mi sono permesso nominare mio Esecutore testamentario raccomando pieno eseguito scrupolosamente non solo le disposizioni testamentarie, ma tutto quello che ho ordinato in una lettera alla mia erede Maria Carrara-Verdi, la quale lettera troverà unita al Testamento.—

Nella mia Casa forte di S.t Agata vi è un pacco, in cui assieme al testamento vi sono alcune lettere dirette col rispettivo nome a persone amiche, alle quali dette lettere dovranno essere integralmente consegnate.—

Esistono nel piano superiore della casa due rozze Casse d'legno, su cui ho scritto di mio pugno che devonsi abbrucciare come stanno, senza aprirle, mettendo appresso due cappe sopra un mucchio di fascine in un prato, od in un campo e dandole il fuoco in modo che non abbiano a disperdersi le carte che le cappe contengono. —

Raccomando che siano eseguite tutte le mie volontà, e dico a Lei a Tutti..... Addio!

G Verdi

Schriftentwicklung und Unterschrift

Wie hat sich Verdis Handschrift im Lauf der Jahre entwickelt? Als 32-Jähriger (Abb. 1) hat er bereits eine persönliche und ausgereifte Schrift, die sich punkto Ausdehnung im Raum noch zurückhält. Freier, bewegter, beweglicher und souveräner ist die Schrift des 63-Jährigen (Abb. 3). Da scheint er auf der Höhe seiner Möglichkeiten angelangt. Eingeschränkter in ihrer Bewegungsvielfalt, unsicherer in der Bewegungsführung und mit etlichen Nachverbesserungen zeigen sich die Schriftzüge im Alter von 86 (Abb. 5). Begreiflicherweise wirkt hier Verdi etwas festgeprägt, nicht mehr so beweglich und offen wie früher. Dafür scheint er ganz bei sich selber, gefasst und konzentriert.

Interessant ist auch die Gestaltung seiner Unterschrift: G. Verdi. Diese hat sich innerhalb der Zeitspanne von 44 Jahren kaum verändert. Sie ist so etwas wie sein handschriftliches Markenzeichen, obwohl sie sich wenig vom übrigen Text des Briefes unterscheidet. Sie ist etwas grösser, sonst aber schlicht und einfach in der Form, mit Ausnahme der schwungvollen Paraphe, mit welcher der Komponist

Nächste Seite: (Abb. 6) Giuseppina Strepponi, die 2. Frau von Verdi, Mailand, den 14. Januar 1893

Cara Marietta

Milano 14 Gennajo 1893

Avrei dovuto, anzi avrei voluto molto prima d'ora scriverti, ma ad onta di quella quiete avidamente desiderata, la mia è una vita d'agi=tazione incessante, continua e bisogna rassegnarsi, anche ringraziar Dio per questi sagrifizj, quando le soddisfazioni sono così grandi, pure, eccezionali!!
Figurati poi, che per colmo di delizie, un feroce mal di denti, mi fece gonfiare la guancia sinistra in modo così esageratamente ridicolo, come se avessi soffiato in tutti i Pifferi della montagna! Era fino inutile, tentar di farsi compassionare, perché il ten=tativo di far gli occhi en coulisse, e la faccia sen=timentalmente sofferente, mi rendeva più visibile, e mi faceva troppo somigliare alla buon anima della Margheritton ... che tu ricorderai!

Una postema sbocciata sulle gencive, oltre accrescere i miei vezzi, pizzicava, martellava, mi faceva perdere ogni cristiana pazienza; Finalmente la notte scorsa scoppiò con lava maestosa, mi sollevò lo spirito, ma più la bocca sto riprendendo le solite proporzioni, ed io respiro in aure più respirabili. Eccomi dunque satoto a dirti il buon giorno, a ringraziarti delle tue lettere, e di quella che annunzia il prossimo matrimonio del Dottor Lino, con Nina! Evviva dunque! Auguro a questi simpatici giovani, prima di tutto ercolea salute, ed una lunga, lunga serie di prosperità, come certo non potranno mancare a chi ha già cominciato a camminare sulla via di attività e moralità tracciata dalle due famiglie Carrara-Latour, a cui questi buoni figli appartengono!

...di malgrado le continue fatiche le
...diose, nojose, indiscrete seccaggini da cui
bersagliato, sta bene, e ne ringrazio Iddio!
...dero però, che questa vita convulsa finisca
..., per non mettere a troppo lungo repentaglio
sua quiete e la sua salute!

A tutti, a tutti l'espressione del mio
...etto. A te oltre all'affetto, ti dò un bacione, ora
...le guance stanno diventando in istato
...resentabile!

    L'aff^{ma} amica
    Peppina Verdi

...ho scritto sulle ginocchia per minor fatica.
...dunque se la scrittura è un pò di traverso,
e i famosi ochi! — addio ancora.

seinen Namen einkreist und unterstreicht – wie die Gebärde eines sonst bescheidenen, kindlich einfachen Menschen, der wenigstens seinen Namen schützend umgrenzt, behütet und unterstützt.

Die Schrift von Giuseppina Strepponi, der Gattin von Giuseppe Verdi, im Alter von 76 Jahren

Einen Gegenpol zu Verdis Schrift bildet diejenige der berühmten Sängerin, der zweiten Frau des grossen Musikers (Abb. 6): Sie ist wohl geformt und regelmässig. Jeder Buchstabe ist lesbar. Sie hält sich an den vorhandenen Rahmen und wirkt in einem positiven Sinne geordnet, klar und konventionell – ein Bild vollendeter Selbstdisziplin, Einordnungs- und Anpassungsbereitschaft. Auch ein Bild des Verzichts, der Selbstbeschränkung und der persönlichen Zurückhaltung, und dies bei einem dynamischen Bewegungsfluss, lebhaften t-Strichen und zum Teil schwungvoll ausfahrenden Endzügen: Man spürt hinter der konventionellen Form ein reiches inneres Leben, Lebenslust und Lebensfreude.

Werkverzeichnis, Uraufführung, Ort, Libretto

Oberto, conte di S. Bonifacio, 17. November 1839, Mailand, Temistocle Solera. **Un giorno di regno**, 5. September 1840, Mailand, Felice Romani. **Nabucodonosor** (Nabucco), 9. März 1842, Mailand, Temistocle Solera. **I lombardi alla prima crociata**, 11. Februar 1843, Mailand, Temistocle Solera. **Ernani**, 9. März 1844, Venedig, Francesco Maria Piave. **I due Foscari**, 3. November 1844, Rom, Francesco Maria Piave. **Giovanna d'Arco**, 15. Februar 1845, Mailand, Temistocle Solera. **Alzira**, 12. August 1845, Napoli, Salvatore Cammarano. **Attila**, 17. März 1846, Venedig, Temistocle Solera. **Macbeth** (I), 14. März 1847, Florenz, Francesco Maria Piave (Andrea Maffei). **I masnadieri**, 22. Juli 1847, London, Andrea Maffei. **Jérusalem**, 26. November 1847, Paris, Alphonso Royer und Gustave Vad. **Il corsaro**, 25. Oktober 1848, Trieste, Francesco Maria Piave. **La battaglia di Legnano**, 27. Januar 1849, Rom, Salvatore Cammarano. **Luisa Miller**, 8. Dezember 1849, Napoli, Salvatore Cammarano. **Stiffelio**, 16. November 1850, Trieste, Francesco Maria Piave. **Rigoletto**, 11. März 1851, Venedig, Francesco Maria Piave.

Il trovatore, 19. Januar 1853, Rom, Salvatore Cammarano. **La traviata**, 6. März 1853, Venedig, Francesco Maria Piave. **Les vêpres siciliennes**, 13. Juni 1855, Paris, Augustin Egène Scribe und Charles Duveyrier. **Le Trouvère**, 12. Januar 1857, Paris. **Simon Boccanegra** (I), 12. März 1857, Venedig, Francesco Maria Piave. **Aroldo**, 16. August 1857, Rimini, Francesco Maria Piave. **Un ballo in maschera**, 17. Februar 1859, Rom, Antonio Somma. **La forza del destino** (I), 10. November 1862, Petersburg, Francesco Maria Piave. **Macbeth** (II), 21. April 1865, Paris, C. Nuitter und A. Beaumont. **Don Carlos** (I), 11. März 1867, Paris, Joseph Méry und Camille Du Locle. **Don Carlo** (II), 27. Oktober 1867, Bologna, Achille de Lauzières (Übersetzung). **La forza del destino** (II), 27. Februar 1869, Mailand, Francesco Maria Piave (Antonio Ghislanzoni). **Aïda**, 24. Dezember 1871, Kairo, Antonio Ghislanzoni. **Messa da Requiem**, 25. Mai 1874, Mailand. **Simon Boccanegra** (II), 24. März 1881, Mailand, Francesco Maria Piave (Arrigo Boito). **Don Carlo** (III), 10. Januar 1884, Mailand, Achille de Lauzières. **Otello**, 5. Februar 1887, Mailand, Arrigo Boito. **Falstaff**, 9. Februar 1893, Mailand, Arrigo Boito.

ISBN 3-905587-05x
1088 Seiten Fr. 31.–, DM 37.–,
S 249.– + Versandkosten

Einmalig

Wenn Sie immer wissen w
wann Giuseppe Nicolini le
wann und wo seine «Fedra
aufgeführt wurde: Seite 66
bei Verdi, Mozart, Offenba
6200 Kollegen und deren 2
Werken sehr aufschlussrei
Band I aus der 5-bändigen
ENCYCLOPAEDIA für jede
Opernwelt tätigen. Auflistu
22 500 Opernwerke seit de
Jahrhundert die je gespielt
Daten der Inszenierung, m
Rollen, 4-sprachig.

OPERISSIMO

Fon +41 1 389 84 51
Fax +41 1 389 84 00
www.operissimo.com